国家社科基金项目"当代中原作家群资料整理与研究"成果
河南省哲学社会科学基础研究重大项目"中原作家群资料库建设"成果
本成果出版得到淮河文明研究中心资助

中原作家群研究资料丛刊（第二辑）

吴圣刚　沈文慧　主编

LIU JIANWEI YANJIU
柳建伟研究

王丹　编著

河南大学出版社
HENAN UNIVERSITY PRESS

·郑州·

图书在版编目(CIP)数据

柳建伟研究 / 王丹编著. —— 郑州：河南大学出版社，2017.4
ISBN 978-7-5649-2828-5

Ⅰ.①柳… Ⅱ.①王… Ⅲ.①柳建伟－文学研究－文集 Ⅳ.①I206.7

中国版本图书馆 CIP 数据核字(2017)第 097245 号

出 版 人	张云鹏
出版统筹	侯若愚
责任编辑	董庆超
责任校对	胡凤杰
封面设计	侯一言

出 版	河南大学出版社
地 址	郑州市郑东新区商务外环中华大厦 2401 室
电 话	0371—60993151（人文社科出版分社）
	0371—86059753
网 址	www.hupress.com
印 刷	河南瑞之光印刷股份有限公司
版 次	2017 年 7 月第 1 版
印 次	2017 年 7 月第 1 次印刷
开 本	710mm×1000mm 1/16
印 张	15.5
字 数	286 千字
定 价	56.00 元

本书如有印装质量问题，请与河南大学出版社营销部联系调换。

编选说明

"中原作家群研究资料丛刊"第二辑的编选是在第一辑的基础上进行的,其体例和编著方式也是相同的。第二辑的编著花费时间将近一年,编著者投入的精力也是较为可观的,因为丛书绝不仅仅是已有研究成果的简单整合。首先,编著者必须通读该作家的所有作品,包括文学作品、演讲报告、论文等,形成对作家作品的感性认识及理性判断,这是编著作家研究资料的基础和前提。其次是收集研究资料,编著者通过期刊、报纸、著作、网络、访谈作家本人及其亲友故交等各种途径获取材料,尽可能做到细针密缕的程度。最耗时、最费力的工作是资料的甄别、遴选和整理,它体现了编著者的眼光和学养,决定了研究资料的学术品质。典型性、历史性、多元性是编著者选文的基本原则,每册研究资料的编著都力求能够展现作家的全部创作活动状况,研究论文选辑则兼顾专家批评和新锐批评,呈现不同时期的文学生态和文化场域。总之,整个编著过程没有捷径可走,编著者花费的多是笨功夫、苦功夫。尽管如此,丛书中的疏漏之处也肯定不少,恳请专家学者不吝指正。

每册研究资料主要分为四个部分,即"自述·访谈·印象记""研究论文选辑""作品年表""研究资料索引"。"研究论文选辑"以时间为线索,以"问题"为中心,先总论、后分论,同一"问题"相对集中,体现逻辑性和层次感,并努力体现作家作品研究的历史进程。对入选的文章,为了出版上的便利,做统一技术处理,删减了摘要、关键词,注释一律改为脚注;出于保存历史氛围的考虑,编著整理中除对一些明显的文字和标点符号的疏误做订正外,其他方面包括注释的不完整、不规范,词语使用的不当等,一律保持原貌。"作品年表"部分按时间顺序排列整理收录,截止时间为 2015 年 12 月。作家的作品只列出作品的首发、首印时间,其再版、转载情况不再列入年表,海外翻译版本尽可能列入年表。期刊、著作均按年、月排序,报纸具体到日期。重要散文、发表的重要演讲等列入作品年表,但作家编辑的书目、研究资料等均不列入。"研究资料索引"包括单篇学术论文索引、学位论文索引、研究专著索引三部分,截止时间同样为 2015 年 12 月,均按刊发或出版的时间先后顺序编排。

  需要说明的是,由于各种原因,编委会没能与被选用论文的作者一一取得联系,丛书出版后,将赠送样书,以示歉意和谢意!且本丛书仅用于学术研究而非商业目的,想学界同人亦能理解支持,在此真诚致谢!如需稿费,请与编委会联系。

编委会

2017.3.31

总　序

程光炜　吴圣刚

　　新时期以来,中国当代文学呈现为多样、多态发展的趋势。在当代文学的版图中,"文学豫军"或"中原作家群"早已成为中国当代文学的重要现象和重要构成。之所以称之为"文学豫军"或"中原作家群",是因为它呈现出群体性,是一个集合的概念。但是,这绝不意味着这个群体中的个体是孱弱的,没有独立呈现的分量。相反,正是一个个有分量的个体组成了一个有广泛影响的作家群体:姚雪垠、魏巍、李准、叶楠、白桦、苏金伞、宗璞、张一弓、南丁、田中禾、张宇、郑彦英、李佩甫、二月河、周同宾、刘震云、阎连科、周大新、刘庆邦、李洱、柳建伟、孙方友、墨白、邵丽、乔叶、计文君等,每位作家都有不凡的创作业绩,每个人都有自己的独特之处,都是文学中的"这一个"。

　　地处中原的河南,在当代中国政治、经济版图上不是核心地带,但在历史、文化地理图上却是积淀深厚的重镇。这里也在接受全球化的荡涤,也在搭载现代化的快车,但这里与中国当下的经济前沿存在着距离,呈现着现代化的滞后性。因此,河南在时代的节奏中存在着"时间差"。这使得中州大地在现代化的浪潮中还氤氲着农业文明、历史文化的气息,也使得中原儿女在这种相对的"慢节奏"中对历史、现实和文化进行思考,精神和灵魂回归这片土地,并以中原文化的思维方式进行着多种表达。走进历史、走进中原文化是豫籍作家的共同选择。无论是身居河南的作家,还是移居他乡的作家,他们的灵魂仍然栖居在家乡故土,并用他们敏感的触角细腻地联系和感受着中原文化,中原文化是他们精神发生的原点,河南历史和家乡生活是他们创作的源泉。对于这些河南作家来说,似乎只有这片故土和其中的点点滴滴才能够激活创作的灵性。正如阎连科所说:"我家住在一个镇子上,那是一个很大的村庄。那个村庄是我写作取之不尽的生活源泉、情感源泉、想象的源泉。一句话,是我写作的一切的灵感之源。那个镇子奇妙无比,任何现实中的一件事情都可能是荒诞的、合理的。"正是在这种表达中,作家们完成了自己的一个个皇皇巨篇,成就了当代河南文学的气象大观。

　　"中原作家群"不仅是河南的文学现象,也是全国的文学现象;产生于中原大地的河南文学,早已超越了这一区域空间。姚雪垠、魏巍、李准的作品在中国当代文学史上占有重要分量,二月河的作品红遍全国,阎连科、李洱的作品传播域外,在九届茅盾文学奖四十余位获奖作家中,豫籍作家有八位,都说明豫籍作家的作品是全国性的,也具有世界性的分量。这足以构成河南自己的文学史。关于河南文学和"中原作家群"研究,近十年来,随着作家作品的动态性呈现,更多表现为个案化的文学研究,而当代河南文学的整体性、系统性研究则不够。这一方面与河南的经济实力及其对文化提升、带动能力的不足有关,另一方面也与学界、文学界对河南文学在当下中国文化地理学上的地位认识不足有关,特别是与本土学界的研究、推介的成绩有关。弥补这一不足,是一项浩繁的工作。但起步必须从基础开始。

资料整理无疑是学术研究中最基础性的工作。学术界目前关于河南作家的研究资料,主要是20世纪80年代出版的《李准研究资料》《姚雪垠研究资料》等有限的几种。相关研究主要体现在三个方面:一是关于"文学豫军""中原作家群"正当性和合理性的阐述,这方面的研究成果主要有孙荪的《文学豫军论》等,该文系统性地评述了"文学豫军"的由来、构成及文化特征;二是"中原作家群"形成的历史文化原因以及具体作家作品的研究。刘增杰主编的《精神中原》以论文集的形式综合了学界对于中原作家群整体把握和作家研究的成果;张鸿声主编的《河南文学史·当代卷》则是系统描述当代河南文学发展的第一部史著;梁鸿的《外省笔记:20世纪河南文学》以"外省"的视角考察河南文学,从文化的角度寻觅和审视河南文学;何弘的《超越还是重复——中原文学论稿》试图对"中原作家群"或中原文学做出一个整体性的描述。这些研究对于解说一种文学现象的发生、发展是必要的,但都是初步的,特别是对"中原作家群"形成的历史文化原因和整体性特征的研究,远未形成对"中原作家群"完整的、核心的解说,更没有评估、揭示出"中原作家群"的应有价值。因此,就需要有人真正深入下去,沉入到纷繁的资料中去,耐心、细密地梳理,把那些能够反映和体现作家创作实绩、作品价值和当代河南文学整体面貌的资料整理出来,形成完整、系统的当代河南文学的资料体系,为文学史的生成奠定坚实的基础。

信阳师范学院文学院的一些老师近年来致力于河南文学研究,逐渐形成了自己的方向和领域,引起了学界的关注。作为一所本土的有长期人文积淀的高校,研究河南文学、推动河南文学发展是应有的责任。2013年起,文学院整合文艺学、现当代文学和写作学等学科的十几位教授、博士组成研究团队,集中开展当代河南文学研究,并在此基础上,建立了"当代河南文学发展与中原文化建设"协同创新中心,把当代河南文学研究与中原文化建设纳入统一视野,研究的空间更加广阔。这个团队以博士为主,中青年结合,队伍整齐,潜力很大。他们首先从资料整理开始,扎扎实实开展研究工作。第一批选取"中原作家群"中影响最大、创作力仍然旺盛的十五位作家,经过近一年的努力,整理出《白桦研究》(陶广学讲师)、《张一弓研究》(吕东亮副教授)、《田中禾研究》(徐洪军讲师)、《张宇研究》(杨文臣讲师)、《李佩甫研究》(樊会芹讲师)、《二月河研究》(吴圣刚教授)、《刘震云研究》(禹权恒讲师)、《阎连科研究》(方志红副教授)、《周大新研究》(沈文慧教授)、《刘庆邦研究》(杜昆讲师)、《李洱研究》(王雨海教授)、《墨白研究》(杨文臣讲师)、《邵丽、乔叶、计文君研究》(李群副教授)十三卷,2015年5月,已由河南大学出版社出版。资料选编力求翔实、准确、有代表性,中国现代文学馆将其作为当代文学研究的重要著作,永久性收藏入馆。《人民日报》、《光明日报》、《中国青年报》、《中华读书报》、新华网、搜狐网、新浪网等国内主流媒体相继进行了介绍和报道,在文学界和学术界产生了广泛的影响。

第一辑告罄之后,团队立即启动第二辑的编著工作,又经过一年的努力,整理出了《姚雪垠研究》(禹权恒讲师)、《李准研究》(王雨海教授)、《魏巍研究》(刘家民博士)、《叶楠研究》(陶广学博士)、《苏金伞研究》(樊会芹讲师)、《宗璞研究》(徐洪军讲师)、《周同宾研究》(吕东亮副教授)、《柳建伟研究》(王丹副教授)、《孙方友研究》(杨文臣讲师)、《乔典运研究》(王海涛教授)十卷,目标是把"中原作家群"主要作家的资料完整、系统地拓展出来,真正为当代河南文学的深化研究做些基础性的工作。

由于编选者的眼界、学识、水平有限,疏漏、不足,甚至差错定然存在,敬请学界批评指正。

目 录

自述·访谈·印象记

3　柳建伟　《北方城郭》与我的故乡
7　柳建伟　这是对我所走创作道路的奖赏（茅盾文学奖获奖感言）
8　柳建伟　让现实题材创作成为文艺的主潮
10　柳建伟　《桐柏英雄》：从小说到电视剧
13　张　倩　军旅文学的主干是战争文学——对话柳建伟
28　冉茂金　以作品回报伟大时代——著名作家、八一电影制片厂文学部
　　　　　　　主任柳建伟访谈
33　何晓诗　《飞天》《守望天山》编剧柳建伟：用有限生命创作有价值的
　　　　　　　作品
37　记　篮　访主旋律作家柳建伟
42　郑　杨　柳建伟：我们努力表达长征但远远不够
45　中国文化报　柳建伟　承担一个作家的责任
51　刘　慧　做一名时代的书记员——柳建伟访谈
57　杨　雪　我和我的"英雄"——著名剧作家、八一电影制片厂副厂长柳
　　　　　　　建伟谈创作
59　周大新　我的同乡柳建伟
60　蔡　葩　忠实记录英雄时代——记军旅作家柳建伟
62　二月河　柳建伟和他的《北方城郭》（代序）
65　赵明河　柳建伟读书与写书
72　苍　虹　用良知拷问自己——访第九届庄重文文学获奖作家柳建伟

研究论文选辑

79　朱向前　是大作，但不是精品——三谈《北方城郭》及其它
96　朱向前　突出重围的"文学推土机"——柳建伟创作道路的回溯与前瞻
109　向宝云　理性批判与典型塑造——《北方城郭》简评
115　何镇邦　新态势与新希望——近期若干长篇小说新作概评

121	李士文	《煞庄亡灵》读后
124	何启治	《突出重围》和柳建伟的文学梦
131	冯宪光	重铸直面现实的宏大叙事——柳建伟《英雄时代》读后
135	张志忠	现实主义文学的新启示——兼评《痛失》和《英雄时代》
143	管卫中	现实主义的一支主脉——20世纪的中国小说纹脉之一
152	徐亚东	《突出重围》论略
156	溟 北	用小说沉淀"危机"记忆,即将诞生的一部长篇——柳建伟创作《萨斯危机》
159	丁丽燕	论柳建伟的时代三部曲——兼谈主流意识形态文学的生态学意义
167	丁丽燕	主流文学的话语空间与文化生态的合理构建——以第六届茅盾文学奖获奖文本《英雄时代》为例
173	廖四平	论《英雄时代》——"茅盾文学奖"丛论之一
185	何启治	我所知道的《狂欢的季节》和《英雄时代》
188	艾 军	新型军人形象的塑造——评柳建伟的长篇军事小说《突出重围》
192	姚晓雷	改革开放前"社会主义现实主义"创作方法的流弊再现——评柳建伟《英雄时代》的创作方法特征
201	钟 诚	走近柳建伟——著名军旅作家柳建伟优秀作品浅析
212	李勇智	编剧柳建伟畅谈《惊涛骇浪》
214	廖四平	史天雄:圣子式的英雄——柳建伟的《英雄时代》人物丛论之一

作品年表

225	柳建伟作品年表

研究资料索引

233	柳建伟研究资料索引
235	后记

自述·访谈·印象记

《北方城郭》与我的故乡

柳建伟

  我一向认为,成名作是取得了很大成就的优秀作家们才可以使用的词语,它们都带有某些郑重和权威的意味,一般作者不宜贸然采用。处女作这个词,每个作者都可以坦然用它,因为它仅仅说的是第一个作品,不分贵贱俊丑。因此,我只把《北方城郭》看成我的长篇小说处女作,虽然因为它的出版,不少读者知道了我这个写作者,但我确实不敢由此断定这就算成了名。
  关于《北方城郭》,我自己几乎没有说过什么话。我觉得让今天的读者,读一部长达五十五万字的长篇小说,已经有点冒昧了,哪里还好意思再用小说之外的文字占用读者的宝贵时间!但这篇文章却不得不写。原因有二:一是有不少读者把我看成一位老先生,对三十出头的我能写出"这样一本深刻的书",表示了不解和不大信任;二是有一部分读者对我这样一个十五岁就参了军,至今未在地方机关和单位工作过一天的人,却用长篇小说这种体裁解剖北方一个县域的生活,而且能写出"让人颤栗的真实",感到不可思议。这就有必要为这本书留点自白之类的文字了。
  《北方城郭》是我全方位、全景式描画我的故乡——豫西南镇平县近半个世纪的历史和现实生活的一次大胆的尝试。最初写这样一部书的动机,有点拟古的意思。拟古,是拟《金瓶梅》成书的一则传闻。说王世贞的父亲遭严嵩和严世藩父子陷害被砍了头,王世贞想为父报仇,面壁数年、呕血十石作了《金瓶梅》,然后把刻好的书浸上慢性毒药,呈给还活在人世的严世藩,最终大功告成了。这则传闻,在我二十出头那几年,常在我脑海里浮来漂去。父亲在八三年任县纪委副书记,是个黑脸式的人物,如能升到开封尹这样的高位,我相信他是能得一点"柳青天"之类的名声的。我小时候,他在北京一法院当会计,因我从他的抽屉缝中抠出来两个五分钱,导致他账面亏空。知道我用这两个钢镚换了几颗水果糖,他对我实行了严厉的专政,把我的小臀部打得几天都不敢挨凳子。八五年春节,父亲摇身一变,成了县广播局局长。我回镇平探家,他拉开堂屋条几的一个柜子,对我说:"以后烟酒不用花钱了。"我感到父亲什么地方变了,不免替他担心。第二年春节,我家的酒柜里已空空如也了。父亲已经被调到党校当了有职无权的副校长,一天有好几个小时,蹲在分给他的两分空地里,仔细管理各式各样的菜蔬。父亲在这两年老了很多,白发成倍增长,不到五十已有老人相。我意识到家里可能出什么大事了,祖父当年几乎牺牲了全家的利益,供父亲读了大学,自然不是希望儿子人到中年后像他一样侍弄菜蔬。在我的追问下,母亲才简要告诉了我原委:父亲在纪委主抓一个经济大案,查到副县长头上还不知道收手,拒收副县长夫妇送来的礼物后,还不顾副县长的暗示,派人到外地取证。他派去的人都识时务,背叛了父亲,把查案的进展情况向涉案的大官员作了汇报。结果,在我县当了几十年县委副书记的总舵主雷霆大怒,不几天,就把父亲调去了广播局。父亲遭此打击,也想随波逐流了,年节下开始收部下送来的烟酒,并同意广播局外线班用了二十斤铁丝为我家搭了个葡萄架。因广播局长的位置是个肥缺,总舵主就寻了父亲用公家二十斤铁丝为自家搭葡萄架的不是,一脚把父亲踢到了党校这个清水衙门。这件事让我第一次看清政治的面目,感到万分惊悚。眼看着父亲一天天地颓虚着,一天天地往菜农回归着,我感到了我为人子的无能。八八年春天,我生出了写一部小说为父亲申冤的念头。这就是《北方城郭》的成因吧。

八九年三月,我写出了三十二万字的《大炼狱》。写完后,我喜忧参半。喜的是自己一出手写长篇小说,就能写出三四十个人物,就能搭出一个自我感觉还不错的长篇小说骨架;忧的是书中根本无缘见到当年整治父亲的那些个人,取的是鲁迅先生塑造阿Q的手法写李金堂等人,没有写出我所希望的对李金堂的恨,反倒有点喜欢李金堂这个我已经无法控制的"恶人"了。我把稿子寄给了我所敬重的海波审阅。半个月后,海波来了一封长达八页的信,批评我这种一口想吃个胖子的做法,要求我再写十年中短篇小说后,才可以碰长篇小说这种大型体裁。对海波的意见,我是又服又不服。服的是他点出我在具体操作上的缺失,不服的是他对此书的根本上的颠覆。我固执地认为:这部书的骨架是可以的,几个重要人物的设置也是站得住的。

九一年秋,我在朱向前老师的游说下,去解放军艺术学院文学系读书,行李中就夹着《大炼狱》的初稿。第二学年上学期,我已经彻底恢复了自信,就把这个初稿交给张志忠老师,请他打个分。张老师匆匆读完后,表达了这样的意见:书可以出版,达到了中平水准,技术上的问题也需要认真处理。我不想出一本中平水准的长篇处女作,因为这时对此书的结构和人物更加自信了。按照我当时的判断,中国社会正在进行的大转型,与大革命后的法国和废除农奴制后的俄国的社会转型,有着惊人的相似,在今后的十几年内,中国文学中的长篇小说,必将出现师法巴尔扎克和陀思妥耶夫斯基的一批重要作品。我自信《大炼狱》走的是正路。这条路或许比师法二十世纪世界文学大家,如乔伊斯、福克纳、博尔赫斯,更能走得远一些。我所缺少的,仍是扎实的内功和对现实社会、对历史真实的个人化的深入研究。对中国近代、现代以及当代重要历史事件进行重读后，我又进了鲁迅文学院和北京师范大学合办的研究生班继续读书。在这几年间，我单独和与同学合作了《红太阳白太阳》、《纵横天下》、《日出东方》等纪实作品，又为贾平凹的《废都》写了一部名叫《虚都》的续书，又和何启治先生合作了一部反映中国当代知识分子在八九十年代之交命运的长篇小说《当代往事》，这后两部长篇小说因著作权、大形势等诸多原因，至今未能面世。

九五年夏天，已成为我忘年交的何启治老师找我长谈两次，说以他对我的了解，已断定我可以写出较为成熟的长篇小说了，希望我集中精力主攻长篇小说。何启治先生是当代最有影响的长篇小说编辑家之一，曾在新时期长篇小说两大巨峰《古船》和《白鹿原》的成书过程中起过关键性作用。他说我能写出较为成熟的长篇小说，对我的激励作用非同小可。在鲁迅文学院313室，我用三个多小时向他谈了三个长篇小说的构思。他当时就说："这三个构思都不错。你先写描写故乡现实生活的这一部。"

九五年秋，我把《大炼狱》作为一个详细提纲，开始写《北方城郭》。这时，我的生活步入中年的多事之秋。毕业在即，我的工作尚无着落，让我忧心如焚的是母亲已被确诊为乳腺癌，我随时都会遭受叫声亲娘无人答应的人生最大苦痛。在那个漫长的秋冬里，每日里我伴着两包劣质香烟，手握母亲送给我的已写出两百万言的极其普通的永生牌钢笔，在稿纸上重现故乡的历史和现实场景。因心绪纷杂，加上时常挂念母亲病情，我对在成都家里写出的四十五万字初稿不是特别满意，但我还是希望它能尽快在人民文学出版社出版。因为母亲酷爱读长篇小说，我希望她能读到儿子散发着油墨淡香的第一部独创性的长篇作品。

九六年元月初，人民文学出版社的三审意见出来了：可以出版，在本社所出长篇小说中可算二流偏上水平。我对自己的表现感到失望。何启治和高贤均老师都希望我能仔细修改一稿。高贤均老师说："只要改得好，一百万字也不嫌长。"我从北京带着稿子回到镇平家里，母亲已被癌细胞折磨得变了人形。当我表达出不再改稿子的意见时，母亲说话了："改吧，好好改，我还能等。"

接下来的三个月，我在家里改稿，删掉八万字，增写了十八万字。这期间，我对人生无常的体味最为深切。母亲病重三次，报病危两次。每次她从死亡线上挣扎回来，对我说的只有一句话："改你的稿子吧，我有你爸他们照顾就行了。要把稿子改好。"这期间，我对故乡的世态炎凉体味最深。母亲九五年到了退休年龄，在病中办了退休手续。在这近一年里，学校和官方连礼节性的探视都取消了。每天晚上，我去和母亲说话，她都要讲学校里美好的往事，却总以叹息结尾。这期间，我真切地体会到人确实是有善恶之分的，真切地体会到什么叫作不平等,什么叫作遗弃、谎言。母亲作为一名弟子三千、病倒在讲台上、有三十七年教龄的老教师,看病基本上都是自费。我在改稿的间隙,不止一次去城关镇党委书记的办公室,恳请组织能帮助一下作出重大贡献的老教师,然而听到的只有哭穷的声音。第二年春天,这位党委书记因贪污、受贿被捕入狱,他和其他官员挪用教育等经费建豪华办公楼、买高级轿车的内幕才得以昭示天下。对这样的故乡的真实,我能说点什么呢?有批评家在评奖会上批评《北方城郭》"色调灰暗"、"洪洞县里没好人",是很有见地的,但在那种特定的时空中,我只能遵循良知,写下这种真实的文字。我相信只有这样的文字才能久长地穿越时间的隧道,触摸到永恒的裙裾。

五月里,责编陶良华告诉我说:"你再改一稿,压掉五六万字,它就是一部精品了。"可我确实不能再改了,我对此书唯一的希求,便是母亲生前能读一读它,于是,它只能以现在的样子面世了。

也不知是什么原因,《北方城郭》没有在合同期限内面世。母亲在九七年一月三十一日夜弥留之际,对《北方城郭》说了这样一句话:"是不是你没有改好,人家不出了?唉,我看不到它了,看不到。"说完这句话约二十分钟,年仅五十八岁的母亲——在生命的最后几个月成为基督徒的社会主义中国的老教师,踏上了去往天堂的路。九七年九月初,我在北京看到《北方城郭》的样书时,母亲已去世七个多月了!

这一永远无法弥补的遗憾,让我面对我的长篇处女作时,总是默默无言,总是欲哭无泪。我的心理年龄的苍凉,大约是经了太多这类打击的缘故吧。九七年九月中旬,我带着《北方城郭》的一本样书,来到了母亲的坟头。黄土堆中,零星的青绿已有寸长。七百五十八页的《北方城郭》,在母亲的坟头整整烧了四十分钟。我想让母亲把每一页都看个仔细。

这篇短文,还是用母亲送给我的这支淡灰色的笔写成的。它在母亲病故后,又帮我写出了《突出重围》和《英雄时代》。一支九三年只卖两元三角的普通钢笔竟能写出三百五十几万个方块字,我把它看作一个奇迹。这个奇迹昭示着伟大的母爱的强有力存在,充分表达着灵魂不死的真实。愿母亲在天之灵与我同在,用这支笔指引我写出恒远而富有神性的文字。阿门!

原载《文学世界》2000年第2期

这是对我所走创作道路的奖赏(茅盾文学奖获奖感言)

柳建伟

得了中国当代文学的最高奖项茅盾文学奖,我很高兴。虽然在获奖后说感谢这个感谢那个已经被人讥为套话,但我仍然要说,因为这些"套话"是从我心底里漫溢出来的,这些天来,充盈我心中的就是感谢、感激、感恩。

我衷心地感谢。感谢本届茅盾文学奖评委会把这个奖授予我的长篇小说《英雄时代》。感谢文艺界各级领导多年来对我始终如一的关怀厚爱。感谢军队一直以来对我的扶持培养。感谢人民文学出版社对我的大力支持。感谢我敬爱的老师、朋友和家人对我无私的关爱和帮助。感谢喜爱我的作品的广大读者。更要感谢这个伟大的时代。

对我来说,茅盾文学奖这项荣誉不仅仅属于《英雄时代》,它应该由我目前所有长篇小说——《北方城郭》、《突出重围》、《惊涛骇浪》和《SARS危机》共同分享。毋庸讳言,由于种种原因,当代中国作家中敢于正视社会现实、关注最广大人群生存境况、甘为时代充当书记官的人,眼下是越来越少了。我属于这个少数派。所以,我乐于认为,把茅盾文学奖授予我,也是对我所走创作道路的肯定和奖赏。杜甫诗云:"王杨卢骆当时体,轻薄为文哂未休。"我已经写了20年"当时体"的小说了。茅盾文学奖评委会对《英雄时代》这种"当时体"的肯定,自然也会激励所有创作"当时体"小说的作家。

我始终认为,我们身处的这个时代是一个伟大的时代,目前历史的车轮正行驶在太平盛世开端的大道上。就文学而言,或许现在正相当于产生"王杨卢骆"的"初唐时期","凌云健笔意纵横"的"庾信文章"难免遭受"今人嗤点"。然而,走"当时体"创作道路的我会九死不悔地一往无前。也许,我会因心力不济半路倒下,也许,我会因中了冷枪暗箭倒毙途中,但我坚信,在这个时代中,让后人万世景仰传颂的篇章一定会出现,其著作者一定会有沿着这条大道、踩着前人的肩膀甚至尸骨奋然而前行的人。这条创作道路最终能通向文学的最高圣殿。

原载《青年作家》2005年第9期

让现实题材创作成为文艺的主潮

柳建伟

毋庸讳言,因为种种原因,多年以来,现实题材文艺作品创作,特别是主旋律作品的创作,经常遭人误解、误读,甚至是攻击和谩骂。这是一个不容回避的事实,一个让人悲哀的事实。在所谓专业的评判体系里,现实题材主旋律作品不是被冷落,便是被划入艺术含量低的范畴而进行一些照顾性的评说。对现实题材主旋律作品的深度研究,和对所谓的纯艺术作品的深度研究相比,前者还处在中学时代,后者已经进入了博士后时期。

我并不认为近些年现实题材文艺的创作已经进入了一个经典作品频出的时期。相反,我认为,与中国正在行进的伟大的现实生活相比,我们的现实题材文艺作品还显得相当幼稚和渺小。然而,正是因为这些作品的幼稚和渺小,正是因为这些作品的生存环境存在着问题,我才发出这种吁请。有时,我会作杞人忧天之想:如果任由这类作品自生自灭,任由这类作品的创作队伍不断萎缩下去,中国将会出现这样一种尴尬局面——人民创造出了一个伟大时代,可这个时代却没有出现可与之般配的伟大的文学艺术的创造。

我这么说绝不是危言耸听。纵观中外历史,百分之九十九上的盛世,都伴随着文学艺术的伟大创造。这些伟大的作品,又有百分之九十是现实题材的作品。中国盛唐时期的诗歌,清代康雍乾时期和法国、俄国19世纪的小说,美国20世纪后半叶的电影和电视剧,都在佐证着这个规律的存在。这些文学、影视的辉煌大作,绝大多数都是同时代作家、艺术家对自己所处时代生活主体全面、准确、深刻的描绘。大雕塑家罗丹说:不是缺少美,而是缺少发现。巴尔扎克说:当你文思枯竭时,你只用研究研究现实生活就足够了。这些论述,很值得我们重温。奇怪的是,十多年来,中国在世界上的地位与日俱增,而描写现实生活的文学和影视作品的地位在专业领域内却每况愈下。久而久之,创作这类作品的人越来越少。目前,我们现实题材主旋律作品的创作队伍,已经有了断代之患。就文学界而言,35岁以下的作者,已经很少有人进行主旋律作品的创作了。

我认为,要想改变这种创作远远落后于现实生活的现状,首先需要提升现实题材主旋律作品的整体水平,特别是艺术水平。这类作品整体水平的提升,关键在于作家。中国的作家,在技术层面上不存在任何问题,他们欠缺的仍然是面对纷繁复杂的生活时,理性把握能力的不足,思想的穿透力不够。归根结底,还是作家没把如何认识和描绘当今伟大时代这个问题彻底弄清楚。因为作家没有弄清这个时代的本质特征,导致了许多现实题材文艺作品整体水平的低下。

我们中国人正在生活的这个时代,到底算不算一个伟大的时代呢?肯定是。可以说,中国目前正处在一个伟大太平盛世的开端上。中国的改革开放已经平稳进行了28年,经过全体中国人民的努力,中国创造出了震撼世界的奇迹。28年是中国自秦汉以来,治世延续最长的时间段。从目前国际国内大形势来看,没有什么力量能阻止这个治世继续延长。

太平盛世应该是当下中国现实题材文艺的生长基础。这个基础决定着文学艺术作品的气象和骨骼。远离这个基础创作的任何作品,都将是速朽的。至于作家的政治主张的不同、艺术追求的差别、技术水平的高低,都是第二位、第三位的。巴尔扎克是保皇党人,司汤达是雅各宾党人,但他们都可以给我们描绘出同一个法兰西的辉煌时代;杜甫可以写"朱门酒肉臭,路有冻死骨",可以写"三吏"、"三别",但他笔下的盛唐气象和写"将进酒,与尔同销万古愁"的李白笔下的盛唐气象,并无二致;生活在清康雍乾时代的曹雪芹,历尽人生坎坷艰难,可他创作的《红楼梦》,盛世之气象依然呼之欲出。中外无数伟大作家的不朽创造,都有一个共同特点:他们都能认识到他们所处时代的本质特征,并能准确地描绘出这个特征。

如何描绘我们正生活着的这个伟大的时代是作家永远的必修课。这门必修课中,有一些内容是不会改变的。比如生活是创作的唯一源泉,比如只有以三贴近的方式才能真正获得有价值的生活素材,比如必须持久保持对现实生活的热情,比如只有不断地学习才能延长创作寿命,等等,都是不会改变的。学习这门必修课,没有任何捷径可走,只有坚持下去。

从《突出重围》到《英雄时代》,从《惊涛骇浪》到《SARS危机》再到《石破天惊》……我知道我这些作品有很多缺点甚至很多缺陷,我也知道现实题材主旋律文艺作品生存环境不够好,但我坚信我所坚持的创作道路是正确的。胡锦涛总书记今年在发表"八荣八耻"社会主义荣辱观重要论述时,曾明确提出:坚持什么,反对什么,倡导什么,抵制什么,都应该旗帜鲜明。这些年,我的作品受到过好评,也获得了不少奖励,我把这些好评和奖励看作对我旗帜鲜明坚持现实主义创作道路的肯定。

我特别希望有越来越多的比我年轻的创作者,跟我一起在宽阔无边的现实主义创作道路上前行。我更希望全社会都能对现实题材主旋律文学作品的创作重视起来,给现实题材作品提供更好的生存和发展空间,使这类作品最终能够形成文学创作上真正的主潮。我坚信,能与这个伟大时代般配的伟大的文学作品,必然也只能产生在这个主潮中。那时,中国的文艺创作就能步入真正的黄金时期。

原载《文艺报》2006年7月20日

《桐柏英雄》：从小说到电视剧

柳建伟

答应把长篇小说《桐柏英雄》改编成电视连续剧剧本，出于两个方面的考虑：一是桐柏县归南阳市管辖，我是南阳镇平县人，把写桐柏的小说改编成电视剧，算是为家乡作点贡献；二是由《桐柏英雄》改编的电影《小花》影响很大，几个主演后来都成了名演员，片中的两首插曲至今还在传唱，改编起来难度不会很大。于是，我就应允了这件事。

2004年深秋的一天，制片人严从华约我和黄健中导演在北影附近喝了半天茶，我就开始进入情况了。一进入情况，我就觉得这件事答应得太草率了。看了原著小说后，我清醒地意识到这部小说根本无法改成几十集的电视连续剧。小说出版于"文革"中期，自然有着那个时代的鲜明烙印。当然，这部小说有着它自身存在的独特价值。从小说出发不好改，那就从大名鼎鼎的电影《小花》出发试试吧。谁知看了电影《小花》，思前想后还是没法改。为什么？一是因为电影也只取了小说中的一组人物关系来展开，内容太单薄，不足以撑起一部长篇电视剧的架子。二是因为电影和小说一样，为了戏剧化的冲突需要，把南阳邓县一个历史真实人物漫画化了，这位历史人物的后人，对这么在文学艺术创作中指名道姓表现他们的先人很有意见，再改编电影或者小说，这一部分内容根本没法用。

正在为难之中，得到这样一个信息：小说《桐柏英雄》的电视剧改编权已授权给了别人。这样，我就是想改《桐柏英雄》也不行了。那时，我正在创作长篇小说《爱在战火纷飞时》，也是写故乡南阳的故事，我就提出让严从华把这个小说搞成一部电视剧。于是，就有了2007年33集电视连续剧《爱在战火纷飞时》的播出。这部剧因种种原因，播出后影响不大，加上又没在南阳拍一个镜头，也没实现我为家乡做点事的夙愿，心里总是有点不对劲儿。怎么个不对劲儿？就是愧对故乡南阳。

转眼到了2009年春天。一日，我接到南阳老朋友孙伟的一个电话，说他调到桐柏县当副书记了，县里决定让他牵头把小说《桐柏英雄》改编成电视连续剧，宣传宣传桐柏。我忙问他们有没有小说的电视剧改编权，孙伟回答说有。我又问：你们准备了多少钱？孙伟说：桐柏是老区，是国家级贫困县，只能拿出点启动资金,大钱得你来想办法。我是以码字为生的,又深知《桐柏英雄》很难改编,能从哪里给桐柏找几千万元拍电视剧?但朋友开了口,总不能一口回绝吧。何况我还是一个著名影视制作单位的领导,回绝了,差不多会让老友孙伟和桐柏方面对这个项目心灰的。我答应孙伟会帮他们问问。问谁呢?想想还只能问严从华。我心里想:我就找个投资方见见孙伟,对朋友也算有个交代,具体他们谈成什么样,我就不管了。

谁知严从华和孙伟在我办公室一见面,看了小说作者前涉老先生的改编授权书,严从华马上说了这样的话:只要你柳建伟答应改编,这部戏我负责找钱拍。孙伟赶紧接着说:建伟,我身后站着四十几万桐柏人民,你可别说你没时间。话说到这个份儿上,我只好答应做这件事。但提出我确实太忙,需要我妹妹柳静和我一起创作这个剧本。柳静早在《当代》等杂志上发表过《落花成实》等小说,又参与过《爱在战火纷飞时》的剧本改编,严从华当即同意了这个方案。

合同签了,今天孙伟催,明天严从华逼,一个半月过去,我面对小说《桐柏英雄》和电影《小花》,还是无法下手,只好拖着。有一天,严从华打来电话说:刘晓庆、唐国强还有陈冲,都答应出演《桐柏英雄》,刘晓庆还要求演个贯穿始终的人物,你在剧本改编时,要考虑这些因素,这几个大腕只要出场,这个剧就成了。编剧和老板就是这样的关系,编剧只是个打工仔。这也是我不喜欢做影视编剧的原因。打这个电话的时候,我真想撕毁这个合同。按照严从华的要求,《桐柏英雄》里一定要有一个中年妇女贯穿始终,这个人物还必须和主人公有密切的关系。可小说中,主人公赵永生几岁就成孤儿了,上哪儿找这个与赵永生有密切关系的中年妇女?可是,影视创作,早就是资本说了算了,我不在剧本中设计这样一个刘晓庆能演的女二号,资本就会折磨我个没完没了。撕毁合同吧,孙伟那里没法交代。还有,我近80岁高龄的二舅在桐柏退休养老,我已经向老人家报告了我和妹妹改编《桐柏英雄》的事,这样半途而废了,我怎么向他老人家解释?另外,刘晓庆这个演员,我一向很看重,和她合作一次,也是蛮有吸引力的。想想,还是继续做吧。

大约两天后,我想出一个没办法的办法:让小说中赵永生的母亲活着,大明星刘晓庆就可以出演《桐柏英雄》了。这个大胆的想法一生出来,一个全新的改编思路竟然顺理成章形成了。于是,我让小说中死于洪水的赵永生的父亲牺牲在与还乡团的战斗中。于是,我让赵永生的母亲主动把亲生女儿交给寻找红军首长女儿的保安团副官。于是,我让赵永生的母亲为了把红军首长的女儿养大,去给敌人的女儿当了奶妈。于是,我让解放军侦察排长赵永生冒充国民党溃散人员回到故乡县城做了卧底。于是,我把敌我双方的重要人物真正扭结在一起了。

今天，30集的电视连续剧《桐柏英雄》登陆央视和全国观众见面了，回想起过去9年与《桐柏英雄》相关联的事，心中真是五味杂陈，不是一个欢喜或是一个漠然所能道也。仅这三四年间，我一会儿与这个导演吃饭，一会儿与那个导演吃饭，中间也和刘晓庆吃过饭，就是开不了机。这三四年，一会儿谍战剧火了，要加这方面内容，一会儿那个大腕没档期，要减相关内容，搞得我不胜其烦。去年，这戏终于开机了。不管怎么样，这个剧央视收购并播出了，可见我的这次被逼无奈的大胆改编，还是得到了播出机构的认可，欣慰之感还是有的。因工作太忙，我只看过这个剧的一些片花，不好评价全剧的好与坏。我只能祈祷观众能够认可这种改编，喜欢这个剧。

原载《文艺报》2013年4月24日

军旅文学的主干是战争文学
——对话柳建伟

张 倩

(对话时间:2011年6月 对话人及对话整理:张倩)

一、求爱失败把我推向文学道路

张倩:您是学理工出身,写作是半路出家,促成您走向文学道路的最主要原因是什么?

柳建伟:有几个原因。一个是我考入大学那年,是改革开放元年,是解放思想的元年,各种人生美梦都可以做了。这个时期恰恰是我读大学的四年,现在回头来看,那时候文学对人的影响力之大是难以想象的,征婚条件里面必须要有"热爱文学"这一条,跟现在说我有房有车一样。学写小说,说明我是个俗人,易随波逐流。再有就是地域文化的影响,我出生在河南南阳,这里出过很多作家,耳濡目染,这种影响是很深刻的。另外,我小学班主任马本德老师非常热爱文学,在八十年代就写过几篇在全国有影响的杂志刊发的小说,我受马老师的影响很大。还有一个重要的契机我曾提过,就是上大学时喜欢一个女孩,求爱了,人家没有同意,当时内心很感挫败,不爱见人,除了上课,几乎所有时间都是在图书馆阅览室度过的,看了很多书,也思考了很多问题。如果说有那么一个药引子,求爱失败就是药引子,这味药把我直接推上了文学的道路。

张倩:从事写作算是您对自己人生道路的设计吧?

柳建伟:我对自己的人生道路有这样一种设计,也是当时给自己的一种压力。当时想:如果四十岁还没有写出名堂,就死了算了。有点像愤青。正式走向文学创作这条路的过程中,我也经过商。那时候是一个极其狂热的经商时代,当时为了繁荣市场,县里号召大家星期天搞第二职业,我爸会炒凉粉,第二职业就是和我妈在街上摆摊炒凉粉。我也做了珠宝生意。我的故乡是玉雕之乡,当年毕业分到成都大邑县工作,从老家进货拿到成都武侯祠等地方练摊,当时周末还没有两天,就周日摆上三四个小时,没赔钱,赚了一堆后来送人的东西。那时候我就知道,时代已经进入了商品时代,但是发现经商并不适合自己,后来也尝试了很多东西,知道文学改变人生对我而言才是最重要的道路。

张倩:许多作家都有"处女作"情结,据说您的处女作是个社会问题小说?

柳建伟:这篇小说是写计划生育的,那时候计划生育国策刚刚出台,给农村生育观念带来极大冲击,刚开始的时候对抗比较生猛,甚至还有一些粗暴。后来我在《北方城郭》里对这种生活也写了几千字,对抗激烈程度要远超过当初那篇习作。农村成长的作家最早写的作品绝大多数都是从故乡社会问题出发的,这个在莫言和阎连科的早期作品中体现得比较明显,"农家军歌"也是在这个影响下出现的。还有就是1953年开始有户口的划分,这个鸿沟至今还在中国大地上横亘着。我是城镇户口,父亲在北京工作,妈妈是公办小学教师,我是吃卡片粮的,和莫言、阎连科们关注的点不一样,他们要通过奋斗改变农民身份。我身份上是一个城里人,小时候在农村生活。他们看重怎么走出土地的问题,我却是以"他者"的立场对农村观察剖析。到我要写小说的时候是"反思文学",再到"寻根文学"、"先锋文学",当代文学史上,前几个思潮全部是关注社会问题的,我第一篇习作写社会问题小说也是很正常的。

张倩:听说您把处女作投给了《人民文学》杂志社,却被退稿,当时是什么感受?

柳建伟:《人民文学》是个老牌子刊物,我为什么第一篇习作投《人民文学》,我知道第一篇肯定发不了。我喜欢破釜沉舟、置之死地而后生的状态,不想给自己留后路。那时候是一个文学的黄金时期,稿件右上角剪个口,写上"内有稿件"四个字就免收邮资,寄稿子和退稿子是不发生费用的。我知道当年是要退稿的,我就是一稿,写完改都没改就直接发出去了,就是想制造退稿时候的一种压力。我投第一次稿不是为了发表,而是为了压力。果真退稿。退稿后感觉不是失落感。也如我所料,退完稿没多久,在这样的压力下,我就写出了我第一篇真正意义上的处女作——《尊严》。有人吃甘蔗先吃根,吃最甜的,有人先吃梢,我就是先吃梢,先吃不怎么甜的甚至是苦的,吃水果也是先拣快烂的吃。

张倩:从"时代三部曲"到《惊涛骇浪》,再到《SARS危机》,您创作的绝大多数作品都是紧贴时代的大题材。您何来如此敏锐的"嗅觉"和如此巨大的"胃口"?

柳建伟:十二三岁我从我舅爷收的一堆破烂里淘出来半本《金瓶梅》,然后我听同学讲了一年的《水浒传》,接着才看《红楼梦》。当时我就觉得,要写一本《红楼梦》就成了。大学期间第一个完整的阅读期对我后来的创作影响很大,读的基本是大师的作品,罗曼·罗兰、巴尔扎克、莎士比亚……这些伟大作家的创作观念、对世界的看法、对文学设定的终极目标,给了我深刻的影响。另外,与我毕业后长达八年的阅读储备也有关。我毕业后分在成都大邑县，我的单位是在半山腰建的，八年绝大多数时间都用来读书了，读得比较系统，这就在我后来的长篇写作中显示出了力量。我写长篇"时代三部曲"的时候，已经是九五年，到这时候我已经有了长达十年的读书储备期。不管你搞什么专业，这个行当有用的书你要真正用五年到六年的时间，就能把对你有用的全读完。如果你在这个领域往前再进一步，可能就会有自己独特的创造了。

张倩：对您创作生涯影响最大的人是谁？

柳建伟：从家庭影响来讲，应该说是我的母亲。她在学生时代就是个文艺活跃分子，会唱很多的地方戏。她是幼师毕业，后来函授河南大学中文系毕业，爱看长篇小说和长篇电视连续剧，一直希望能看到我亲自创作的长篇小说和电视剧。母亲58岁因癌症去世，那时候她病着，我说得赶紧写长篇了，《北方城郭》就是在她的期待和影响下完成的。还有朱向前老师，当时军艺文学系是大专班，我已经大学本科毕业，不符合条件来军艺读书，但是在朱老师的动员和促成之下我来到了北京，又连续读了六年书，视野顿时开阔。还有就是《当代》杂志主编何启治先生和人民文学出版社已故副总编高贤均先生。我母亲得癌症之后，治病急需要钱，那时候纪实文学热，我写过一段纪实文学挣钱，当时与人合作的纪实文学《纵横天下》发行百万册。我母亲的病花了十几万，当年我的工资一个月不到两百块钱，几乎所有治病的钱都是靠写畅销书挣的，从军阀混战、土地革命到抗日战争、解放战争全部写过。因为我有一个大构想，想写一部《静静的顿河》那样的作品，写这种纪实作品就是想把我们近现代的革命战争史捋一捋。当时《白鹿原》、《废都》同时出现，有书商出高价让我为《废都》写个续，我用了两个月时间写了个《废都续》，写到尾声《废都》就禁了。后来《废都续》被何启治先生看到了，他当时主管人民文学出版社的长篇小说，他认为我写长篇是可以的。那时候我在鲁迅文学院读书，我们几乎天天见面。我母亲来北京看病，住在鲁迅文学院。何老师来看我母亲，他跟我母亲说，建伟现在把精力都投入到畅销书写作，他有能力写出更好的作品，但这样下去就废掉了，你能不能劝劝他。我母亲特意为此开了个家庭会，说如果我这个病能治好，那么你们哪怕举债，这算孝；如果是个填不满的黑窟窿，早晚是个死，再弄得你们债台高筑，这就错了，病不能再这么治了。这之后我母亲离开了北京，何老师又跟我谈，说孝有大孝小孝，大孝就是干正经事，到时候母亲心情好了，病痛会减轻，于社会也有益。何老师和我这么一谈，我就觉得我得认真想想。我想了几天后跟何老师谈了几个长篇构思，我说我写过《北方城郭》，何老师支持我在此基础上重写《北方城郭》。1995年8月18号，我重新开始写《北方城郭》，完成后何老师说很好，高贤均老师也说好，两个人都认为《北方城郭》是一部要出点"状况"的好作品。

我的成名作《北方城郭》的诞生与他们的支持和帮助密不可分。

二、文学奖项基本上我都已得过

张倩：著名军旅文学评论家朱向前曾用"一棵长疯了的大树"阐释您的作品《北方城郭》，也曾用"推土机式的作家"形容您。您怎么看待这两个生动的比喻？

柳建伟：每一个作家都有自己的风格，我要记录的是一个民族的秘史，而不是一己悲欢，一己悲欢自有别人去做。朱向前老师曾经比喻说在文学这座城市的建设中，有各种各样的工具，我就是做"推土机"这个活儿的，长篇小说必须依靠力量、吨位、气势，我觉得这个比喻也很生动。这样的比喻对于读者理解和认识一个作家是很有帮助的。

张倩：作为一名作家，您获得过茅盾文学奖、庄重文文学奖、冯牧文学奖、人民文学奖、解放军文艺大奖等等一系列重大奖项。您怎么看待文学奖项对于作家的评定、激励与影响？

柳建伟：到现在，文学奖项我基本都得过，影视剧编剧奖项也基本上得完了。这些奖对于作者来讲是非常有价值的事儿，但不宜过高估量。应该说奖项只能说明你达到了一定水平，就好比给了你一个鉴定书一样，说明你具有了这样的资质，对于作者的激励还是有的。现在这个信息爆炸时代，让观众和读者看什么、读什么，也需要一个引领，奖项就是一个引领。

张倩：您是由理工科转入文学创作的，好像麦家也是，跨行写作的优势和局限在哪儿？

柳建伟：跨行写作历来都有，现代文学史上鲁迅、郭沫若两大文豪都是跨行写作，这并不成为一个问题。作家不是只能中文系出身，中文系还有一个口号是：我们不负责培养作家。跨行写作在麦家身上体现得比较明显，他学的专业是收发报，到目前为止他还是在写他熟悉的专业与在他专业基础上他想象和勾画的世界。我不是这样，我所写的和我的专业关系并不大，应该说我们选择的是两条路。但也确实因为我是学计算机的，我的逻辑思维、抽象思维、归纳总结这些，比一般作家是有优势的。

张倩：人们常常把"语言"视为小说的第一要素，您长于长篇故事架构、人物设置以及人物对话，描写铺陈等方面相对弱势。您怎么看待您作品中语言特色的缺失？

柳建伟：我只能说在语言方面我一直是有追求的。最近有家出版社要出版我的五个写故乡的中篇小说集子，其中收录我的中篇小说，我建议你去读一下。朱老师曾经评论我的《北方城郭》在语言上是"一棵长疯了的大树"，这也是一种风格。我认为语言上的自成一体，是一个作家成熟的标志，也是一个作家的立足之本。当然，从语言艺术的才华来说，我认为我们同一时代的作家很少能与莫言相媲美，语言的才华更多是天生的。我自认为我的小说语言，特别是长篇小说语言不算差。

张倩：您曾说过，您是读着金庸先生的作品成长的，您个人非常推崇《鹿鼎记》，认为金庸先生不仅仅是一个新派武侠小说家，还是一个非常严肃的、对中国文学有过巨大贡献的作家，并坦言他的创作是您很重要的精神来源，金庸先生对您的创作有哪些具体影响？

柳建伟：我不能说是读金庸作品成长的，我集中读金庸是大学毕业到成都军区以后，他的作品我有两部没读完，但最主要的都读了。除了《鹿鼎记》外，其他还都是标准意义上的武侠小说，《鹿鼎记》却有一个"社会风俗画"的内核，是以武侠小说的"壳"包装上市的。我为什么推崇它，它的巨大贡献在哪儿？应该说就是韦小宝这个人物。从鲁迅至今的一百年当中，真的出类拔萃的男性形象，站在第一排的一个是阿Q、一个就是韦小宝，别的无法跟他们比。"典型人物"我认为有三个标准：一是他代表的广泛性，几乎能在他身上找到每一个人的影子；二是心灵的深邃性，我们都说"说不尽的哈姆雷特"，没有人说"说不尽的麦克白"；三是人物性格的独一无二性。阿Q以悲剧的方式写出了中国人，特别是中国男人几千年当中永恒的真实的一个状态，男人的梦想一系列东西在阿Q身上都能找到。而韦小宝则是以喜剧的方式表达了这些东西。我对自己塑造的重要人物都是朝着这三个方向努力的，男的我有李金堂、陆承伟、林苟生，努力想塑造成阿Q一样的经典人物，女性形象我的欧阳洪梅，跟繁漪基本上是一个级别，值得去认真研究。我认为对《鹿鼎记》的分析剖析现在还没有开始，问题就是韦小宝到目前还没有高人给他阐释，韦小宝这方面的寓意没有像阿Q一样被普及，人们仿佛有一个固有的观念，仿佛披上武侠的外衣格调就低了。韦小宝有七个老婆，非常经典，恰恰把男人的"三性"体现得淋漓尽致，那就是男人对女人的求多性、忠贞永恒性和排他性。金庸先生是塑造人物的高手，当然鲁迅更高，他用更短的篇幅塑造了一个影响更大的形象。但可以说，金庸贡献了韦小宝这个形象，他就是一个伟大的作家。

张倩：《英雄时代》的第一句话，是主人公陆承伟品味着莎士比亚《辛白林》里的著名台词——"我们命运该遇到这样的时代"，豪气扑面而来。你个人是不是有很深的"英雄情结"？

柳建伟：实际上我引用《辛白林》里的这句话想要表达的是我对这个时代的

认识和理解,更是我对这个时代的感叹。同样的感叹也如狄更斯在《双城记》中所说:"这是一个最好的时代,这是一个最坏的时代。"

张倩:您怎么看您的作品、写作之路与这个时代的关联?

柳建伟:我真正的人生是以上大学为界的,可以说是一直跟着时代走,部队的现代化建设、中国从贫弱到富强的过程,我是一个亲历者,我认为我有责任记录这些。巴尔扎克说,小说是一个民族在一个时代的秘史。正史有人在做,秘史我有责任去做,这事也必须有人做,我就选择巴尔扎克的思路、曹雪芹的办法、鲁迅的坚毅、陀思妥耶夫斯基的深邃、莎士比亚的切入方式,来为我们生活的这个时代留"秘史",这是我的重要思路。我用这个思路,用十年时间写出了我第一个创作阶段的"时代三部曲"。我们所处的这个时代要比巴尔扎克时期的法国和曹雪芹时代的中国更为丰富、更能够产生伟大的小说。

张倩:您的作品一度被批评家称为"批判现实主义"的力作,近年来,作为"批判现实主义"的宿将,您的事业更多地转向大银幕,这一转向是"有意而为"还是"无奈之举"?

柳建伟:"时代三部曲"以后,就做得少了。坦白地说,我对社会的批判到《北方城郭》、《英雄时代》已经很给力了,再做可能会影响到我的生活状态。我在《英雄时代》里对于我们共产党还能执政多久提得非常尖锐,用一个老革命家的口吻讲述,可谓极其忧患,我提到的很多问题这些年完全成为现实了。里面有一个比喻,毛主席种了苹果树,几十年结的果子不够吃,味道也不好,毛主席带着无限的伤感走了。这树几经辗转让邓小平来管理,邓小平说,不行就嫁接个梨。到现在苹果树冠在长,梨的树冠也在长,现在水果的数量是够了,但到底吃的是苹果还是梨,不知道,这就是我对中国的认识,一棵树不能有两棵树冠,要是树冠都大到一种程度就会把树给劈开,我用陆震天的话讲了这些。我们这个时代,现实题材长篇小说好像被一种东西按住了,如果有朝一日,作家可以自由自在认识和阐释这个时代,如果他的学养等等都到了,再多碰上几个几十年才出一个的大才子,我认为中国文学将出现唐诗的"盛唐气象"。中国这三十年,是"三千年未遇之变局",需要记录、需要言说,长篇小说的丰富性是其他艺术门类所无法穷尽的,我认为唯有长篇小说才可以解决这个问题。

张倩:您个人如何看待"批判现实主义"在当下中国的处境?

柳建伟:作家介入生活的力度不强、方法不够,对现实生活的敏感度不够。"批判现实主义"一定要对生活认识得很透,才能说三道四。现在最主要的是我们作家自身对"三千年未遇之变局"的机遇把握还不够。但另一方面,作家做这些很多时候会力不从心,过去说三百六十行,现在每年都有新的职业出现,作家怎么从中去挖掘生活、建立生活,现在是一个新的课题。作家对现实回避,就是因为日子过得好了,不去深度介入现实了,面对这样一个时代,他实际上是落伍了。还有就是,现在我们的国家在行进的过程中,稳定压倒一切,为确保一些重大利益,国家机器对文化的批判性是很敏感的,应该说最近十年不如十几年前宽松,作家在这个氛围当中再去做什么就觉得有压力,可能会不敢去介入现实。我想随着"以人为本"的深入,民生得到更好的改善,方方面面共同努力后就会有很大的进步。你说一言能兴邦,一言能误国?太夸张了。我想,当我们的国家强大到一定程度,这方面的承受力也必然随之加大。那时一切都会好起来。

三、军旅文学的主干是战争文学

张倩:《突出重围》被改编成了热播电视剧,反响巨大,作为第一部标准意义上的现代军旅电视剧,今天您再来看,觉得它的贡献与缺失是什么?

柳建伟:作为军事题材的小说,《突出重围》应该说写到了我们军队的主体部分,就是军队到底是干什么的。以前写到军队,大都是写军人的牺牲奉献。军人牺牲奉献是天职,只写到这个层面还远远不够。作为电视剧播出,《突出重围》影响很大,到现在应该说有几亿人都看过这个片子。《突出重围》对于我们整个部队的建设训练有着潜移默化的影响,它是文学艺术作品干预生活的一个案例,影响了很多现实当中部队的训练思路,对于这种作品的评价,不宜光用文学的、艺术的标准去衡量它。现在再回过头来看,它的缺失具体讲,就是带来了现代军旅题材小说、现代军旅电视剧的程式化。文学艺术必要的程式是要遵循的,但过分的程式化是要把文学艺术弄死的。我自己现在也可以很坦率地说,《突出重围》这部小说并没有打开国际视野,只是探讨了我们部队能不能打仗、怎么能打胜仗的忧患意识,却没有将具体存在的国际威胁点透,提出了问题却没有找到解决的办法。我们的部队应付威胁和挑战的方法不多,《突出重围》有一定责任,现代化军队训练只"玩内部"是远远不够的。

张倩:您曾说过:"我对我的小说负责。对我而言,当编剧只是提高生存质量的手段,真正要慰藉心灵还是得靠小说。"对您而言,小说以何慰藉心灵?

柳建伟:小说是我人生选择的一个方向,我人生的目标方向以及一系列诉求能够在小说创作中实现,这是我的终极理想。小说写完了自己可以对自己负责,电影和电视剧就不能说是你的作品,这只是你和别人共同完成一个项目,你不过是担当其中一种职责,写电影电视剧是我的一项职业。我又不能当一个自由撰稿人,人是群体动物,在大形势的影响下我还得端这个饭碗。我奶奶九十一了,我要让她过得好一点,我还有老婆、孩子,有老父亲,我又是长子,什么都要管,也需要这个饭碗。况且电影电视剧可以宣传推广你的思想,也很好。

张倩:在您心中,好小说的标准是什么?好剧作的标准又是什么?

柳建伟:这个不好说。

张倩:《集结号》上映时,片头字幕上打出了"冯小刚作品",您当即表示这是对编剧刘恒、原作者杨金远以及其他创作者的不尊重,矛头直指20世纪90年代以来,影视剧作品大热,而编剧受冷落与被忽视的普遍现象。您觉得这种现象的症结在哪儿?

柳建伟:这个现象要往大里谈,原因有很多,症结就是这个时代名利结合得太密切了,这是一个个人欲望充分展示的时代,就是以"拿来主义"的方式,各种为他所用。以电影为例,在苏联,电影是导演的艺术。在好莱坞,电影是制片的艺术、资本的艺术。在我们中国都要拿过来,我们是"拿来主义"的演练场,资本也走到了前台,编剧受冷落是很正常的,这是我们中国发展到这个层次必然产生的。刘恒到后来为什么要去当总导演,因为以前被人"戕害"过。人一辈子只能做一件事、两件事,像毛主席那样几件事做得都是一流的,人家是五百年才一遇的人,不能跟人家比。影视圈本来就是名利场、是非地,掌握话语权的人也就掌握着主动权。中国到达了这一步,就像盗版横行一样,鸡有鸡道、狗有狗道,都想挣点。二月河先生春节给我说了一个趣闻:一个盗版他著作发迹的书商,已经是一个几千万富翁了,过年前抱着钱去给他拜年,说没有你就没有我今天,二月河说我也不追究你,你也别给我弄这个。这就是中国无奈现实的一种吧。

张倩:您的好几部作品都改编成了影视剧,这其中您觉得最成功的是哪一部?

柳建伟:应该说还是《突出重围》。

张倩:您现任八一电影制片厂副厂长,对电影的潮动想必非常关注,最近热映的《功夫熊猫2》不知您看了没有,作为一个好莱坞的制作班底,一群外国人在讲一个完全中国化的故事,中国元素运用得非常到位。您觉得我们中国的影视创作能从中借鉴些什么?

柳建伟:我们对中国自己的文化精髓、值得坚守的东西,太不当一回事儿了。我们有很多事情做得非常不好,没有底线,我们应该重新审视、评价我们文化传统中最经典、最值得珍视的元素,必要的方面更需要立法。我完整地看过两部《功夫熊猫》,人家是用中国的元素讲美国的故事、美国的主流价值观,我看过之后一是佩服,二是痛心。为什么要立法,就是要看看是谁老来折腾我们最宝贵的东西,你要是在作品中侮辱我们几千年来经典的文化符号,你就应该负法律责任。

张倩:目前中国军旅题材电视剧"谍战剧扎堆儿"。您是否可以大胆预测一下,谍战剧大热之后,军旅电视剧会有何新的发展方向?

柳建伟:每一种题材的电视剧发展都有它的兴衰过程,现在是一个市场决定投资的时代,"扎堆儿"是因为这一时间段这个题材能卖钱。军旅电视剧的发展方向不可能总是现实军营的那点儿事,军队生活日常化了,现实军旅题材作品式微是一个必然趋势,未来我们的军旅题材电视剧肯定是要回到战争题材。我们不能一味只停留在《亮剑》、《历史的天空》、《我是太阳》这个层面上,将来还是要往战争深层挖掘。中国几十年的战争历史是非常丰厚的,资源还是在这里。

张倩:眼下,一批更年轻的军旅文学作家的作品浮出水面,在当代青年中颇有影响,譬如刘猛的《狼牙》、《最后一颗子弹留给我》,刘健的《战士》、《退伍兵》,以及兰晓龙的《士兵突击》等等,相对于您以及更早一代军旅作家的"负重"与"深沉"而言,他们的作品更显通俗和轻松,您怎么看?

柳建伟:一个时代有一个时代文学艺术追求的目标。兰晓龙还不能和刘猛、刘健他们放在一起,还不是一个路数。像刘猛、刘健为代表的年轻一代军旅作家的作品,实际上是在现实军旅生活中溜边的。"帝国主义瓜分世界完毕",年轻一代也要"跑马圈地",他们要再划分就必须有自己的绝活。他们选择了这样一个通俗轻松的方式,我认为是很正常的。比如《我是特种兵》,要按照现在部队专家来看,恐怕质疑颇多。但从另一个层面来看,应该容许这些年轻作家们尝试。

张倩:军艺文学系被誉为"军旅文学家的摇篮",出了李存葆、莫言、阎连科等等一批文学大家。作为其中一员,您和军艺文学系有着怎样的缘分?

柳建伟:我对军艺有很深的感情,这种感情早在来军艺读书之前就有。刚开办军艺文学系的时候我就想来读,后来还特意给徐怀中主任写信。徐怀中主任当时在北戴河疗养,还亲自给我写了回信,说他已经调离了军艺文学系,去文化部当部长了,他鼓励了我几句,后来这件事儿就搁浅了。一直到八九年,朱向前老师留校当老师,想招一个写评论的弟子,我才得偿夙愿,终于来到了军艺文学系。军艺的气场非常好,文气很重,出了很多优秀的作家。说到这儿可以讲一段趣闻:我觉得军艺一号楼一楼楼梯口的那个屋子很神奇,莫言就在进了门左前角那个床位住,那个床位下边可以进去修管道。第二届谁住那个位置没考证出来,我也在那个位置住。莫言在那儿创作出了《透明的胡萝卜》等很多优秀作品。第三届有个薛晓康住那个位置,他住在那儿之前的作品和他离开后的作品写得都一般,就是在那儿住的时候写出了全国轰动的报告文学。我在那个位置住的时候,也觉得文思特别畅通,几个中篇小说都是在那个位置写的。薛晓康说他在那儿住的时候,周围有一股臭味,我倒没闻出来。我还专门问过莫言,他也没有闻到过臭味,还说在那个位置住的时候觉得神清气爽,有股幽香。

张倩:军旅文学一度在当代文学中占有很大分量,这些年,随着社会的多元化,军旅文学不再像前些年那样声名显赫。对此您怎么看?

柳建伟:80年代"军旅文学"是当代文学的主力军,是重镇,现在文学多元化了,也边缘化了,"军旅文学"不如从前那样声名显赫了也很正常。"军旅文学"的主干应该是战争文学,我们军旅文学的参与者积极创作还是可以跟上当代文学的整体步伐的。我建议我们军队的作家还是应该把目光越过营院的高墙,多去看我们"三千年未遇之变局"中的中国,再回来做军旅题材作品的时候,或许会有另外一番景象。

四、我在我妈的棺材里埋了两本书

张倩:我看过一篇您女儿给您做的专访,提到您是家里的长子长孙、独子独孙,作为一个中原男人,您的责任感似乎是与生俱来的。还提到您三岁就满场子追着生产队长讨工分的童年轶事,说是三岁看老,分毫不差。您怎么看待您作为中原男人的这份长子长孙情结?

柳建伟:这不只是在我身上,在许多中原作家的身上都有。它对于作家的社会责任感的保持有很大的益处。在农村老家,我还有个九十多岁的老奶奶,别人都说富裕了把老人接到城里,我却让奶奶生活在农村,我奶奶一辈子都是个农民,一辈子都生活在那里,现在心情还很愉快,还有自己一亩一分地。我奶奶她有很强的忧患意识,觉得全家现在就剩下她那一亩一分地了,她说万一要是乱了,万一要是有大灾,你们回到这里,这几千斤麦子够咱们一家吃半年。我们找人来帮奶奶种地,我们家收获的小麦是不卖的。我奶奶在我们家是很重要的人物,她认为她在家里干的这件事非常有价值,为家人提供了一个最低保障。我每个星期都得给奶奶打个电话,到现在这个年龄,喊个奶奶还有人答应是件非常幸福的事儿。奶奶对我的职业也不懂,她这辈子就进过一次电影院,七四年看《闪闪的红星》,我问她"奶奶你看的是什么",她没看明白,就说潘冬子他妈那个髻儿梳得多好,应该学学她那个梳法。奶奶没什么文化,但就说她留地种麦子这事儿,她的想法、她的考虑,可以说奶奶什么都明白,绝对是个智者,一个生存大师。

张倩:您的老家在河南南阳,著名作家二月河也是南阳人,故乡对您的创作和成长具有什么样的影响?

柳建伟:河南南阳是一个文脉很深的地域,河南南阳籍获得茅盾文学奖的作家就有四个,姚雪垠、周大新、宗璞和我。南阳历史上的文人志士数不胜数,"南阳四圣"就有科圣张衡、医圣张仲景、商圣范蠡、智圣诸葛亮。文人古有范晔、庾信,近有李季。现在,南阳有全国闻名的作家群,二月河、周同宾等都是很典型的代表。一个地方老出作家,会对这里产生影响,是潜移默化、骨子里的影响,所谓"榜样的力量是无穷的"。

张倩:我听说,您的《北方城郭》写完不久,母亲去世,未能看到您的书,您去了她的坟头,给她烧了本书?是这样吗,为什么要这样做?

柳建伟:母亲58岁因癌症去世,生前她喜欢看长篇小说、长篇电视连续剧,希望看到我写的长篇小说和电视剧。她一辈子跟着共产党,共产党说火葬她就要火葬,我们那里又没有公墓,火化后只能又埋到祖坟里,我在我妈的棺材里埋了两本书——《红太阳白太阳》和《日出东方》。她生前我只出过这两本书,都不是长篇小说,很遗憾。后来长篇出了,又不能带到坟里,只能烧了。《北方城郭》就是在她的期待和影响下完成的。她病重的时候看了书稿的第一章,她说我一定活过年,本来小说在九六年九、十月份就能出来,我母亲能看到,但因为种种原因推迟了八个月,九七年六月份才正式出版,那时候我母亲已经去世四个多月。对我而言,最需要看到的那个人没看见,心里那种苦,难以言说。书出版以后,我第一件事就是拿了几本样书,买了当天的火车票就回家了,跪在我妈的坟前一页一页地烧。后来《突出重围》也是,她生前说过,你要弄个电影电视剧让我看一个多好,可惜也没来得及实现。

《突出重围》播出的时候,我想DVD光盘不好烧,我找人专门把碟子转换成录像带,带到她坟前把录像带烧了。

张倩:您大学毕业入伍,至今也有年头了,如果当初没有选择入伍参军,您还会成为一名作家吗?

柳建伟:人生不好设置,退不回去,众多影响因素使我成为作家变成了必然。《金蔷薇》中说,有一个悲苦的童年、一个凄惨初恋的人,容易成为作家,这两个我都有。我小时候生活在农村,在二元社会的中国,我到了农村反倒成了弱势,农村人对城市人的反感直接反映在我身上了。本身我可以不用去打猪草,但是为了要和其他孩子打成一片,他们去打,我也得跟着去。去了之后我要干活,他们说谁吃白馒头多谁干,所以就我干,我看着他们在河里捉小鱼,我却得赶紧割草,才能够得到和他们打成一片的机会。那时候我觉得不公平,这个"不公平"是反过来看的不公平,这样一个童年我觉得很凄苦。

张倩:您当初在成都军区工作,后来选择了北京,当初做这个选择是否坚决?

柳建伟:搞文化就应该生活在文化的中心,这个文化的中心还得是政治、经济的中心最好,北京就是这样一个中心。我选择当作家的同时就选择了应该来北京,这个决心一直没有动摇过。我大学毕业用了20年时间迂回,落根北京。用什么方式来,我曾经做过考量,我认为来应该是这边请你来,而不是自己挖空心思要来,事实上我也是这样来到了北京。

张倩:在作家、军人、官员三个身份中,您是如何自如转换的?

柳建伟:这三种身份没有什么完全对立的。学而优则仕,自古有之。屈原是官员、苏轼是官员、王安石是官员,贺知章都做到了宰相,历史上是官员的文学家占绝大多数,不是官员的作家蒲松龄、曹雪芹,有限的一些。如果说有冲突,就是因为官场有官场的规矩,写作者想保官位可能会有所顾忌。而我这个官也是文艺单位的官,对我而言并不存在什么对立。

张倩:您"90后"的女儿现在也就读于解放军艺术学院文学系,做了您的师妹,这是您打算让她"子承父业",还是女儿的选择?

柳建伟:不是子承父业,有创作能力的话当然很好,当然创作能力也是可以培养的。我认为女孩子当个作家、当个编剧,或者影视剧顶端策划人都是个不错的职业。我本身把它当作一个职业,对这个职业有职业神圣感就可以了。她本来报考了军艺和中央财经两所大学,当然只能去一个,就来了军艺,这是她自己的选择。具体以后是不是要"子承父业",我也从来没有设计过,女孩子练练写作没有坏处,对她心灵的塑造是有好处的。

张倩:您怎么看他们这群"80后"、"90后"作家?

柳建伟:一个时代有一个时代的职责和创造,"80后"、"90后"有他们时代的代表人物,我看过他们的不少作品,我认为他们都不错,有优长也有短板。像韩寒现在已经成为有号召力的公共知识分子,他的选择也很好。我看最近一两年韩寒的言语,他成熟了很多,毕竟也快三十岁了。存在都是合理的,他们还有一个发展完善的过程。

五、航母现在建晚了一些

张倩:听说您有个癖好,就是把小说复杂的人物关系图谱画出来,《红楼梦》、《人间喜剧》里成百上千的人物,您都曾实践过。谈谈您这个"工程浩大"的读书癖好吧。

柳建伟:《红楼梦》我是认真做过的,《人间喜剧》做过一部分,因为中间有很多是重复的。我一直认为中国的《红楼梦》是世界长篇小说中最伟大的作品,整个《人间喜剧》九十多部作品还不如《红楼梦》这一部作品人物写得多。《红楼梦》里出场人物七八百是有的，一带而过的加起来有上千。这在我小说写作方面是一种基础层面的操练，做这些一是可以锻炼你的结构能力，二是考验你生活积累的厚度。这些学习和积累与我"时代三部曲"里面众多复杂的人物结构关系重大。《突出重围》中的人物，军衔从列兵到上将都有出场。《北方城郭》、《英雄时代》中，从普通老百姓、村民小组长、村支书，及县乡、地级市、省，最高写到政治局委员，我这里面一个不落。别人不在意这个，我认为这样写很好，将来后人再研究这段历史的时候，我们有责任提供这样一个相对真实的依据。像《北方城郭》女主人公欧阳洪梅在"文革"期间跟男人的关系，就是我着意记录的一笔。在"时代三部曲"里面，三教九流、帮会组织、妓女、地痞、世外高人等等，还有山村教师、山里面养蛇的，我就是要让它成为一幅风俗画。这样的基本功要能练出来，就有写不完的东西，写的东西也经得起时间的考验。

张倩：在电子书稿当道的当今时代，您坚持用笔写作，为什么还有这样的坚持？

柳建伟：原来我是观察过别人用电脑写作，我对比他们换电脑写作前后，认为文学性下降很多。我过去是学计算机的，我知道电脑可能让你懒惰、依赖，所以我有点儿害怕这个。另外，我写长篇小说，用电脑修改反而不方便，我用纸笔写作可以铺一桌子，这儿看看那儿看看，增删很方便。还有就是九三年，我母亲给了我一支"永生"牌的钢笔，我用那支笔写出了我人生中第一篇被《小说选刊》转载的文章，我用那支笔写了将近四百万字。我母亲是在这支笔没有写坏之时去世的，这支笔有它的特殊意味。特别是在夜深人静的时候，我觉得我母亲在陪着我、看着我，写到作品中人物境遇非常差的时候，有这支笔陪伴我就会觉得非常好，就会很安静很平和地对待小说中并不安分的世界。

张倩：十几年前，您写《北方城郭》里的李金堂，贪污一百零八万，当时觉得这个数字触目惊心。现在再读到这一段的时候，您觉得还挺有趣味和意味吗？

柳建伟：现在被媒体讥讽为"许三多"的许迈永贪污有两个多亿了。那时候写的贪污数字在现在看来不算什么，但在当时几十万都是要枪毙的。我一方面觉得反讽意味很浓；另一方面觉得，我们的经济确实是发展好了，说明我们有钱了，才能贪污那么多，要从这方面看还不错，当然这也是一种反讽的说法。在小说中的负面生活，不在于一个数字，反腐题材还是要写，要写对腐败现象的认识和解读，《北方城郭》里的李金堂还是有他的现实意义的。

张倩：虽然您是"批判现实主义"的作家，但我个人感觉，您骨子里更多的还是理想主义和浪漫主义，是这样吗？

柳建伟：理想主义、现实主义，我认为这中间也没有很多对立方面。所有"批判现实主义"的作家，骨子里都是有很深的理想主义和浪漫主义，如果没有理想主义的追求和浪漫主义的情怀,那么他的批判将没有终极关怀,这三者是要结合在一起的。

张倩:您年少时最大的梦想是什么,现在实现了吗?

柳建伟:少年时最大的梦想就是当一名作家,现在看来是"部分"实现了。人家说"著作等身",我当时有这个想法,作品要写到跟我自己一样高,现在我估计也就一半的样子,还得继续奋斗。下面我可能用若干年的时间再写一摞子的历史小说,争取早日"著作等身"。

张倩:您打算写到多少岁?

柳建伟:能写得动肯定得写,当年选作家这个职业,也是因为作家没有退休这么一说,这是一个终身职业。我现在很坦然,我少年时做的梦做对了。如果我选择经商,可能金融危机会给我带来巨大影响。我选择仕途,可能我会挖空心思,钩心斗角,早把自己累死了。作家的好处,在于越老越值钱,越老越受人尊重,只要你是一个有良心的作家,只要你是对这个社会有贡献的作家。

张倩:您有没有新的创作计划,有的话下一部作品会是什么题材?

柳建伟:我还有一些影视剧要写,是欠人的账。作为一个作家,这七八年内我面临着一个转型,我认为现实题材写到我的"时代三部曲"可以告一段落了。一是我对现实题材的认知需要充电,二是方方面面的因素让我觉得不太适合写了。现实题材可能我十年以后会再回来写。大家都说我是批判现实主义,我现在只能换一种方式,批判历史中的现实,以批判历史中的现实来批判我们的现实,只能这样。二月河先生四十来岁开始写小说,一年一本,写了十三年,大功告成"清帝十三本"。从他身上还有许多作家身上我受到启发,研究历史小说如果成规模写到一定份儿上,更容易流传,它的生命力更强。我现在在做一个电视剧,由于保密条款也不能透露太多,写完这个还想写一个现实题材的东西,然后就转入历史题材小说的创作。

张倩:谢谢您的精彩讲述,最后,咱们聊个跟文学无关的热点话题。据报道,我军的第一艘航空母舰正在建造之中。此事引起了国内外媒体的广泛关注。对此您是怎么看的?

柳建伟:我们改革开放以来经历了很多的惊涛骇浪,但是我们的国运很好,"六四"风波正赶上苏联解体。等到炸我们大使馆,拉登又出来撞击双子大楼、五角大楼,反恐又反过来需要拉拢我们,这一下我们又缓了几年。这中间,萨达姆也出来为我们抵挡了一阵,再加上阿富汗、古巴、朝鲜这些国家也搞出来些事端,这一晃二十年过去了。现在中东、北非茉莉花革命,穆巴拉克已经被抓起来了,卡扎菲岌岌可危,拉登也被打死了。当今世界局势,放眼四周,没什么人再能来为我们挡子弹了,好像就还有个伊朗。毛主席当初为什么不让改《国歌》

"中华民族到了最危险的时刻"这一句？因为我们的危险时刻一直没过。我们过去常说韬光养晦，但是我们的国力已经大到这个程度，你说你穷，但人家都知道你国家实力到这一步了。很庆幸，八九年到现在二十多年，敌对势力一直没能直截了当地整我们，但这种问题永远存在。我们很多国策很正确，使别人想遏制的时候还真不太好下手，最近南海这边出现的问题，恰好说明人家腾出手想整中国了，说明人家未必希望你中国好。在我看来，航母现在都建晚了，当然也不算太晚，一艘不够，至少得五六艘。因为我们对能源的巨大需求，需要海上的保障。我们必须在国防上加大投入，我们在未来还会遇到很多问题，我们不能示弱，为什么我写电影《飞天》，就是出于这方面的思考。

原载《江南》2011 年第 5 期

以作品回报伟大时代
—— 著名作家、八一电影制片厂文学部主任柳建伟访谈

冉茂金

  柳建伟应当是中国当代文学阳刚雄强一派的典型代表,他以强烈的使命感拥抱这个波澜壮阔的时代,去记录这"千年来未有之变局"的主要潮流走向,去解析其中错综复杂的矛盾症结,去求证伟大时代的正确运行轨迹。他的作品赞颂与忧患并重,浓烈的理想主义与浪漫主义让人激情满怀。"这是一个伟大的时代",虽"芳与泽其杂糅兮",但"羌芳华自中出"。积极入世,直面困难,勇往直前,这正体现着柳建伟的军人本色。

当兵,很值

  记者(以下简称"记"):作为一位军人,您觉得军旅生涯给自己的人生和创作带来了什么影响?

  柳建伟(以下简称"柳"):我今年 44 岁,出生那一年是建军 36 周年。1979 年,建军 52 周年那年我参军,当了 28 年的兵。我人生中的青春年华、最美好的时光都是在部队度过的。参军那年,我国刚开始实行改革开放,改革开放到今年也是 28 年左右。我当兵正好赶上了一个好时代,在改革开放的 28 年里,随人民军队发展成长,因此,对我们军队所发生的一些变化的感觉,与那些不是在同一年代参军的人是不同的。

  从国家来看,这 20 多年也是中国历史上发展最好的一个时期,这是一个伟大的时代!稍有良心和客观眼光的人,都会认同我这个判断。前一阵胡锦涛总书记在中央党校省部级干部培训班上的讲话,为党的十七大做了理论准备。他强调要高举建设有中国特色社会主义的伟大旗帜,坚定不移地解放思想,坚定不移地坚持改革开放,坚定不移地用科学发展观建设和谐社会,坚定不移地为实现小康社会而奋斗。这是对近 30 年改革开放道路的更高理论层面的一种认定,要让它成为我们的全民族共同的理想,这说明我们所走的道路是完全正确的。我以为,只要中国不乱,再发展 20 年,我们可以取得远超汉唐盛世的伟大

成绩,那时候我们的综合国力绝对是世界第二第一的水平。

这近30年,我们国家获得持续的发展,能有今天这个样子,如果没有军队的强力支撑,也是不可想象的。所以我觉得当兵很值。我为在这样的一支军队中服务,感到非常自豪、欣慰。今年是建军80周年,这是很提劲的事情。什么样的时代可以造就伟大的文学艺术?我以前讲过,伟大的时代,必然有伟大的文学艺术之创造。你选了这条路,又赶上这个好时代,总能尽情施展自己的才情。时代给予我机会,又向我展示了这种盛世风采。可以用一句话来形容:我们遇到了千年未有之变局。这样的变局为文学艺术提供了非常丰厚的土壤和资源。我选择走文学之路,是与改革开放同步的。那时我一心一意想用文学来回报养育我的这片土地,回报一下滋养我、为我提供施展才情的舞台的伟大时代。

我本着这样比较朴素的情感,一步一步走过来,刚开始写中篇小说,后来写长篇小说,后来又涉足电影电视剧剧本创作。我自己也从中原地带的一个小县城的少年,参军到成都,再到现在在北京服役,实现自己的梦想。在中国,只要有梦想,只要为梦想努力,就能够实现。今天的中国处于一个几乎能够实现所有财富梦想的时代。我的成长经历有一种普遍性和典型性,如果把我的经历文学性地表现出来,也能反映这近30年的波澜壮阔的历程。我对这个时代心存感激。

关注社会的宏大叙事是文学的名门正派

记:您是一个时代使命感很强的作家,不管是写军旅题材还是非军旅题材,呈现在您作品中的问题意识、忧患意识都很强,您用作品思索和平时期军队建设的很多问题,思索人民军队在当今世界大趋势下多方面的严峻挑战,思索部队如何才能保持本色,打赢未来战争。这样写其实是很需要勇气和胆识的。

柳:文学艺术的功能是什么?历来就有"歌德"和"缺德"之说。文学艺术的底线应该是通过展示真善美来净化人的心灵,让人类生活得更美好一些。我抱着一颗感恩的心来对待这个时代,我要用自己的作品来回报这个时代。但并不是要回避这个时代的矛盾,去为贤者讳、为尊者讳、为伟大的时代讳。我从问题入手,就是为了这个社会更美好。

这个时代还有着很多不尽如人意之处。作家、艺术家在某种情况下代表着社会良心,不能说谎。他们的任务之一是要揭示出生活中不尽如人意的地方。在这过程中,要往前看,以前瞻性为未来提供一种借鉴。以忧患意识切入,比无条件赞美要符合作家的操守,也更是现实的需要。

这其中提倡真善美应该是一种基本的态度。作家是啄木鸟,找出虫害是为了疗救。但如果只是揭露黑暗、批判社会中不合理的现象,这也不是文学的本意。负面的现实已经给人打击,文学应给人提供希望。真正的文学的功能是从问题进入,最后给人带来希望,对美进行一种维护。文学有它的理想精神在里面,不能太现实,还要带一些浪漫的情怀。没有这些,就非常麻烦。我想强调的就是,艺术家首先要对自己描述的时代有一个大的判断,它是一个伟大的时代,是一个处在上升期的时代,是一个能够为大家提供实现梦想机会的时代。在这个判断的前提下,可以去写所有的不如意。这是一个基本的判断标准。我的整个文学主张,我现在作品的主要表现,是基于这一点的:提出问题,引起疗救,然后以真善美给大家带来希望。

记:您的作品惯于宏大叙事,阳刚味特别足,不管是军旅题材还是非军旅题材,场面宏阔,紧张激烈,有战争感,这种写作特色除技术上的考虑外,是不是也与您对当代社会的认识有关?

柳:一个作家的成长,与他的童年经历有关。我是城镇户口,在农村长大。当时的社会是一元社会二元结构,被分成农村户口和城市户口,农村相对处于弱势,造成弱势群体对强势群体的排斥和对抗。因为我的这种身份,这种排斥和对抗便不可避免地反映在我的身上,使我当时不仅要感受,更要分析。这使我对描述对象有了不同的感受方式,理性强于感性。因此我觉得自己与纯粹的农村出生和城里出生的作家不一样。

还有,这也与我学习写作时师承关系有关。伟大的作品都是宏大叙事,都去关注社会问题。我认为这是一种名门正派的功夫。

记:通过作品,您实际在思索和平时期军人的使命,您觉得和平年代军队最值得关注和书写的是什么?

柳:军队在所有时期只能干两件事:和平时期准备打仗,战争年代打仗、打胜仗。我们军队与其他国家的军队还有些不一样,我们军队是人民军队。胡锦涛总书记把军队的优良传统高度概括为12个字:听党指挥,服务人民,英勇善战。听党指挥是部队的性质决定的,英勇善战是要求在战争年代打胜仗,服务人民就是在和平时期要守卫国家的和平与安宁。胡锦涛总书记还把现在军队的职能归结为"三个提供一个发挥":军队要为党巩固执政地位提供重要的力量保证,为维护国家发展的重要战略机遇提供坚强的安全保障,为国家利益提供有力的战略支撑,为维护世界和平与促进共同发展发挥重要作用。现在部队就是按照这个来建设的。别的国家在发生重大灾害时,其军队不像我们的军队这样去提供服务,把救灾救险、服务人民作为部队的重要任务。

我们在服务人民这一块上,比世界上任何别的国家的军队做得要好,要全面一些。我所创作的这几部现实题材、军事题材的作品,都是奔着英勇善战与服务人民去写的,围绕着部队"三个提供一个发挥"职责去写的。军队应该这样做,军旅文学也应该从这个主旨着手。

塑造国家文化形象　军旅文艺大有可为

记:您不但自己创作军旅文艺作品,还研究军旅文艺的发展。在战争年代军旅文艺能直接鼓舞士气,和平时期的军旅文艺对部队建设又有什么作用呢?

柳:从建军伊始,我们军队对文艺就特别重视。在战争年代,军事文艺直接为提高部队的战斗力服务。现在的军事文艺外延比战争年代更宽泛一些。近年来的《和平年代》、《突出重围》、《亮剑》、《历史的天空》,从小说到电视剧,创造了社会效益,也带来了经济效益,这是大家有目共睹的。

从我个人来说,我能感受到军事文艺的影响力。比如《突出重围》给部队提供了很多训练心得和模式,现在有部队还参照这个模式来训练。《突出重围》小说出来已经10年,电视剧出来9年,在《突出重围》之前,很多东西部队还没有,现在电视剧里面很多情况都在现实中开始出现,它对我军网络战的研究和战场监视系统的研究都有直接的影响。因为写了《突出重围》,西方一些国家还说我是军事新变革时期比较早的研究网络战的专家。如果我去美国,我更会被当作一个网络战专家来对待,在他们开始研究网络战的时候,我也曾经在一本小说里展示了网络战和黑客作为战争资源的前景。当时美国《新闻周刊》采访过我,对我是这样的定位。凤凰卫视请我做嘉宾时称我是军事观察家。这都说明我笔下的军事文艺对现实生活采取的是干预的态度,我有一种比较强烈的干预引导意识。我认为在当前的现实中,军事文艺还是有它的用武之地的,优秀的作品甚至还会起到非常大的反作用力,推动现实。

记:当前的军旅文艺面临什么挑战,应该向哪些方面发展?

柳:从军旅文艺整体来说,这几年是黄金时期,每年都有上百集军旅题材电视剧在央视一套播出,占总数的百分之十五以上。文学作品历届评奖中都有军旅文学获奖。显示国家主流意识形态、塑造国家主体文化形象的作品,大多数都是军事题材文艺作品。最近几年,除历史剧和一些现实亲情剧之外,支撑电视剧这一块的,绝对是军事题材占主导地位。从《突出重围》开始,七年间央视一套有三个开年大戏都是军旅题材,形成现象的有很多,像《亮剑》、《历史的天空》等,而《乔家大院》、《汉武大帝》等历史剧的编剧也多是军旅作家。但军旅文艺现在还有很多危机存在着，原创能力还不是很够，我心里觉得很沉重。

我们现在重新塑造国家的文化形象迫在眉睫。当前担负着国家形象输出任务的文艺样式主要是电影，但现在输出的电影基本是按照人家的评判标准定做的，在国外严重歪曲了中国的文化形象。我们所谓的国际巨星，按国外的定位，男性都是打星，女性多是打女、妖女、小妾或妓女形象。这是非常严峻的一个问题。我们国家的经济实力越来越强，已经成为世界第四大经济体，但输出的文化形象与我们的经济实力是严重不符的。还有，我们在文化发展战略上严重滞后，在文化战略的顶层设计上缺乏前瞻性和长远性，急就章成分比较多。学习国外，却不去究其深层的意义。电视只讲收视率，电影只讲票房，图书只讲发行量，这极其要不得，将来肯定要付出代价。

虽然现在存在着多种问题，但对军事文艺的未来我还是很看好。比如我们八一厂，虽然作品量少，但我们坚守着国家主流意识，用我们的影视作品去体现国家意志，体现我们中国人对于自己国家的美好希望。我们每年都拍一个大片，虽然票房难望一些大投入商业片的项背，但我坚信我们的路子是正确的。当我们很穷的时候，钱很重要，但当我们发展到一定阶段时，不能什么都只用钱来衡量。

谈到最后又是忧患，深层的忧患，但我这是有希望的忧患，盛世危言。国家主流文化歌颂者或者塑造者，任重道远。我们的作品不能和那些动辄发行上百万的作品争擂，但要对我们时代的发展起到良性的作用。

记：最近您在创作什么军旅题材作品呢？

柳：去年我参与了反映军医华益慰的电影《大爱无垠》，反映独臂英雄丁小兵的《军人本色》，以及《纵横江淮彭雪枫》和《导弹司令杨业功》的创作，搞了四个电影。现在又交稿了8集反映杨业功的电视剧本。去年和前年是33集革命历史题材电视连续剧《爱在战火纷飞时》，今年10月左右播出，40多万字的同名长篇小说也马上就要上市。我还在创作历史小说《大明悲歌》，准备大上海系列小说的构思。今年还要与谢晋合作一部关于钱塘江大桥的电影，这应该是他的封山之作。我还能写作二三十年，能写出三五部长篇小说，同时把职务作品也要创作好，为八一厂写出三五部好的电影。

原载《中国艺术报》2007年8月3日

《飞天》《守望天山》编剧柳建伟：用有限生命创作有价值的作品

何晓诗

《飞天》讲述当今至未来十年我国航天事业发展过程中以宇航员张天聪为代表、体现"四个特别"航天员精神的故事。《守望天山》讲述上世纪七十年代末八十年代初共产党员、复员军人陈俊贵为修筑新疆天山公路牺牲的168位解放军烈士义务守墓25年的感人故事。

在喜迎建党90周年的时刻，电影《飞天》、《守望天山》入围中宣部、国家广电总局"庆祝建党90周年优秀电影展映片目"。为此，本报专访了这两部影片编剧、八一电影制片厂副厂长柳建伟。

《中国电影报》：今年是建党90周年的大喜日子，作为电影人的您，创作了《飞天》、《守望天山》两部电影剧本。请先谈谈对这两部作品的创作体会。

柳建伟：首先，新中国成立以来，中国电影多次创作高潮都是以献礼为契机的，曾产生出我国著名的22个大明星，也涌现出一大批优秀电影。对中国电影史来讲，这些有纪念意义的年份也是不可绕过的重要存在。

中国文化注重纪念和庆祝，古代的《诗经》中的雅和颂都与国家庆典、纪念重要人物有关。作为文艺工作者，不仅要为新中国成立、建党的重大节庆献上作品，作为一名军队文艺工作者，为建军、反法西斯胜利、长征胜利等纪念日献礼也是我们文艺创作的重要部分。

在今年被国家广电总局划定的28部献礼电影作品中，我是唯一一入选两部作品——《飞天》、《守望天山》的编剧。这并非偶然，1999年，国家六部委庆祝新中国成立50周年选定了十部文学类作品，我创作的小说《突出重围》入选其中，排名第二。2001年，为庆祝建党80周年，我的长篇小说《英雄时代》入选六部委八个重点文学项目，排名第三。后来进入八一厂，成为一名部队电影人后，我创作的电影剧本《惊天动地》，在庆祝新中国成立60周年优秀电影展映片目中排名第二；电影剧本《飞天》和《守望天山》，在庆祝建党90周年优秀电影展映片目中分别排名第二和第二十一。

近一二十年，是我文学、影视创作的高峰期，首先因为重大节庆容易出作品；其次，在这些重大时刻，创作表现中国共产党领导下的中华人民共和国的建设、改革的主体生活的作品是我作为军人作家、编剧的天职。

我们也发现,文学、电影史上真正流传下来的能够成为经典的作品,几乎都是表现社会主流生活人群,写人类最普遍的人性、情感的。借助重大历史节点,写历史发展进程中的重大事件的影视作品,虽不如"上帝的礼物"那般对人类产生深远影响,但其生命力要相对强一些。所以我选择用生命中最重要、最有创造力的时段写如《惊天动地》、《飞天》这样有价值、有意义的作品。

《中国电影报》:您是如何参与到《飞天》与《守望天山》的创作中的?

柳建伟:2002年,在八一厂投拍电影《惊涛骇浪》时,就着手准备做关于航天员的电影《航天英雄》。那时候,我还未调入八一厂,但为这部电影创作了三四稿剧本,由于题材太大,没有头绪,这一项目就搁置下来。

2009年,《惊天动地》公映后,我们觉得只有载人航天题材的电影才能为建党90周年献礼,在我厂厂长明振江的支持下,我带领编剧团队开始了创作。电影《飞天》写的是从2007年至2018年十年间的故事,也是从那时想到的。

《守望天山》的故事是我在2007年《解放军报》上看到的,讲述了守墓老兵陈俊贵的感人事迹。我意识到陈俊贵感恩、报恩、坚守等执着追求信念的精神正是如今社会极度缺失的。当时我是八一厂文学部主任,提出过把这个好题材拍成电影,但因为要做《惊天动地》和《飞天》,《守望天山》就没有实现。

巧合的是,原文作者党益民将陈俊贵的故事写成报告文学《守望天山》,电影投资方又找到党益民购买文学版权,而党益民又是我的好友,他向片方推荐我为该片编剧,于是我就参与到该片前期创作中来。

《中国电影报》:电影《飞天》、《守望天山》都不约而同"以人为本",塑造了鲜活、生动的英雄人物。您在创作剧本时,有没有接触过两部影片中的原型人物?给您留下哪些深刻印象?

柳建伟:《飞天》主要想凸显的是重大历史进程中的重大事件。我国载人航天有八大系统,院士100人左右,高级职称的有两三万人,中级职称的有二三十万人,参与人员达到百万,他们都对我国航天事业有卓越贡献,因此电影《飞天》不可能以某个人物为原型,片中的张天聪是第一代航天员的集体群像,不能够对号入座。

从2003年至今,我陆续接触过很多航天员。给我留下深刻印象的是,那些上过天的航天员哪怕在太空只停留过一天,回来之后世界观和性格都会发生一些改变。记得我是2004年第一次见杨利伟,后来又见过七八次,前两天在航天城再见到他,我发现他性格更豁达、视野更宽广了。我们编剧组的刘宏伟曾见过"登陆太空第一人"翟志刚,在他上天之前,爱说爱笑,回来之后变得很深沉、不苟言笑。曾有资料显示,外国航天员性格发生变化的比比皆是,尤其在太空时间长了，容易对抽象的东西，比如哲学、神学感兴趣。

在接到《守望天山》编剧邀约时，人物原型陈俊贵被封在大雪山里，我虽没有实地接触过他，但通过几次电话。由于报告文学原作者党益民写得细致，对该人物有深入了解，提供了足够的创作素材，我只需要重新建构故事，做一些取舍即可。

在为该片编剧时，其实我内心也有顾虑，陈俊贵用20多年守墓的行动报答筑路官兵，已经足够了，那里也已经建成烈士陵园，他不需要也不应该再继续待在山上，这不符合"以人为本"。我担心的是电影一出来，反而让他没有选择，只能继续守在那里。

《中国电影报》：这两部电影创作上分别有哪些难点？

柳建伟：由于《飞天》带有未来色彩，需要一些假定性思路，虚构的情节内容占影片80%，需要整合、发挥想象的东西更多，也更难。为此，我曾创作过两个思路，每个思路写了四五稿，每稿又写了五六万字，加起来都算一部长篇小说的工作量了。

在创作《飞天》时，能够想到讲述跨越十年的故事，同时以一直上不了天的航天员为主要人物是创作难点，就像哥伦布发现美洲大陆一样，这代表了编剧的原创能力。《守望天山》的创作难点不多，现实中筑路官兵有两个活了下来，但为电影效果，我对此进行取舍，把陈俊贵改编为唯一活下来的人。

在《飞天》创作初期，我们也参考了苏美关于载人航天题材的著名电影《驯火记》和《阿波罗13号》，影片纪实性、故事性都很强，而且从这两部电影中也可以看出不同的关注点：苏联认为载人航天中最值得尊敬的人是火箭设计师，因为如果没有他们的技术支持，航天员有再大本事也上不了天；而美国认为宇宙飞船应该是主角，所以才会以"阿波罗13号"命名电影。

我国的载人航天技术虽比不上苏美，但事业发展至今还算较为顺利，只有神舟三号降落伞出了点意外，但很快解决了。这对航天事业来说无疑是好事，但却无法给电影提供更多创作素材，加之中国人更倾向于关注航天员，所以说，"以人为本"的创新思路也是顺理成章的。

为了让故事好看，作为编剧必须要设计一些引人入胜的情节，于是我想出了"太空碎片"，意外事件又使为航天事业奋斗二十年的张天聪终于实现梦想。不得不说的是，在创作这段时，我内心非常矛盾，既希望电影好看，又不希望我国的载人航天出任何事故。

《中国电影报》：片中，为何让张天聪的女儿放弃北大？

柳建伟：在电影《飞天》原剧本中，我将女儿张恩雨设计为绝对女一号。原本故事线索是这样的：张天聪出场时，已经经历了三次失败，此时张天聪的母亲突然病逝，临终前给张天聪父女留下遗言："我就不信我们老张家上不去！你上不去不要紧，思雨你上！"所以女儿才放弃北大上了航空院校，立志做一名女宇航员。

《中国电影报》：您是否看过《飞天》和《守望天山》？两部作品是否达到您的期待？

柳建伟：载人航天题材电影《飞天》在电影史上也许不会成为艺术经典，但相信会留下一笔，是应时而又不辱身份和使命的作品。《守望天山》我现在还未看到成片，不好评价。

柳建伟艺术简历

  河南省南阳市镇平县人，1963年10月生，1979年9月入伍并入大学，先后就读于解放军信息工程大学、解放军艺术学院、鲁迅文学院、北京师范大学，获工学学士、文学硕士学位，系中国作家协会主席团委员、中国电影家协会理事、中国电视艺术家协会会员、中国电影文学学会副会长、国家"四个一批"人才、国务院特殊津贴专家，现任八一电影制片厂副厂长。

  1985年开始发表作品，迄今共有小说、评论、报告文学等计有八百余万字面世，主要作品有长篇小说《北方城郭》、《突出重围》、《英雄时代》、《SARS危机》、《爱在战火纷飞时》，长篇报告文学《红太阳白太阳》、《日出东方》，电影剧本《惊涛骇浪》、《惊天动地》、《飞天》、《守望天山》，电视连续剧剧本《突出重围》、《英雄时代》、《石破天惊》。

  个人曾获第六届茅盾文学奖、第七届中宣部"五个一工程"奖、第六届夏衍电影文学奖一等奖、首届冯牧文学奖、第九届庄重文文学奖、全国优秀电视剧编剧奖、第三届人民文学奖、第三届国家图书奖提名奖、第十届中国图书奖、首届解放军图书奖、第七届解放军文艺奖、第三届和第四届四川文学奖、金鸡奖最佳编剧提名奖、俄罗斯军事电影节最佳编剧奖。长篇小说曾两次入选全国十部献礼作品。以编剧身份参与创作的影视作品获中宣部"五个一工程"奖、华表奖、金鸡奖、飞天奖、金鹰奖、解放军文艺大奖等奖项。

原载《中国电影报》2011年7月21日

访主旋律作家柳建伟

记 篮

成都邂逅

记篮(以下简称记):柳老师,你好!首先祝贺你获得了第六届茅盾文学奖。这既是对你个人成绩的肯定,又是我们成都的骄傲。

柳建伟(以下简称柳):谢谢。是成都这片神奇而美丽的地方养育了我,也养育了《英雄时代》,我对成都一直都心存感谢。

记:我们知道你从19岁就开始在成都生活了,对成都有深厚的感情,请你谈谈你对成都的认识和看法。

柳:19周岁零290天,我由宝成线入川,40周岁零53天,我从双流机场离开成都,之间,我在成都工作生活了整整20年。我生命中最重要的一个时期是在成都度过的,成都是我的第二故乡。成都历史文化积淀深厚,地理位置得天独厚,成都小吃名扬天下,成都美女闻名遐迩,在我看来,它是中国最适合居住的城市。我相信成都的未来会更加美好。

记:在你的作品中有大量的有关成都的元素,而这次获奖的《英雄时代》里面的省会城市西平就是以成都作为原型,吃的和玩的地方都用了真名。你是如何将成都和你以及你的作品连接起来的?

柳:我把我最美好的青春时光,都留在了成都。这座美丽的城市与我血肉相连。《英雄时代》是我用来回报成都的作品,我很想全景式地展示出它的风骨。因我写的人物中有市长之类的显赫人物,出于避免让人对号入座的考虑,我才把成都写成了西平。书中保留了锦江和一些娱乐场所的名字,我希望成都的读者能为之产生亲切感。作家离不开他生活的土地,作家的作品就是这一块块土地上长成的树木和花草,它们自然要带着土地的很多信息。

记:你为什么要离开成都?离开了成都,你又有什么感想?你还会回来吗?

柳:离开成都,是因为我的工作调动。我是军人,军人以服从命令为天职。当然,北京对我也很有诱惑力,我父亲大学毕业后,在北京工作过12年,我小时候,每年都随母亲到北京生活一段时间,所以我对北京的感情也很深。这两年我一直很想念成都,想念她的闲适,想念她的情调,想念她的小吃,想念还生活在那里的亲人和朋友,不过不好说也想念她的美女,是吧?总之,感受一言难尽。也许,我在退休后,还会回到成都生活。老不出川,这句话有道理的。

文学和作品

记:读者非常熟悉你的《突出重围》、《惊涛骇浪》等杰作,你给读者的印象也首先是一个军旅作家,同时我们又知道你向来以作品内容和风格的多变而著称。那么你是如何定位自己的呢?

柳:长篇小说《突出重围》和《惊涛骇浪》,因为电视、电影的影响力,被很多读者熟知。它们都是军事题材作品,所以读者和观众习惯把我看成一个军旅作家。不过,我的职业也确实是个军旅作家。我作品的内容涉及面很广,但风格基本固定。其实,我到目前为止的重要作品,多半还是写地方现实生活,像《北方城郭》、《英雄时代》和《SARS危机》都与军事无关。我对自己的定位是一个长篇小说作家,间或客串一下影视剧作家。

记:能不能给我们的读者简单介绍一下《英雄时代》呢?你当初是如何萌发写这样一篇小说的呢?

柳:《英雄时代》是我"时代三部曲"中的第三部,前两部是《北方城郭》和《突出重围》。三部曲是我的一个大的创作计划,我想用它把中国20世纪末十几年的主要生活场景都描画一下。我很喜欢张择端的《清明上河图》和巴尔扎克的《人间喜剧》,就想用自己的笔做这样一种风格的作品。《英雄时代》负责描画大都市生活场景。自16岁开始,我都在大都市生活,所以有这种生活积淀。"时代三部曲"共写有名有姓的人物四百多个,耗时13年,它应算我的阶段总结之作。

记:有评论家指出,你是一个善于把握宏观场景的作家,指出《英雄时代》比你以前作品的主体分量更重,涉及面更广,因而具有"清明上河图"式的风格。你是如何看待这一评价的?

柳:这是很高的评价,是对我13年劳动的嘉许和肯定,我把它看作对我的鞭策。我的文学之路还很漫长,革命还未成功,还需加倍努力。

记:曾经有评论家说过,要了解20世纪上半叶中国都市生活本相,不能不读茅盾先生的《子夜》;要认识20世纪与21世纪之交的中国都市生活本质,则当读柳建伟的《英雄时代》。

柳：把我的作品和茅盾先生的《子夜》放在一起评论，是我的荣幸。我走的创作道路，也是茅盾先生当年走过的道路。我把自己当成茅盾先生的学生，今后还会沿着现实主义这条康庄大道走下去。

记：在《英雄时代》中有很多商业情节，作为一个非商业人士，你是如何把握这些的呢？

柳：靠读书和学习。为写好《英雄时代》中的商业内容，我读了近五千万字和商业有关的图书，其中有五分之一是哈佛商学院的教材和案例分析。另外，我还读了中外几十个商业巨头的传记。学习方面，主要通过看电视、读报纸进行。从电视和报纸上看同时代的商界人物的兴衰、沉浮，对我写《英雄时代》帮助也很大。当然，也需要适度的体验。在上世纪八十年代末，我在成都做过几个月"星期天地摊商人"卖玉雕工艺品。这些准备，是我写商业的基础。

记：继《突出重围》改编成电视剧获得巨大成功后，你的《英雄时代》又改编成为电视剧，有人评价说你"已经开始有目的地'问鼎'国内主旋律影视剧的翘楚"。你是怎么看的？

柳：你消息灵通，这种说法我还没有看到过。影视剧翘楚，不是想当就能当的。可能是《突出重围》和《惊涛骇浪》这两部影视作品的巨大影响力，给人这么一个印象吧。其实我的影视作品不算多，到目前还只有两个电影、两部电视剧公映。既然有这种说法，也可以当作我的一个奋斗目标吧。人往高处走嘛。多谢朋友们的支持。

记：与《北方城郭》、《突出重围》一样，你在《英雄时代》中也塑造了一个个英雄人物，你为什么对英雄情有独钟呢？在你的心目中是否有一个"英雄情结"？而其中又包含了怎样的英雄观呢？

柳：我心目中倒是没有一个明确的英雄情结。我在作品中塑造李金堂、欧阳洪梅、林苟生、申玉貌、方英达、范英明、朱海鹏、史天雄、陆承伟、金月兰这些有力的人物，主要是希望读者能从他们身上获得力量，把自己的生活过得更有质量些。文学应该给人以向上的力量，文学应该展示真善美的力量，只要灵魂纯洁、心有梦想、遵纪守法、诚实劳作，任何人都可以成为英雄。

茅盾文学奖

记：在获得这次茅盾文学奖之前，你还获得了中宣部"五个一工程"奖、首届解放军文艺大奖、夏衍电影文学奖一等奖、冯牧文学奖、庄重文文学奖、电影华表奖和金鸡奖、电视金鹰奖和飞天奖等奖项，长篇小说《北方城郭》入围第五届茅盾文学奖。与这些奖项比,你对于获茅盾文学奖有什么特别感受吗?

柳:有位媒体朋友说我是个得奖专业户,奖杯多得没处放,数奖金数到手抽筋。其实,奖是得了不少,但奖金却没多少。中国的文学、艺术奖,多是以精神奖励为主。确实,这么一罗列,这一回又得了茅盾文学奖,再算上我在四川省得的七八个文学奖,我几乎把中国省级及其以上正经八百的文学影视奖都得遍了。创作的目的当然不是为了得奖,但得奖总是一件让人高兴的事。我乐于认为,这么多评奖机构和评委把这么多奖项评给我,也是对我所走创作道路的嘉许和奖赏。得哪个奖我都高兴,得茅盾文学奖我更高兴。我的主业是写长篇小说,茅盾文学奖又是中国最权威、最具影响力的长篇小说奖,我当然看重这个奖。

记:我们知道你是本届茅盾文学奖获奖者中最年轻的作家。你是否感觉到更多的责任和压力?

柳:我差不多也是历届茅盾文学奖得主中的最年轻者,所以,我确实感到责任重大,压力不小。

记:当茅盾文学奖出来之后,有不少的人对它的公正性、权威性提出了不少的批评。你是如何看待这些批评的?

柳:什么叫公正?什么叫权威?程序正义、宗旨明确、操作规范,就叫公正。不管什么样的奖项,只要由这个项目里大家认可的真正的专家作评委,认真公正地评选了,这个奖就具备了权威性。这一届茅盾文学奖的评委由国内长篇小说方面的专家组成,评奖宗旨十分明确,操作手段十分规范,程序绝对正义。因此,它的公正性、权威性也就毋庸置疑。置疑这个奖的公正性和权威性,我认为这些人如果不是逻辑混乱,那就是别有用心。杜甫说:"王杨卢骆当时体,轻薄为文哂未休。尔曹身与名俱灭,不废江河万古流。"这种既不公正也不权威的批评,伤不了茅盾文学奖的根本。一两个搞杂耍式酷评的人,想以攻击茅盾文学奖名垂青史,实在有些可笑。

记:有不少的人认为,这一届茅盾文学奖,完全是各种因素和力量综合平衡的结果。你是如何看待的呢?

柳:这种说法,本身没错,可也等于什么都没说。二十一个评委,要从二十六部备选作品中评出三到五部,肯定要进行综合平衡。如果没有综合平衡,任何奖都无法评出,除非只有一个评委。历届诺贝尔奖、布克奖、龚古尔奖、川端康成奖、美国国家图书奖,都是各种因素和力量经过综合平衡而评出的。

记:据了解,对于你的获奖有不少的质疑。你是如何看待这一问题的呢?

柳:别说质疑了,恶意的中伤,我也看见过。我深知,这些质疑和中伤,不仅仅是针对我一个人的。这是当下文艺思潮中劣币驱逐良币暗流的一种反映。

他们的潜台词无非是：主旋律作品都是次品，不配得这个奖项，甚至没有资格参加茅盾文学奖的评选。他们针对的不光是我，而更是政权和我们这个执政党。他们一看我把小说取名《英雄时代》，心里就恨得直咬牙了。我的职业是研究人的，我知道他们的心思。我的各种作品有六七亿受众，有数百万读者喜爱，有十几个评奖机构的上百名评委欣赏，这些恶意的质疑和中伤算不了什么。当然，如果是学术问题上的质疑，对我的创作有什么意见，欢迎当面提出，大家可以讨论。

记：同时，我们知道你获奖并非偶然，评委普遍认为，你是当今作家中无论宏观叙事能力方面还是文学理论素养方面都比较突出的一位。你能很好地把握住那些未经岁月沉淀的东西，并通过自己的小说作出宏观而深刻的反映。你又是如何看待这一评价的？

柳：非常感谢多数评委对我创作能力的认可，我一定努力写作，不辜负他们对我的期待。最后，我想对读者说，中外文学史上，百分之九十以上的经典作品，都是作家凭着良知和责任写出的描绘他所生活时代的主旋律作品。时间会证明一切的。

谢谢读者朋友！

原载《青年作家》2005 年第 9 期

柳建伟:我们努力表达长征但远远不够

郑　杨

(采访者:郑杨,《中国图书商报》记者　受访者:柳建伟)

是爱打通古今中外的壁垒

郑杨:评论界和读者都评价你的作品风格很老练,这可能和作家心理的成熟度和作家的气质、性格有关。你是否觉得28年的军旅生涯起了关键作用。

柳建伟:早在我二十四五岁时,就有读者经常写信称我为"老先生"。开始我不大明白,后来知道这是作品所呈现出来的状态给人造成的某种感觉。法国作家布封说"文如其人",是有道理的。我还想补充一点,作家作品的风格,其实和作家创作作品时的心境也有极大关系。我在创作《北方城郭》时,母亲身患癌症,常报病危,而昂贵的医疗费又压得我喘不过气来,所以,这部作品中,明亮的东西就比较少。作家的经历,当然也会深刻影响到作品的风格。我今生恐怕很难写出从根本上否定军人存在价值的小说,因为我不能同意我的战友和同行在军旅中的生存无意义这个结论。因此,我对所谓的反战文学、反战影视作品评价不高。

郑杨:你没有野战部队的经验,却把军事题材写得这么好。不是所有想象都能成就小说。你是怎么处理经验与想象这样一个在写作史上恒久命题的?

柳建伟:我没当过野战兵,并不能说我没有野战部队的经验,只是我取得这种经验的方法有点特别而已。生活经验不一定非要靠亲历才能获得。当今世界,作家想获得丰富的生活经验,只靠亲历远远不够,目历和心历获得的经验可能更多,也可能更重要。

郑杨:你关注自己的写作对象,把它们当作研究对象,追求旁观者的立场、研究者的态度。您说自己不是靠个人体验、经历去写作的人,那靠什么样的情感去打动读者?你的作品中一点也没有你生活的影子吗?

柳建伟:作家的职责是记录某一时刻各人内心生发的风暴或涟漪。所谓纯冷静纯客观的记录是不存在的。我是王国维《人间词话》中所说的"客观性诗人",我的作品中极少有我自己生活的影子,如果说我的中篇小说中尚有些我童年和青少年时期的各种重要经历的片段,但在我的长篇小说中,我个人的生活都隐到背景后面了。

郑杨:你是学理工的,你会不会觉得自己的创作理性有余而情感不足?

柳建伟:情感足与不足,与学理、学工、学文没直接关系。郭沫若是学医的,不是学文的,但谁也不会否认郭的诗文情感浓烈。学文的人中也可能产生冷血的杀手。

郑杨:那你觉得你是什么时候才找到合适的写作状态和方向,又是如何远离约定俗成的价值判断和思维方式的呢?

柳建伟:作家只有在内心对他想描述的对象充满真正的爱的时候,才可能找到真正的写作状态。约定俗成的价值判断和思维方式,对作家来说,其实是不能规避的。优秀的作家所以优秀,就在于他有能力以其独特的表述使得千百年来行之有效的价值判断和思维方式变得似乎是全新的。文学诞生几千年,无非只写了8个字:生老病死,悲欢离合。古人和今人,对这8个字的思维方式和价值判断标准,从本质上来讲,没有大的变化。最根本的东西是爱,是爱打通了东西方的壁垒,是爱穿透了古今的阻隔。所谓远离,只是作家炫技而产生的某种效果。

军旅题材作品的经典只能出现在战争题材中

郑杨:革命题材与战争题材的作品一般来说容易给人生硬的感觉,读者会觉得离自己很远。你的作品无论是《突出重围》还是到后来描写导弹工程兵的《石破天惊》,每部都充满爱国主义激情和阳刚之气。你有没有想过不用正面表现冲突、奉献而用好看的故事和场景来吸引读者?

柳建伟:我不同意"革命历史题材和战争题材容易给人产生生硬的感觉"的这种说法;相反,这两种题材如果做好了,会让读者和观众感到更自然更亲切,与自己离得更近,这一观点,可以从近几年革命历史题材和战争题材文学、影视作品风靡全国这一现象中得到佐证。我甚至认为,军旅题材作品的经典,只能出现在战争题材中。为了证明这些观点正确,我去年和今年创作了《爱在战火纷飞时》,这部小说就是用好看的故事、典型的人物和独特的场景构成的。

郑杨:在你的写作过程中,你觉得理想的写作是什么样的?你的写作受到过某些作家的影响吗?

柳建伟:每一个作家的写作都是个人化的,我也如此。我认为理想的写作是:作家一方面能充分表达自己对社会、对人的全面的认知;另一方面,这种认知又能被大多数人所认可。所以,我认为真正的作家应该是为大多数人而活着的。

从理论上、从文学史上讲,没有一个作家像孙悟空一样,是从石头缝里蹦出来的。作家都有自己的血脉承传、文化的滋养,就好比孩子在母体里的孕育生长,先辈作家的影响就是父亲对儿子的影响。我是受到很多先辈作家影响的一个作家。影响最大的当属中国的曹雪芹、鲁迅,俄国的陀思妥耶夫斯基,法国的巴尔扎克和英国的莎士比亚。从这些大师身上,我学到了做人和做文的最基本的能力,同时也是最高级的能力。没有他们,我肯定一事无成。

郑杨:迄今为止你的军旅题材的作品一直受读者欢迎,这个方向会坚持吗?

柳建伟:虽然中国军队在现实生活中的地位已由中心逐渐走向边缘,但她在百姓心中的位置一直没有改变,这也是军旅题材文学、影视作品一直受读者和观众喜爱的基础。写军旅题材作品是我与读者和观众交流的重要渠道,我一定会好好坚持下去。

我最近在忙于电影剧本的创作,一口气写了《大爱无垠》、《纵横江湖》和《导弹司令》三部。传主分别是白求恩式的好军医华益慰、民族英雄彭雪枫和导弹司令杨业功。这两年我的写作重点仍是创作长篇小说,现已写出《爱在战火纷飞时》、《大明悲歌》的初稿,明年可与读者见面。另外,我准备写《大国无疆》和《你是兵》两部长篇小说。

郑杨:今年是长征胜利70周年,你是否关注过有关长征的作品,又如何评价?你喜欢哪一部作品?

长征是永远讲不完的故事,是永远采不尽的富矿。长征是人类历史上的一部史诗,是在极限状态下人类生存能力的表现。尽管西方人跟我们对长征的认识不一样,但抛开是非层面的东西,所有人对长征还是很肯定、很佩服的。目前我们对于长征的文学、艺术表达很努力,但还是远远不够的。在我读过的作品里我认为王树增的《长征》最全面。我觉得,对长征的深度挖掘是一个开端,但愿在红军长征80周年纪念的时候会有更深度的东西出来。

原载《中国图书商报》2006年9月29日

柳建伟　承担一个作家的责任

中国文化报

在我的视野里,柳建伟是一位聪敏、勤奋、善于宏大叙事而且高产的小说家,能够熟练地处理各种重大题材,同时在作品中巧妙地奏响主旋律。他的作品叫好又叫座,在当下文坛堪称独步。借着其新作《SARS危机》出版之际,记者对他进行了专访。

《SARS危机》:抵抗遗忘之作

记者:电影《惊涛骇浪》是由你自己编剧的,听说公映之初即遭遇SARS,情况是怎样的呢?

柳建伟:《惊涛骇浪》是借鉴欧美灾难题材电影所做的一次尝试。这部片子今年3月份公映,后来遇到非典,受到一些影响。中央领导看过这个片子,认为不错。在万众一心抗非典的情形下,今年五六月间,这部片子在中央电视台电影频道播放了4次。所以,很多观众不是在电影院,而是在电视上看到这部片子的。

记者:最近看到你的一部新的长篇——《SARS危机》。在SARS似乎已成为过去、人们不愿再回首那段恐慌日子的眼下,你出版这部小说是不是有点"不合时宜"?

柳建伟:正是从这个意义而言,《SARS危机》是我的一部抵抗遗忘之作,我们应该抵抗我们爱遗忘的恶习。作为一个中国作家,在这场危机中,应该及时地站起来、走出来,承担起自己必须承担的责任。在这场SARS危机中,作家属于一个职业特殊的群体。如果作家在这场危机中只要求自己做一个遵纪守法的良民,他首先应该反省的问题是:我的职业操守是不是出了问题?在这场危机中,作家如果采取的是明哲保身、事不关己高高挂起的态度,那他就是一个冷漠无情的人。因为SARS是通过空气传播的,每一个人都必须呼吸才能活着,对SARS危机冷漠以对,实质是对自己生命的漠视。作家应该负起作家这个职业在面临民族危机时应负起的责任。观察是必要的,阅读是必要的,思考也是必要的。但对于作家来说，仅仅做到这些，远远不够。他必须拿起笔，进行战斗。他必须通过观察和思考，看到危机深层，并通过文字，把这个真相告诉世人。他必须分清 SARS 危机中，哪些是凶险，哪些是机会。他必须看出 SARS 在中国肆虐的深层原因。他必须用文字做成的警钟，提醒人们"悲剧常常重演"这种危险的存在。他必须为这段非常的历史，留下一部部能够在日后抚慰民众心灵的书。总而言之，在 SARS 危机中，作家——中国作家要用笔写出危机中的中国更深层的生存境况，并描画出那个可以让中华民族永垂不朽的、用尊严、良心、荣誉、团结精神和牺牲精神铸成的民族的脊梁。这就是我认为中国作家在 SARS 危机中必需的担承。

记者：你的写作速度惊人，在很短的两个月内，就完成了这部 26 万字的长篇小说。据说，一些报刊发表文章，对你能否在两个月内写成这部小说持有疑义。

柳建伟：是这样吗？我是相信"文章合为时而著"的。此前，北京、上海、江苏、江西、四川等地的《文艺报》、《文学报》、《解放日报》、《北京青年报》、《江西日报》、《华西都市报》等全国 100 多家媒体报道过我创作这部《SARS 危机》的情况，《中国青年报》和《北京日报》还发了署名文章对我能否在两个月内写出这部作品提出过质疑，为此，"人民网"还开展了"母鸡下蛋前是否有权力咯咯叫几声"的讨论。我把这些善意的关注，当作我的必需的营养加以吸收了。这个"蛋"，在 60 天之内下出来了。我也希望吃过这个蛋的读者朋友，评价评价这枚蛋的优劣，尤其希望听到批评意见，以便我今后下的蛋模样更好些、营养价值更高些。文学作品有审美属性，也有实用属性，伟大的杰作都是这两种属性按黄金分割原则杂糅一起的作品。我认为《SARS 危机》的实用属性可以优先考虑，于是就发起了这场速战速决的战役。战役的得失，就交由读者投票评判吧。如能有 51% 的读者认为这么做是值得的，我就心满意足了。

记者：写 SARS 需要勇气，更需要智慧。你的《SARS 危机》封面上有一行字——"这是一部中国版《鼠疫》"。不用说，加缪的《鼠疫》是灾难文学的经典。在我们的文学史上几乎没有作家和作品深入探索灾难、瘟疫的经验，"我们的作家常常是在遗忘的白纸上写作，没有任何基础可以凭依，没有任何传统可供接续、阐扬、修正和反驳"（李敬泽语）。《SARS 危机》在人物、情节和思想力度方面，肯定存在粗疏、欠缺。你怎么看《鼠疫》？

柳建伟：《鼠疫》表面上写的是一座小城经历一场鼠疫的全过程，实际上写的是作者那慑于法西斯的淫威已经投降了两年的苦难的祖国法兰西。

在 SARS 危机中，我应该承担一个作家必须承担的责任，于是，我放下正在创作的《大明悲歌》，冒着体力严重透支可能给我的后半生造成损害的危险，在短短的时间内,义无反顾地写下了这部《SARS 危机》。现在来看,小说的后半部分文学性差,本来应该写得更好一些。正如我前面说过的,即使《SARS 危机》仅仅作为一部备忘录,记录下我们在那个非常时期的境遇,我写这本书就值得。

获奖是对我的一种激励

记者:可以简要谈谈你的生活经历吗?

柳建伟:我是城市户口,出生在农村,一直在那儿长到 13 岁。1979 年参加高考,是新三届。1983 年毕业,分到一个技术部队,伺候了一年大型计算机。后来当过文化干事等。1991 年在解放军艺术学院读书,后去北京师范大学读了研究生。现在成都军区政治部文艺创作室。

记者:你原先是学工的,后来专事写作,是什么促使你成为一个作家的?

柳建伟:最主要的是兴趣使然。选择哪样的人生道路和自己的性格、经历有很大关系。

我这个人爱瞎想,不太会处理周围的关系。幼小时在农村,由于有城市户口,农村是一个弱势的地域,在那种环境下成长,常常受到歧视。我的童年是孤独的、忧郁的。

大学二年级时,有一个英模报告团来学校作报告,其中一位是设计计算机的,他讲了一个小时,绝大多数时间不是讲设计,而是讲怎样跑项目,找了哪些人,跟周围的人如何搞关系,等等,当时我听得吓坏了。这件事对我震撼很大。我不善于和人交往,心想这样的性格肯定不能从事计算机设计。

那时我对文学很感兴趣。一年级下半学期,也就是 1980 年 5 月,《中国青年》杂志第 5 期,刊登了潘晓的一封信——《人生的路为什么越走越窄》。文章首次提出"人人为我,我为人人"等个性解放的概念,引发了一次大讨论。我们学校也参与了。这次讨论对我的人生选择有很大触动。想转系转不成。我觉得自己应该做点事,做对社会有用的人才,想来想去认为写作比较适合我。只要读书,勤于观察生活,只要一支笔、一些纸和一张桌子,就可以。

大学时代少男少女情窦初开,我喜欢一个女同学,一冲动写了一封恋爱信,人家拒绝了。当时觉得全世界都知道我打了个败仗。青春年少,想证明一件东西给那个女孩看,在这种虚荣心和渴望建功立业的雄心壮志的激励下,我开始了最初的写作。

记者:当时哪些书对你影响较大?

对我有影响的书很多。威廉·曼彻斯特的《光荣与梦想》，副题为"美国1932—1972"，这是对我有里程碑意义的一本书。它教会了我认识这个世界的方法。我看了一些中国的史书，比如《史记》，它是以本纪、列传作为主干，贯穿的是英雄创造历史的史学观。而曼彻斯特的历史观更现代，我们史书里不被重视的东西在《光荣与梦想》里非常重视。在大学里接触的许多理论，对我现在和未来的写作有很大影响。

记者：最近看到一篇题为《军事题材创作面临危机》的报道，对于近年来的军事题材创作，你持什么样的看法？

柳建伟：认为军事题材越来越糟了，说"军事题材创作面临危机"，这是不大负责任的说法。在这二三十年间，有没有出现大家认可的好作品呢？有。应该看到，文化多元了，评判标准已经发生了很大的变化。

我认为90年代的长篇小说在艺术成就上肯定超过了80年代，这个看法在具体作品中可以得到验证。你能说《我的太阳》、《英雄无语》、《我在天堂等你》不如《皖南事变》、《日出》吗？不顾事实，空谈危机，没有多大意义。

目前的媒体提出现象多，分析问题少。一些报道和书评不是建构式的，而是感受式的，仅仅作现象的描述，这是不准确的。

现在是军事题材创作爆发的前夜，诞生《战争与和平》、《静静的顿河》这样杰作的各种条件已经成熟，因为很多史料都解密了，创作手法也学会了，只等着作家付诸实践。

记者：你获得过"五个一工程"奖、飞天奖等许多奖项，现在已经是全国知名度很高的青年作家，荣誉对你来说意味着什么？

柳建伟：我觉得，无论是来自政府的奖，还是读者投票的奖，或者专家评选的奖，都是对作家的一种激励。我绝对不把奖看成一种包袱，这些奖实际上在向我提出一个个要求，这里面有一种标高，为下一步的创作增加了难度。

时间是检验一部作品的最终的尺度。得了这个奖，不一定就最好；不得这个奖，也不能说明差。像《北方城郭》获得的奖项很少，《突出重围》获得了"五个一工程"奖等，在我的心目中，前者的分量不一定就比后者轻。

我在意读者和观众的看法，在意这些奖项，重视它们带给我的激励作用，给我的创作提出的新的标高。我要多锻炼，争取跳得更高。

不要小看电视连续剧

记者：南阳地区出了一个作家群体，像二月河、周大新等，在文坛可谓独树一帜。

柳建伟：南阳实际是多元文化交汇的地方。南阳自古以来属中原,从水系上讲是长江水系、淮河流域,也有个别的河流入黄河;楚文化对南阳有影响;秦岭的余脉包围了南阳盆地,商洛文化也有影响,更多地影响到人的性情。这种文化背景使南阳成为一个独特的地方,乱世出盗贼,盛世出文人。越是地域的,越是世界的。文学也是这样。

记者：最近在写什么呢？

柳建伟：正在写一个40集的历史剧《大明悲歌》,从嘉靖末年到万历二十二年左右,国家积贫积弱,改革的呼声四起,出了张居正等一批能臣,史称"万历中兴"。改革到了深层,触动了既得利益者,皇帝被压制太久,心理也产生变化,于是放弃改革之路。这段历史对于我们今天的社会有现实意义。以后会重新写成一个小说。

我国的"神舟"飞船上天后,有关部门拟拍一部电影,暂名《神舟》。现在我已写了一个提纲,想以好莱坞大片的方式写出来。

我一直酝酿写"大上海三部曲",原打算今年在那里生活两三个月,因为SARS,只好等到明年上半年再去。我觉得,想从文化上认识中国,2000年前看西安,800年前看北京,过去100年看香港,过去30年看深圳,未来100年则要看上海。上海昭示着中国的发展方向。

记者：你的小说不少被拍成电视剧或电影,而且你自己常常出任编剧,写剧本对你写小说有没有负面影响？

柳建伟：在我看来,电影剧本和长篇小说都是大型的文学体裁,两者有巨大的差异,也有本质上的相通。文学是人学,电影是人学,戏剧也是人学。

电视连续剧和长篇小说在结构上有一致性,在接受上也有相似性。如果把它们各自的独特性弄清楚,应该不会有负面的影响。我曾认认真真研究过两者的区别,力求使写剧本对我的小说创作不产生颠覆性的影响。但是,如果小看剧本的写作,就会有影响。不要以为剧本是小说的边边角角。

电影经过100多年的发展,产生了很多经典之作。这些经典,要么改编自文学名著,要么由作家直接担任编剧。其实,伯格曼等电影大师都是一流的作家,只不过他们不是在用笔写作。如果他们从事写作,肯定也是一流的作家。

记者：一些人认为电视连续剧就是肥皂剧,嗤之以鼻。你现在称得上是这方面的内行了,你的看法呢？

柳建伟：中国的电视剧由于种种原因,从艺术性的成熟程度来说,远远超过欧美。我们的电影太不景气了,话剧、舞台剧也不景气,这不光是因为剧院少、影院少,关键是中国没有看电影、看话剧的传统,去电影院、剧场的习惯没有培养出来。与之形成对照的是,在这20多年里,我们已经形成了看电视剧的习惯。一些人说电视剧是垃圾,这是偏见。

巨大的市场一定会催生优秀之作,比如《大明宫词》这样艺术性很强的大型历史剧、《英雄无悔》这样反映重大题材的连续剧。而在欧美,看电视的非常少,电视剧生产不发达,有的不过是一些以轻喜剧的方式搞笑的肥皂剧。

我的《突出重围》拍成连续剧后,从2000年元月至今,已经在各地电视台播出七八十次了。粗略统计,至少有4亿人次看过这部电视剧。这是纸质书没法比的。现在我的作品普及程度高了,而且和读者、观众沟通的渠道也多了。

最近,陈凯歌也来拍电视剧了。我相信,再过10年,有一流的作家、一流的导演、一流的演员的参与,中国的电视剧会迎来黄金时期。

简历

柳建伟,河南省镇平县人,1963年10月生,中国作家协会全委委员、成都军区政治部创作员。

主要作品有:长篇小说"时代三部曲"《北方城郭》、《突出重围》、《英雄时代》)、《惊涛骇浪》,长篇报告文学《红太阳白太阳》、《日出东方》,中篇小说集《苍茫冬日》,电影剧本《惊涛骇浪》、《骚动的原野》,电视连续剧《突出重围》、《英雄时代》等。

曾获中宣部"五个一工程"奖、首届冯牧文学奖、第六届夏衍电影文学奖一等奖、中国人民解放军文艺奖、飞天奖、金鹰奖等。

原载《中国文化报》2003年10月9日

做一名时代的书记员
——柳建伟访谈

刘 慧

柳建伟简介：茅盾文学奖得主，曾获第七、八、九、十届中宣部"五个一工程"奖，首届冯牧文学奖，第六届夏衍电影文学奖一等奖，中国人民解放军文艺奖，电影金鸡奖、百花奖、电视剧飞天奖、金鹰奖、金星奖等奖项，现为解放军八一电影制片厂副厂长。主要作品有：长篇小说《英雄时代》、《北方城郭》、《突出重围》、《SARS危机》、《寂寞英雄》，长篇报告文学《红太阳白太阳》，中篇小说集《苍茫冬日》、《上校的婚姻》，电影剧本《惊涛骇浪》、《惊天动地》、《飞天》，电视连续剧《突出重围》、《英雄时代》、《爱在战火纷飞时》、《石破天惊》等。

访问者：据说您是作家里的围棋高手？

柳建伟：我围棋水平最好的黄金时代，是1991年前后，也就顶多有个业余初段。在我出生的那个村子里面，会下中国象棋的人很多，我还曾经学过一段时间国际象棋，比较而言我对围棋更偏爱一些。一个是它看上去简单，实际上很复杂。第二个呢，我认为看围棋棋谱就像是读一部非常杰出的长篇小说，学围棋，我认为从中可以学习到写小说的技巧，围棋顶级高手也有不同的风格。像聂卫平说的，他的前五十步独步天下。我曾经一度也想学习下围棋，后来发现我童子功不行。但我在一般的业余棋手里走前三四十步，他看不出来我水平有多高、多低，但到中盘搏杀的时候就要差一些。这样，我在写小说的时候，刻意地去练我的中盘，就是练小说的中部，我就特别地留意要把这个中部搞好。

我的小说开头一般来讲，都是不错的，结尾也不错，这大概是我下围棋学习写长篇小说的成果吧。我当年有三四年就这么过来的。我认为我下五子棋肯定是一个顶级高手。因为大学刚毕业时，就二十岁左右，一火车就被拉到四川，一个运煤的大卡车把我拉到大邑县半山腰那个部队。那个部队就是《暗算》里边描写的非常神秘的一个研究单位。整天除了工作、读书，就是看山，推开窗户就是山。那时候我们精力多得不得了，没事就下五子棋，后来就想弄一个五子棋的棋谱。当时我和我的同班同学彭建虎搞了半年多，各种各样的布局，研究了很多。还有一个，当时刚刚开始流行麻将，我们还想写个麻将入门之类的东西。

那时候我的文学之路还刚刚起步,就像知道东方有曙光,但是还在夜晚四五点钟,看不到东方天尽的那一抹鱼肚白。所以那个时候很喜欢围棋,因为它在那几年伴我度过了很艰难的日子。

访问者: 您的家乡是河南的"经商之乡"镇平,您在这样的环境下成长起来,从来没有想到过走一条经商之路吗?

柳建伟: 我的家乡是河南南阳镇平,镇平是玉雕之乡,也是地毯之乡,经商的氛围很浓,而我还确实有过一段经商的经历,而且是业余经商。我把我自己定位为:做了小半年的星期天地摊珠宝商。我的第二个中篇小说叫《天凉好个秋》,1988年春天发表后,得了四五百块钱稿费,那时候已经很多了。取了稿费我去买西红柿,钱包就被人家顺手拿走了。后来我的第四部中篇小说的稿费来了,总共1400块钱。我想,叫钱再生点钱,刚刚讲市场经济,所以我就想,干点啥呢?我和两个战友,他们一个人出400块钱,我出1400,合伙凑了2200块钱,让我小舅和我的一个初中同学给我们送玉雕工艺品,我们再拿到成都卖。我们每个星期天早上七点半坐上单位到成都的班车,到现在的武侯祠、青石桥那一带摆摊。那里当时确实商业氛围跟现在不太一样,就是在街边上给一个卫生费和占道费,一天出五毛钱你就可以摆上摊了。

但是有个问题,经商得有运,前几次我们一看,卖30块钱的东西或者是50块钱的东西,挣了好几百,回来之后就很得意,三个人去小酒馆里庆祝一下。大概是第六次,在武侯祠那地方,卖汉白玉马。有人把玩,把左前腿给磕断了,跟人家说赔钱吧。我刚才不是说了40块本钱吗,我们喊的是500,但人家身上就60块钱,我们粘完之后就让人家走了。后来又来一人,又摸,马的腿又断了,断的是另外一个前腿。他说要赶火车,说是身上只剩下30块钱,都给你吧。我说不行。他说我知道你们这个贵,他说我实在没钱了,说要不把这个表给你们,我们没要。今天有点晦气,换个地方吧,我们就换到了青石桥。刚到那个地方就围了一大堆人,说这马真好。一个人在那儿拿,完了往那儿一放,放下去俩前腿都断了。我们觉得今天真是邪乎。他说他去上个厕所。我们是三个人,一个人跟他到厕所,那时候厕所不像现在这么高级,味道很重。我们的人在外面等,不知道厕所后墙有个洞,人家进去,我们没进去,人家从那个地方走了。我们等半天,进去一看没人了,这时候已经快到了班车发车时间了。我们后来总结:一,经商得要心狠,我们心不够狠;二,人家给那个表你为啥不要呢?后来我觉得还是写东西吧,经商挣大钱太麻烦、太累了。

这段经历对于我的生活,对于我认识中国社会都有帮助,因为我觉得我没有被时代滚滚的车轮落下。我一直跟着这个车,这个车卖冰棍我就吃冰棍,卖冰激凌我就吃冰激凌,在这一段经商经历当中我都一一地品尝过,所以说这是受时代的影响。还有一个就是,因为现在我们中国毕竟是经过了一个快速发展的城市化时期和一个快速发展的现代化时期,我当年这一段的亲身经历,使我在认识和描绘现在这个主体的社会活动时,可以直接进入。我写一个亿万富翁的喜怒哀乐和我一个星期天珠宝商人的喜怒哀乐,就在那一段摆地摊的过程当中贯通了。

访问者:您最初的创作是什么题材?和您的关注点有关吗?

柳建伟:我写的第一篇小说《郝主任的苦恼》内容是反映计划生育的。当时公社刚改成乡,听我妈和我奶奶说,那个时候计划生育刚刚开始,是强力推行,社会矛盾骤起,也就听了很多稀奇古怪的事。我就写一个女计划生育委员会主任经历的一系列的村里边这些事,写完之后就寄到《人民文学》去了,这是我写的第一个作品。真正发表的第一个作品是1982年写的《尊严》,也是谈社会问题,就是写一个场景:一个长得比较丑的大学高年级学生,她觉得可能要恋爱了,把自己打扮得漂亮一点,从家里要了钱准备去买一身好衣服。买完衣服之后,她看见有人在围观什么,她突然间发现大家在围观一个衣不遮体的年轻的女疯子,她觉得很难受,在那儿看了很久、听了很久之后,她就把这个女的拉上进了附近的一个女厕所。等再出来的时候,这个疯女人身上穿的就是她买的那身衣服,她也出来走了。这个疯女人坐在地上哭,所有的人都四下散去。这样一个短篇小说,名字叫《尊严》。我把《尊严》等三篇小说都寄给在《躬耕》杂志工作的马本德老师。他很快就给我来信了,他说这一篇《尊严》篇幅比较短,在你这三篇中属于一个中等,我就留这一篇了。这时候我们同学都觉得一个学计算机的要去当作家,简直是开国际玩笑。后来很多人说你是不是要发表了,如果发了是有稿费的,要请客。我决定请客,当时我只有30块钱,我觉得可能不够,然后我问我妈又要了20块钱,总共是50块钱,在郑州的"少林餐馆"吃了一顿大餐。那是我生平吃的第一顿超过六七个菜的一餐饭,当时吃饭花了42元。可这篇小说当年也没发表,两年后发表,稿费是38块钱。但这一段经历,也有好处。"塞翁失马,焉知非福",如果那时候发了,我可能就嘚瑟了,可能有一点点的成绩就张牙舞爪。所以这样的话,你还张牙个屁,同学们都那样看我。这就是我的处女作的故事。

访问者:您的《北方城郭》《突出重围》和《英雄时代》是被很多人称道的,也被誉为是"时代三部曲",但其实描述的生活很不一样,时间和空间上也不存在那种同步性和统一性,书中的人物也没有一些什么交集的活动,那怎么就称之为"时代三部曲"了?它们之间的联系在哪里?您怎么看?

柳建伟:我的考虑最初是向巴尔扎克学习和向巴尔扎克致敬。为啥说向巴尔扎克致敬呢？大概在二十四五岁的时候，我读到《人间喜剧》几部作品，特别是读《人间喜剧》的前言，我就觉得这一辈子要做一个像巴尔扎克一样的作家，做一个"时代的书记员"。在我自己真正要用长篇小说来表达我对这个世界的看法的时候，我就想到了巴尔扎克，想到了巴尔扎克用他十多年的心力，创作的97部作品组成的《人间喜剧》。纳入"时代三部曲"的名下我认为也是有道理的，首先它的精神品格是一致的，主张和表达是一致的。再有一个，它主要阐释这个时代的生活，是一个空间里边的，或者说一个时段、一个特定的时空关系里边的。所以我觉得这样做的话，也不违背一般意义上的三部曲的原则。

我认为这个时代的主要特征：这是一个最好的时代，也是一个最糟糕的时代。如果用一个说法，我认为现在我们在一个伟大的太平盛世的开端，在这个开端里边，它是最好的一个时代，也是最糟糕的一个时代。看你怎么样把最好的那个转化为你人生的一个助推器，而面对最坏的那个，躲过它或者是摒弃它，这是我们要做的。

访问者：正如您刚才所说，中国目前是很好的和平时期，但是因为战争的缺失，所以我们也听到一些人在说，对于当下军旅文学的创作，缺少了很好的时代背景，包括创作的主题。您怎么看待这个问题？

柳建伟：我觉得军旅文学最正宗的还是战争文学。当我们这个社会越来越趋于正常，军队在这个社会当中的位置就日趋边缘，也就是日趋正常化。在这个正常化的过程当中，你说要表达军队在搞一些日常的训练，或者搞一些日常的抢险救灾等等，是不能把这个时代最本质的那些东西反映出来的。所以说现在对于军旅作家来讲，如果仅仅守着你现实的军营生活，我认为是很可怕的事。文学这个东西，它就是不管以什么形式，都是要记录它所处的时代的主体的生活，和创造主体生活的那些人——也就是这个时代的主角们。

很多人说当下的军旅作家被边缘化是这个时代造成的，我觉得你不能说当代的这些军旅作家都被边缘化了。如果你仅仅还去关注现实军队的这些生活的话，你必然会被边缘化，这是因为现实的军队已经回到它正常状态，已经边缘化了。军旅作家从21世纪之后，他们要修正自己，他们也不甘于（包括我自己也不甘于）在这样一个激烈的竞争当中，在这个淘汰率极高的进程当中被甩下、被抛弃、被遗忘，或者说你的影响力半衰期很短，各领风骚两三个月，谁都不愿意接受这样的一个命运，所以都想去寻找另外的出路。我认为现在军旅文学在新世纪以后，又进入了另外一个时期。这个时期就是要重新解读、重新表现我们20个世纪非常丰富的战争的历史。这个时期的丰富性，不亚于俄国1812年的卫国战争，也不亚于美国的独立战争和南北战争。我相信可能会在10年左右的时间里，中国现在的作家是能够拿出来配得上那些波澜壮阔的战争历史的一些作品,然后奉献出正宗的战争文学巨著。我预计这个景象在 10 年左右可能会出现。

访问者:所以我们会或多或少地觉得每个作家用自己不同的方式,开始寻找另一种出路,我可不可以说您是寻找到了影视剧呢?我们看,从抗洪救灾电影《惊涛骇浪》,到抗非典的小说《SARS 危机》,再到抗震题材的电影《惊天动地》,您一直紧密地把自己的作品和影视剧结合在一起。您怎么来看待您这个转变?这算是您寻找到的一个出路吗?

柳建伟:是这样的,这与我对于文学体裁的认识有关。我认为大型文学体裁有四种:一种是长篇小说,一种是大型的话剧,一种是电视剧,一种是电影。我觉得一个作家,各种大型的文学体裁都要尝试一下。不是说我现在的作品更多的是先以影视的方式面世,我倒是认为是我对于新的文学体裁的一种尝试。因为我一直认为电影或者电视剧不是一个人的作品,它是由很多人一起联合完成的作品。像《惊天动地》、《惊涛骇浪》、《开国》,还有刚完成的《飞天》,这些东西我觉得我只是提供了一个文学的图纸。我从来不认为哪个电影是我的,我只是在这个过程当中,借助于新的传播方式,在这个阶段表达了我们所经历的重大事件的一种认识和解读。我觉得文学还是一切艺术之母,这个问题即便在当今的网络时代、信息爆炸时代、各种新媒体层出不穷的时代,也是如此。这样的说法还具备真理性,甚至在相当长的时间还具备真理性。这就是我认为的文学和影视的关系。所以说从我个人来讲,我一直认为我的主业是个作家,现在写影视是我的职业。我觉得真正让人尊敬的电影比 20 个世纪 80 年代、90 年代少之又少,进入大片时代之后,这方面我们太浮躁了,我们学的是好莱坞的一些皮毛,学的是美国电影的一些皮毛,我们把一些最根本的本质的东西给弄掉了,还不如从前呢。我们的屁股该坐在哪儿,我们忘记了,把我们民族的很多好的东西都糟践了。我总结一下:就是说我们这十年的电影越来越不把文学当回事了,会发现很多恬不知耻的导演,荧幕上打某某作品,实际上真正在电影里面有独立著作权的只有剧本、音乐和美工,其他都没有独立的著作权。还有我觉得,我们的顶级大导演,他们的好作品,就是我们大家给他们奠定了世界大师这些地位的作品,都是尊重文学的产物。

张艺谋早期的作品都是改编自中国一流作家的一流作品,由一流的编剧来改编,后来略有点变化。他的第二个阶段的作品,是改编自中国的二流作家的一流作品。到后来,这些年他被广为诟病的作品,他觉得可以自己来搞了,可以上场当编剧了,几个人捏合一下就整一个,《三枪》就是一个典型的案例。再说陈凯歌,给陈凯歌奠定江湖地位的、拿到"金棕榈"大奖的是一流的编剧打的底。问题就是到他《无极》的时候,他自己上场当编剧了,他觉得他也能写,就成滑铁卢了。等到《梅兰芳》又给他拾回来一点声誉,因为什么呢?是因为他又学会了去找一流的作家来给他当编剧。我刚才说是一流的作家的作品改编成剧本,和一流作家当编剧还不一样。所以《梅兰芳》我认为和他的代表作相比的话,那差得不是三舍之地,而是十舍八舍之地。冯小刚这几年从一个美工一直到现在成为一个观众圈里边认为最有号召力的导演,就是因为冯小刚一直很重视剧本、文学。他比刚才说的两个大导演,更谦虚。他后边实际上有一个一流作家组成的智囊团,而他又很信任他们。一流的作家对于人生社会的认识,他们是知春江水暖的那些鸭子。《天下无贼》是改编自小说家赵本夫的一篇还算一流的短篇小说,又是由王刚这样一流非常有实力的作家给他改编的;《手机》改编自一流的作家刘震云的作品;《集结号》是一流的作家又是一流的剧作家刘恒给他写的;那么现在这个《唐山大地震》是二度得金鸡奖最佳编剧奖的苏小卫帮他写的。所以我说冯小刚的成功是他尊重文学的成功。而他有两个比较糟糕的作品,一个是《夜宴》,一个是《非诚勿扰》,我认为这两个作品恰恰又是他不去重视文学带来的。

别的导演就不用去分析了,就这三大导演,他们的创作历程就可以说明这个问题。那么我们就说了,在这过去的10年,甚至在2011年,大家觉得在大片当中,真正体现商业大片精神气质、又带有一些经典意味的片子是《十月围城》。这个剧本就打磨了10年以上,对于文学的重视从这一点就可以看出来。所以我说从现在来讲,中国的电影就是虚胖,在这里面只有《十月围城》和《盲井》等少有的几部具备经典品质的作品在这儿矗着。

我再历数一下最近10年的电视剧,你随便找一个大家口碑比较好的、收视率又比较高的,要么是从一流的文学作品改编的,要么就是有一流的作家参与改编或者原创的剧本。电视剧对于文学的依赖程度更高,如果没有文学的介入,电视剧啥都不是。我们的几大名著为什么总被翻拍呢?央视的开年大戏你数一数,你就会知道是这个样子。再有一个这些年的名剧,从《历史的天空》、《亮剑》,到《雍正王朝》、《大明宫词》、《士兵突击》、《暗算》、《大染坊》,包括《潜伏》,哪一个里边都可以找到坚实的文学基础,如果没有一流的文学作品、一流的作家在,绝对是不行的。还有,要想我们整个影视健康地、可持续地发展,还想搞出点大动静,我认为就应该更重视文学。从我个人来讲,我对自己的定位还是一个作家,一个时代发展、时代历史或者说我们民族心灵史的一个小小的书记员。

原载《神剑》2012年第2期

我和我的"英雄"
——著名剧作家、八一电影制片厂副厂长柳建伟谈创作

杨 雪

编者按：著名剧作家柳建伟著有长篇小说《北方城郭》、《英雄时代》，电视连续剧《突出重围》、《英雄时代》、《爱在战火纷飞时》等作品，他的作品善于塑造英雄人物，刚刚在人民大会堂举办了首映礼的电影《兰辉》，就是柳建伟塑造的和平年代的英雄人物的又一代表。本报记者日前就文学创作中的英雄题材以及影视剧作的相关问题采访了他。

问：柳先生，您好！谈到大众对您的熟知，恐怕要从电视剧《突出重围》说起。《突出重围》当时以前瞻性的眼光，浓墨重彩地书写了面向未来的中国新型军人的英雄形象。您塑造了许多这样的英雄人物，您获茅盾文学奖的作品，名字就叫《英雄时代》，有评论说，您的作品英雄主义情结高昂。对这样的评价，您如何看待？

答：说我有英雄主义的情怀，我不回避。我的很多作品英雄主义的声音确实要高昂一些、明晰一些。我自己认为，我的文学作品至少有三分之一是英雄主义题材的，对于文学创作，我受陀思妥耶夫斯基"复调理论"影响较深，所塑造的性格比较丰富的人物比较多；我的影视作品，尤其是我的电影里，可以说，大部分都是围绕中国精神、英雄主义、集体主义为调式的。为什么要在创作中高扬英雄主义情怀呢？我觉得今天的社会，负面信息传播有些畸形。一则负面信息的出现，尤其是通过互联网的放大，一时间可以覆盖大众对所有信息的关注。为什么会这样？我觉得，除了大众审美附有庸俗化、娱乐化的特点之外，更重要的一点，是传媒的导向。所以，我坚持认为，当你的思想表达，借助的是像电影、电视剧这样一种能够对大众产生非常广泛影响的传播手段时，尽量不要去强化一个故事、一个人物的复杂面、阴暗面。今天的某些影视可能迫于商业化压力，为了吸引大众眼球，常采用一些较为低俗的、恶俗的手段和元素。我想，越是这样的情况下，就越要塑造英雄形象。我甚至愿意我是一个唐吉诃德式的"英雄"，多从正面的角度、理想的角度去创作文艺作品。

问：您的电影《兰辉》不久前在人民大会堂举办首映礼。作为新时期的人民

公仆,兰辉又是一个和平年代的英雄形象。您塑造了这么多英雄形象,对"英雄"二字的感悟是什么?

答:兰辉同志的事迹大家很熟悉。2013年他带病到曾被地震侵害的北川地区检查道路交通安全工作,在唐家山堰塞湖环湖路下车换药时因公殉职了。这样的人,在今天的和平时代,就是我们的英雄。我想,战争年代有战争年代的英雄,和平年代有和平年代的英雄。即便是一个小人物,如果他敢于伸张正义、见义勇为,敢于不屈不挠地向丑恶现象作斗争,他就配得上时代"英雄"这个名字。

问:您笔下的影视剧形象,鲜活是很大的特点,令观众难忘。您的作品多直面现实生活,和当下发生的重要事件紧密相关,这是您创作的一个"秘诀"吗?

答:其他题材的作品我也写。但是,我更关注现实。我想,这不仅仅是我,有良知的作家总应该关注他那个时代的英雄,包括人的生存状态、困境。就像写出《战争与和平》的俄国作家托尔斯泰那样。文章千古事,作为作家不可沉于一己悲欢,一定要关注生活、关注现实。苏轼在评价韩愈时曾说他"文起八代之衰,道济天下之溺",韩愈为文,忧国忧民,关注民生,关注现实,就此一条,苏轼便认为他比前几个时代的文人都要了不起。可见文章的作用有多么大!

问:您塑造现实中的英雄,还有什么"秘诀"?

答:我曾在电视剧《北方城郭》中塑造了一个叫史天雄的英雄人物。他是位真正的共产党员,他本可以仕途通达,但在十五大后的经济大潮中"下海"了。在商业社会摸爬滚打的过程中,他也有困惑,也有挣扎,也有狼狈不堪,但是英雄的不同,就在于他对信仰的痴心不改。其实,在现实社会中不少成功的企业家身上,都能够发现"史天雄"的影子。马克思主义文论关于"典型"的论述其实已经回答了你的问题,真正的"典型"要具备三个特征,即广泛的代表性、性格的独特性和心灵的深邃性,三者统一就能创造出典型人物。我塑造的英雄人物,极力追求的也是这一点。整体而言,在人物塑造方面,我深受陀思妥耶夫斯基的影响。我视他为我的老师。苏联文艺家巴赫金在研究了陀思妥耶夫斯基的作品之后提出了"复调理论",巴赫金借用音乐中"复调"这一术语来概括陀氏小说的诗学特征。复调,即多声部。如果把人物的塑造比喻成协奏曲,那么,它应该是多声部的,丰富而又统一,冲突而又协调,这是我追求的人物塑造,包括英雄人物塑造在内的最高的境界。

原载《人民政协报》2014年7月7日

我的同乡柳建伟

周大新

建伟和我同是南阳盆地人,两家相距不过几十公里,但我和他相识则是在四川成都。1986年秋,解放军文艺出版社的《昆仑》杂志编辑部在成都举办笔会,我和他都被邀参加,我由山东济南去,他由成都郊区来,见面一听话音,就知道彼此是老乡,因此很快相熟了。那时的建伟,二十来岁,大学毕业不久,风华正茂,朝气蓬勃。在那次笔会上,他给我的印象是知识面很广。他同大家谈围棋的段位,谈计算机的发展,谈时局的变化,谈乐山大佛的保护,谈成都城的历史,谈得头头是道,他年纪轻轻就懂这么多让我暗暗称奇。

那之后再见到建伟是在南阳城里。其时,我由济南回到南阳家里写作,他由四川回南阳探望因病住院的母亲,我得知他母亲在南阳卫校附属医院住院,便去病房探望老人。我记得他母亲当时躺在床上,同我说起建伟醉心于文学创作的事,说起他业余写作的不易,说起他的写作成果,让我感受到了一位母亲对儿子的深切爱意。建伟那天在母亲床前又是端水又是喂药又是伺候擦洗,细心周到。他对母亲的孝顺给我印象很深。我后来知道,他还有一位高龄的奶奶,每年,他都要抽时间回老家看望奶奶,以尽孝心。有一年我们春节前回河南电视台做拜年的节目,他节日期间回不了家,便在节目中专门遥向奶奶拜年。他对家中老人的孝心令我记忆深刻。

我调京工作之后,和建伟的接触多了起来。记得有一次阎连科邀我和建伟去他家吃饭,饭桌上说到了建伟的工作调动,建伟那时的工作关系还在成都军区,我和连科因人微言轻,调动的事其实帮不上什么忙,只能帮着出出主意。

原载《文艺报》2012年8月24日

忠实记录英雄时代
——记军旅作家柳建伟

蔡 葩

关于柳建伟和他的作品给我们的阅读和时代带来的意义,真难以恰如其分地言说;要对他的 600 万小说文字和一系列影视剧作品做出恰如其分的表述,真的要具备相当的耐心和责任心。因为,其领域的广阔、人物群像的众多、思想的广博,无论如何都得用全新的角度来审视、来解读。

今年 4 月,SARS 危及华夏之时,我有幸在海南岛上与这位久闻其名的军旅作家相见。时隔数月,通过电话,得知他正在创作 20 多万字的小说《SARS 危机》,已写了 10 多万字。柳建伟总是紧跟我们时代跳动的脉搏,不想放过影响我们时代的任何一个重大事件——从"时代三部曲"到"战争三部曲",从反映 1998 年抗洪的《惊涛骇浪》到当下写作的《SARS 危机》,柳建伟无疑担当起了我们时代忠实的书记员的重任。

柳建伟自己也毫不讳言这一点。在他的长篇小说《英雄时代》中,他借用莎士比亚的一句话作为题记:我们命该遇到这样的时代。他说,10 多年前,当他读完巴尔扎克的《人间喜剧》后,便产生了一个梦想:今生今世要做巴尔扎克那样的作家,当社会历史的书记员,写出几十部小说,塑造无数个生活在这个时代的人物形象,用艺术的方式为后人认识这个伟大时代提供一份忠实的记录,为民族留下一部信史。但是,莎士比亚也说过:为什么伟人逝世后小人物都变得伟大起来了?人们怀疑我们生活的这个时代是平庸的、没趣的时代,是只有小人物而缺少英雄的时代。然而,柳建伟却在他的"时代三部曲"里塑造了一个个他心目中的英雄,且有一部长篇小说干脆就叫作《英雄时代》。柳建伟发现,人们对英雄的理解过于狭窄,以为只有在战火纷飞的年代才产生英雄。其实每个时代都有自己的英雄,英雄是一个时代的产物,每个时代都有它特别的标准。现在是和平年代,也是以经济建设为中心的年代,商界英雄、政界精英成为备受关注的对象,比如《英雄时代》中比较完美的当代英雄史天柱,他可以说是信仰上的英雄。他骨子里有一种神圣庄严的东西,为了公众事业他可以牺牲自己的一切,带有一种殉道者的味道。由于他信仰的坚定,性格就显得比较单一。表面上看这个人物的形象塑造好像弱了一些,但这却是我们生活的现实:生活中我们确有一些像史天柱那样的对事业充满献身精神的人,他们大多带有一些悲壮的色彩,是时代中恪守最后良知的人。

《英雄时代》中的另一个主要人物陆承伟——一个典型的高干子弟,却是商业神话中的另类英雄。虽然他的道德操守和价值取向有值得质疑,甚至是必须鞭挞的地方,但这是他的生命在成长过程中碰到的难题。在这两难的境地中,陆承伟并不是冷血的,相反他也有救济社会的理想。他坚忍,也可能残忍,某些时候他可以不计较个人的利益,却忽略或蔑视别人的利益,甚至为了自己的利益而不择手段;他不畏牺牲,富有献身激情,但往往也不顾惜别人的情感和利益,他是我们这个时代典型的商业英雄形象。然而,他并非没有家国的观念,他对我们时代的许多困惑有自己独到的思考。整部《英雄时代》,陆承伟作为作家眼中的另类英雄,对他的着墨可谓独具匠心。他的内心世界是足够丰富的,在他的身上,寄寓着作家对我们这个时代这一类有争议的英雄的理解,也期待着英雄的完美出现。

总之,《英雄时代》的人物和柳建伟在其他作品中的人物一样,都倾注了作者对我们时代的英雄史观、价值观、文化取向等的思考。无论是"时代三部曲"还是"战争三部曲",无论是《惊涛骇浪》还是他正在写作的《SARS危机》,无不在作家对我们时代的总体思考和构架当中。就像巴尔扎克的《人间喜剧》,巴尔扎克完整地创造了一个自己的世界,几十部巨著全部脉络相通。这也是柳建伟将要走向的目标。

柳建伟将忠实地全景式地记录我们时代上演的一切。他的写作是为时代的写作,是为大多数老百姓的写作。柳建伟说:"选择写什么,怎么写,这是一个人的权利。我尊重私语写作者的选择,对个人的东西表达得真诚纯粹也是一种成就。但我以为现在应该提防打着'私人'、'私语'招牌的虚假、作秀态度;还有,如果所表达的个人体验与这个社会大多数人所信奉的观念、所关注的对象差距太大,离得太远,它速朽的可能性会更大。"

柳建伟可谓生当其时。他的主题宏大、风格阳刚的系列作品,着力记录的是一个民族艰难前行的心路历程。

原载《人民日报(海外版)》2003年6月30日

柳建伟和他的《北方城郭》(代序)

二月河

柳建伟小老弟是我的南阳小老乡,人前人后他管我叫凌老师,我却希望他无论在什么场合都管我叫二哥。我认他做老弟做朋友,是因为他真诚、善良、厚道、孝顺。文人之间,常见状态有两种,一种是文人相轻,一种是惺惺相惜,所幸我和建伟的状态属于后一种。文人在社会中的地位本来就边缘,相互间相轻当然不好,相轻如成风气,文人的生存境况便可悲可怜了,所以我坚决主张文人相惜。建伟老弟的成名作《北方城郭》要在长江出版社出个修订本,他和该社社长瞩我作这个序,我不假思索就答应了。

应承下来这件事的时候,我还没有读过《北方城郭》。虽没读过书,可早知道它。南阳自古就是一片文气旺盛之地,出本什么像样的书,出个什么像样的作家,圈子里很快会评说一番。大约在1998年春节前后吧,南阳的文友聚一起小酌,多半要提到柳建伟,多半要提到《北方城郭》,对人对书评价都不错。当时,我的《乾隆皇帝》刚刚杀青,心力体力不支,谁的书都不想读,也就与《北方城郭》失之交臂了。次年春节,因为《雍正王朝》在中央电视台作为开年大戏热播,南阳也就为之热闹了一阵子。于是,南阳电视台的朋友借势做了一期访谈我和建伟的节目。这样,才有了我和建伟小老弟两个南阳文人的第一次见面。建伟说"相见恨晚",我回答"彼此彼此"。

那时,建伟穿着军装,肩上扛着中校肩章,很让我眼热。我出生在军人家庭,自己又当过兵,看见一身戎装的同行,自然倍感亲切。看他年纪不大,竟把部队看得那么透彻,且用影视手段表达出对军队的认识,我多少有点羡慕。没能在笔下写一写纯粹的军营生活,我一直引以为憾,对他写出《突出重围》心生羡慕,也属正常心理。建伟对我写的东西非常熟悉,这多少让我感到意外。他对《康熙大帝》和《雍正皇帝》都是好评,尤其给《雍正皇帝》许多溢美之词,说了"杰作"和"里程碑"之类的过头话,又说《雍正皇帝》因一票与茅盾文学奖擦肩而过,是因为书中写了雍正的乱伦。他认真、真诚地说,我也认真、真诚地听。如此而已。记得我当时对他说过不要把得奖看得过重之类的话的。因为那时,我已经知道他的《北方城郭》正在角逐第五届茅盾文学奖,列终评候选篇目现实题材第一名,从他的言语里,可以感觉他对这本书的自信。说这话,自然是把他看成小朋友了,也认为是我过来人的责任。

一年后,《北方城郭》在第五届茅盾文学奖终评名落孙山了。消息灵通人士告诉我小道消息,《北方城郭》在终评时铩羽而归,是因为书中的性描写太多了点。我听后付诸一笑。描写性和乱伦,都是文学创作中的尖端课题,我和建伟都栽在这上,不算丢人。再过一年,我才和他见第二面。这时,他的新作《英雄时代》已经面市,围绕着小老弟又是一阵热闹。落榜了能马上写出不错的新书,看来建伟的抗打击能力不差,这让我对他更生出几分喜欢。

之后,我和建伟的交往开始密切起来。其实也密切不到哪去,无非是他回乡或者我去北京时,见个面,小酌几杯,遇到好的手机段子,相互转发一下,同乐同乐。去年,从媒体上知道柳建伟以《英雄时代》捧得第六届茅盾文学奖,成为最年轻的茅盾文学奖得主,我真为他感到高兴。他没向我这个老大哥报喜,说明他不张扬,或许心中还有更远大的目标。这样,我更喜欢。我对他的喜欢,也不用语言表达,只是送他几幅我画的南瓜或葡萄之类。南阳人不管做什么,都不容易超过前人立下的标高,谁也不敢张狂。南阳人做官,官能大过东汉光武帝刘秀吗?南阳人经商,能富过陶朱公范蠡吗?南阳人做学问,学问能大过《后汉书》的作者范晔吗?南阳人玩智慧,能比得了曾在这里躬耕过的诸葛亮吗?南阳人搞科学,能搞出比浑天仪、地动仪更伟大的仪器吗?南阳人学医术,成就能大过医圣张仲景吗?南阳人写文章,能写得过庾信的《哀江南赋》吗?所以,建伟得不得奖,在我都以为无关宏旨。

以上说的是建伟这个人,下面说的就是他的这本书了。

写这篇序的时候,《北方城郭》我已经认真看过了,也读了各种专家的评介文章。有人说《北方城郭》是一棵长疯了的大树,有人说《北方城郭》是大作不是精品,有人说《北方城郭》是一部描写中国现代生活的《清明上河图》式的长卷,有人说《北方城郭》是当代反腐小说的巅峰之作……在我看来,都是,又都不是。

要我说,《北方城郭》是一部无法言说,说也说不清楚的奇书。它奇在哪里呢?首先,它奇在无法将它归类。农村题材?都市题材?现代题材?当代题材?政治小说?言情小说?公案小说?反腐小说?都是,也不全是。其次,它奇在无法将书中人物的生活空间定性。表面上,《北方城郭》主要写南阳的一个县城,可读着读着,竟能读出古代京城宫廷里的肃杀之气。这种气味,我十分熟悉,写清朝三帝王十三卷小说,这种气味伴随我生活二十来年。再次,它奇在阅读时如入大林莽,近看啥都清晰,远看一片混沌。

我不是评论家,不能子丑寅卯有理有据地说出这三奇的妙处,可我知道文学作品中的上品,都是混沌一片,恰恰都是说不清道不明的样子。七年前,因我给热播的《雍正王朝》打了个低分,惹了场笔墨官司。现在,我还是不愿给这个剧太高的分数,因为电视剧把小说混沌的主旨变得单纯了。在《由〈雍正王朝〉热播所思》一文中,我写过这样的话:"我写《雍正王朝》的主旨不单纯是'反贪',也不单纯是'反腐',而是如实地再现当时的社会情态,'落霞'的绚丽与消亡前后向它投去最后的一瞥,既有对传统文化的留恋,也有对它的深沉思索与哀婉。就这一点而言,《雍正王朝》电视剧是不胜负荷的。"我喜欢《北方城郭》呈现出来的浓烈的混沌感。

《北方城郭》的故事,是经典故事;《北方城郭》的人物,是典型人物。故事成片,人物成林。权利与欲望、金钱与欲望、爱情与欲望、忠诚与背叛、弑父与杀子、堕落与救赎、恩怨与情仇的纠缠等等文学经典元素,《北方城郭》里应有尽有。李金堂、欧阳洪梅、申玉豹、林苟生、三妞这些人物,都属于三言两语说不清的典型人物。李金堂从本质上说和雍正可算是孪生兄弟,我喜欢。欧阳洪梅从血脉上说完全是繁漪、阿克西妮亚的本家姐妹,我也喜欢。申玉豹绝对是于连、拉斯克尼科夫的中国兄弟,我很喜欢。林苟生简直是基督山伯爵的远房表弟,我挺喜欢。三妞无疑是玛丝洛娃的中国表妹,我还是喜欢。

建伟老弟说他拜过五个老师:曹雪芹、鲁迅、巴尔扎克、陀思妥耶夫斯基、莎士比亚。此言不虚。从《北方城郭》中,不难看出这些大师的影响。鲁迅的硬骨头、曹雪芹的结构、巴尔扎克的丰富、莎士比亚的激烈、陀思妥耶夫斯基的深邃,《北方城郭》都有不错的演示。《北方城郭》成书时,建伟才33岁,真是难得。

建伟对《北方城郭》的自信不是盲目的。他请我为《北方城郭》的修订版写个序言,也是有道理的。如今这个世界,好酒也怕巷子深。一部好书,没有慧眼识珠的人对外宣讲它的好,时日久了,它也会被埋没。我写这些文字,目的自然是希望读者多加关注《北方城郭》这本写我们南阳的大书奇书。在我看来,在过去的二十年里,以现实主义手段创作的反映二十世纪中国社会生活的长篇小说,从分量和水准上考量,能跟《北方城郭》相当的,也就是《白鹿原》、《古船》、《平凡的世界》几部。我相信大多数读者在读过《北方城郭》后,会得出与我相同的结论。

不常给人写序,不知分寸如何拿捏。没在文章中批评建伟和他的作品,也不知合不合作序的规矩。不管这么多了,敬请读者朋友理解、体谅我对建伟老弟的相惜之情吧。

是为序。

原载《青年文学家》2008年第5期

柳建伟读书与写书

赵明河

兔年春夏之交,中宣部、国家广电总局隆重推出了28部"庆祝建党90周年优秀电影展映片目"。其中《飞天》、《守望天山》两部入围影片的编剧竟是同一个人,而且是唯一有两部作品同时被推荐的作者,能有此殊荣实属不易。他就是第六届茅盾文学奖得主、八一电影制片厂副厂长柳建伟。

军旅出身的柳建伟是个多栖多产的作家,他的小说、纪实报告文学及影视作品视野开阔,气势磅礴,紧扣时代跳动的脉搏,曾获得中宣部"五个一工程"奖、茅盾文学奖、夏衍电影文学奖、人民文学奖、华表奖、金鸡奖、飞天奖、金鹰奖、解放军文艺大奖等众多荣誉桂冠。采访他,探寻他成长的路径,一直是我心中的期盼。

那天,身着笔挺陆军大校军装的柳建伟,与我面对面而坐时,他肩上4颗闪亮的金星肩章和那儒雅的微笑,透出既威严庄重又亲切随和的军旅文人的特质,与之交谈就像和多年没见面的老朋友聊天。他和我聊起文学创作,谈他的成长之路,吐露他读书和写书的经历,时而妙语连珠,令人暗自叹服;时而哲理深邃,发人深思。

室外,金秋丹桂飘香。笔者的思绪缓慢地拉回到几十年前,仿佛看到那个生于中原大地——河南南阳乡村的青少年,怀着作家的梦想,异常勤奋地读书与写书,执着艰辛地一步步走来。

"两栖少年"好读书

20世纪60年代出生的柳建伟,小时候的身份既特殊又尴尬。他虽然生在农村、长在乡下,不过由于母亲是农村小学的公办教师,父亲又在北京工作,小建伟有着当时令乡村人十分羡慕的"吃商品粮"的城市户口。于是,在乡村及读书的学校里,同学和游戏伙伴把他当成"城里孩子",总是有意无意地想方设法排斥他。到了暑假,当他长途跋涉坐火车好不容易来到父亲工作的北京,城里的孩子又把他看作"乡下娃子",也不愿意跟他在一起玩。

就这样,少年时代的柳建伟在父母工作的城乡两边都找不到自己的归属,常常被晾晒在一旁,只能孤零零地观望,难以融入"组织",成为城乡小伙伴两不相容的"两栖少年"。本应是好动爱玩的年纪,却被孤独和忧郁时刻包围着,他唯有把更多的时间用在读书上,从书里寻找自己的精神家园。或许正是这独特的生活状况,让柳建伟从小养成了善于观察、独立思考的习惯,也为他日后的文学创作植入了独具个性的基因。

爱读书的小建伟最早接触的文学作品,是在"文革"动乱时期,舅爷拾破烂捡回的两本"封皮破得不成样子,看不到书名,又折角少页,字体有些模糊"的旧书。他如获至宝,求知若渴地读得入了迷。后来,他才知道其中一本是只有后三十回的中国古典名著《金瓶梅》,另一本是描写冀中人民抗日斗争的长篇小说《烈火金刚》。

"文革"后期,母亲的一位同事时常托暑假回家乡探亲的父亲从北京捎书,柳建伟就近水楼台借机先睹为快,《大刀记》、《西沙儿女》等当时十分流行的红色文学书籍就这样见缝插针地读完了。年少的他,在军旅文学丰厚的知识滋养下慢慢长大。

在那个"读书无用"的文化荒蛮年代,身边能见到的书都让他借来读了个遍,柳建伟渴望读到更多的书。上高中时,班上有位同学读过多部古典文学名著,对《水浒传》中的人物和故事津津乐道,口才又很好。柳建伟正好与他结伴上下学,在同行的路上,"听水浒"成了一大乐趣。那位同学将《水浒传》的故事绘声绘色地讲来,很有诱惑力。柳建伟就如同听评书一般,边走路边"侧耳恭听",一百回的《水浒传》硬是在往返学校的乡村土路上全部"听"完了,文学的种子也悄无声息地埋在了他的心田。

16岁那年,柳建伟考入了解放军信息工程学院计算机工程系。军校图书馆极为丰富的藏书吸引着他,激发他更加发奋地读书。他至今仍清晰地记得借阅的第一本书是傅雷翻译的《约翰·克利斯朵夫》,那是进入军校的第一个周末,他怀着兴奋的心情在寝室里连续看了一天一夜,完全沉浸在精彩的故事情节中,"忘了吃饭,也忘了睡觉,真正体会到了什么叫废寝忘食",也头一次知道"还有这么好看的小说"。从此,他这个理科学生迷上了文学,课余时间全部埋头在阅读之中。在整个军校期间,他读完了当时国内出版的各类中外名著,遇到喜欢的书甚至要反复阅读好多遍。柳建伟坦言:"我后来创作的《突出重围》里的浪漫主义和英雄气概,就根基于《约翰·克利斯朵夫》最初对心灵的强烈震撼。"

从军校毕业,柳建伟被分配到军营做技术工作。部队在四川大山之中,交通闭塞,信息不灵通,又缺少娱乐活动。战友们闲暇之时,相约去县城购物游逛。柳建伟正好利用这天然的绿色环境,全力以赴读书。在筒子楼的斗室里,他一口气读完了巴尔扎克的全套《人间喜剧》。正值激情岁月、血气方刚的柳建伟顿感热血沸腾,一种大胆而狂妄的豪气也油然而生:"今生今世要做一个像巴尔扎克这样的作家,当社会历史的书记员,写出几十部小说,塑造几千个生活在这个时代的出色的人物形象,为中华民族留下一部心灵秘史。"

追逐童年梦想

柳建伟最初的文学之梦,来自母亲的启迪和激励。他从小跟着母亲的班级上学,母亲是他的小学语文老师和班主任,也是他最早的文学启蒙老师。母亲的语文课讲得非常生动有趣,总能把学生们引入一个惟妙惟肖的故事中,让孩子们的心灵插上了翱翔的翅膀。

谈到这里,柳建伟讲述了一段终生难忘的童年往事。那是多年前,一个月明星稀的夏夜,小建伟吃过晚饭搬出一张小方凳,和母亲一起坐到自家的小院里,仰头遥看夜空满天的星辉,回味着白天母亲给他们上的《落花生》一课。他扑闪着晶亮的眼睛,充满憧憬地问:"妈妈,我能不能做一位像许地山那样写书的作家?也写出像《落花生》那样的好文章?"母亲慈祥地抚摸着儿子的头,坚定地说:"我们的建伟从小就有大理想。妈妈相信你,一定能!你不仅能做一位像许地山那样的作家,而且还能做一位像落花生那样的对人有益、对他人有用的人!"母亲的鼓励令柳建伟终生难忘。至今回忆起这段故事,他的眼睛里仍闪烁着晶莹的泪花。

上军校后,书读得多了,有了名著的滋养,柳建伟渐渐产生了创作的冲动,内心中写作的欲望越来越强烈。尤其是正在青春萌动期的他,对班上一位长相十分俊秀的女孩有了勃然心动的感觉。无奈漂亮女孩的追求者众多,单相思的柳建伟为自己生在农村的卑贱而苦恼,非常渴望凭借文学创作的"个人才华",来赢得佳人的芳心。

于是,童年的作家梦又一次被唤醒。柳建伟联想到有些文学期刊发表的小说水平并不令人满意,心想"人家写得这样,怎么也能当作家?我比他能差到哪里?"年轻气盛与按捺不住的写作欲望激励着柳建伟,一定要"动笔试试"。他立即动笔行书,根据邻居担任计生办主任的生活素材创作了短篇小说《郝主任的苦恼》,直接投给国家最高级别的文学期刊《人民文学》。之后就幻想着自己的作品很快发表,那个漂亮女孩看到后,爱情的天平会倾向自己这边。谁知,不久却收到一封铅印的退稿信。此后,他屡屡投稿,又屡屡被退。

"学理工的,哪里是搞文学的料?""人不老实,好高骛远;爬得越高,跌得越惨。""要是搞计算机的也能当作家,黄花菜都凉了……"一连串风言风语在班上迅速传开,柳建伟的文学梦初战惨败。他并未因此而气馁、放弃,反而更刺激了自己的创作激情,也写得更加勤奋了。他冷静分析,深感自己只是一个初出茅庐的无名小卒,想高攀国家最高级别的文学期刊,发表的概率微乎其微。他幡然醒悟,决计调整方向,脚踏实地,一步一个脚印迈向文学殿堂的大门。他静下心来,扫去往日的浮躁,精心创作了4000多字的短篇小说《尊严》,又反复修改后才投给家乡南阳地区的文学期刊《躬耕》。这次他喜出望外地收到了拟用稿通知单,也终于等到了处女作的发表。

厚积薄发圆作家梦

理想是美好的。然而,作为一名理工科毕业生,系统的文学理论知识修养缺失,要想实现文学的梦想何其艰难?在创作的阵痛中,柳建伟深感自己文学知识的贫乏,抱着补课的迫切愿望,他考入解放军艺术学院中文大专班深造。

也许是巧合,柳建伟在军艺四期的宿舍101室,正是军艺一期大师兄名作家莫言、三期军旅作家薛晓康当年住过的房间。柳建伟睡的床铺,恰恰是莫言与薛晓康先前睡过的床铺。当年莫言躺在这张床上构思,并在床前的木桌上写就了名扬中外的《红高粱》;而后薛晓康的《藏光》同样是在这张床上完成了最初的畅想。夜晚熄灯后躺在床上,每每让柳建伟浮想联翩:"既然莫言和薛晓康都在这张床和书桌上,成就了自己的文学事业,我的文学梦想为什么就不能从这里起飞呢?"

梦想总要回到现实。柳建伟清楚自己的文学写作底子太薄,决定用最笨的"解析法"来剖析文学名著的"内部构造",以探寻文学创作的奥秘。他用了将近半年时间,在一张对开的大白纸上描画出《红楼梦》四大家族人物关系图,将书中写到的所有人名全部列入其中,再把每一个人与其他有交往关系的人连接在一起,整张大图画得密密麻麻、纵横交错,足足有200多个人名。如此解构,让他对这部文学名著的内核构建了然于胸。此后,他又重读了巴尔扎克的《人间喜剧》,用"解析法"把里面上千个人物一一列出,构建人物关系图,捋出每个故事的发展脉络,较全面准确地把握了这部世界文学巨著的创作思路。

用这样的笨方法,柳建伟自有独特的体会:"写作有开窍的瞬间,文学的开窍,肯定基于写作的训练和大量的阅读。"他回忆在军艺中文大专班的学习生活:"当年,同学们入学后都在暗暗地进行写作比赛,以证明自己的实力。我这样对文学名著进行拆解与研读,好久都没有写出来作品,看来是有点傻。但是,我认为写小说,最重要的是人物关系。把一个个的人物关系拆解开、搞透彻、弄清楚每个人在每一节、每一章中的作用,以后自己写小说就不会瞎写了。"

要对读者行大孝

　　慢工出细活。正因为柳建伟注重小说人物关系的编织,所以,他日后的每一部作品都是结构宏大,气势恢宏,构思精巧,叙事严谨,文字驾驭能力很到位的,能够穿透历史写出反映一个时代全景式波澜壮阔的社会生活的佳作,深受读者好评。

　　用"勤奋笔耕,厚积薄发"来形容柳建伟,是再恰当不过了。1985年,适逢纪念抗日战争胜利40周年,柳建伟的中篇小说《煞庄亡灵》,以民间的视角描述抗日战争的悲壮与惨烈,在《西南军事文学》杂志上一经发表立即引起业界高度关注。在他成为部队专业作家之后,他的艺术风格日渐成熟,磅礴大气且有力度的中篇小说集《苍茫冬日》等作品相继出版,读者好评如潮。就在柳建伟的写作事业如日中天之时,母亲却接二连三地来信,专门提醒儿子千万要保持清醒,如果"有了点儿成绩就飘飘然,只会江郎才尽。只有写出好作品,才不会让读者失望。要耐得住寂寞,才能成大器"。

　　母亲的话让柳建伟幡然醒悟,他沉下心来,先后走进了鲁迅文学院与首师大联办的作家研修班、北京师范大学研究生学院潜心攻读。之后,《红太阳白太阳》、《日出东方》等一系列大部头作品又相继喷薄而出,在文学界引起极大反响。

　　说来奇怪,军校计算机专业毕业的柳建伟一直坚持用钢笔写作。他说,只有手写才能保持独立而冷静的思维和思考,而一敲键盘就会跳出来成串的词汇,大大影响了独立思考的能力。当年,母亲曾送给柳建伟一支普通的钢笔,虽然只有两元多钱,但却融入了母亲对儿子创作的殷切期盼。柳建伟对这支笔十分珍视,一直用它写作,先后创作了600多万字的作品。

　　其中,记录当今这个伟大时代、获得了第六届茅盾文学奖的"时代三部曲"(《北方城郭》、《突出重围》、《英雄时代》)之一的《英雄时代》,就是用这支笔写出来的。当这部长篇小说写到第三部时,笔尖已经写秃了,下水特别快,因此《英雄时代》手稿的笔迹特别粗。由于长时间超负荷的使用,这支笔用到后来,吸墨水的皮管严重老化裂开,不能吸水了,他仍舍不得丢弃,找来透明胶布将皮管粘了起来继续使用,直到彻底不能修复。如今这支"劳苦功高"的钢笔,连同"时代三部曲"的手稿已存入中国现代文学馆,成为珍贵的文物。

在柳建伟走向创作的高峰,他的系列作品越发受读者的喜爱时,母亲却病倒了。作为长子,感受母爱最深又一直无以回报的柳建伟,毅然放慢正创作的《北方城郭》的写作,立即接母亲来北京治疗,并抽出时间陪第一次到京城的母亲参观故宫、天坛等景点,以尽儿子的孝心。

游览在故宫红墙黄瓦的环廊大殿,母亲深情地对柳建伟说:"这就是乡间常说的朝廷啊,你看宫殿厅堂,举世无双,可都是一砖一瓦建起来的,多么不容易呀!如今还能保存如此完好,也证明了它顽强的生命力。你写作品,也要挖掘出内涵的东西、深层次的东西,不要立在热闹处、浮在事物的表面,要写出反映时代的东西,给予读者点什么!就像建造这故宫……写作也是一样,千万不能停下笔,一停下来写作思路就不连贯了,就可能影响到作品的质量。"

讲到这里,柳建伟已是嗓音哽咽,眼眶湿润:"这就是我的母亲。母亲给予的爱,是我写作的原动力,是我一辈子谨遵的具有灵魂似的名言!"

母亲被医院确诊为恶性肿瘤,病情继续恶化。柳建伟铭记母亲病中泣血的教诲,让眼泪悄无声息地流进自己的心田。他借了一辆三轮车,每天早上推母亲到医院做化疗,回来后再坚持按每日3000字的计划写作《北方城郭》。他是多么渴望母亲在有生之年能看到这部作品啊!

帮助柳建伟修改作品的人民文学出版社何启治副总编到医院去看望了病危的老人家,了解到柳建伟母亲此生最后也是最大的愿望,就是儿子能给读者写出更多更好的作品……他被这位母亲博大的胸怀深深感动了。回来之后,他语重心长地对柳建伟说:"母爱是伟大的、无私的、不需要回报的。作为儿子对母亲的感恩,不要局限在小孝上。妈妈已经病入膏肓,你不要过于沉痛,要振作,要讲大孝,要写出具有永久生命力的好作品,来回报你的母亲、你的读者、你的人民。这才是母亲的本意,这方为大孝,才叫感恩。"

柳建伟听后百感交集,肝肠寸断,泪如雨下。他终于明白了为读者写出更多更好的作品是行大孝,也是为母亲尽小孝的人生哲理。他把对母爱的万分感恩融入笔端,决计用真情挚爱写出更多读者喜欢的好作品。

然而,病魔缠身的母亲却等不到儿子新作出版的这一天了。老人家弥留之际,柳建伟双膝跪在母亲床前,泪流满面,泣不成声。母亲用颤抖的手紧紧拉着儿子的双手,俯在儿子耳畔,用尽最后一丝气力,断断续续地说:"建伟……你要写出好作品,不要让读者……失望……"

"要对读者行大孝。"这才是对母亲的最好的报答。柳建伟把全部的心血凝聚在笔尖上,分分秒秒奋笔疾书,终于完成了"时代三部曲",由人民文学出版社先后出版,各大报刊纷纷连载,并在中央及各省市广播电台连播,赢得文学界及社会各界人士的广泛关注。捧着这套新作,柳建伟眼含热泪一路风尘地赶回故乡，跪在母亲的坟前，一页一页地点燃，在烟雾缭绕和泪眼模糊之中，与在另一个世界的母亲一起阅读，以告慰母亲的在天之灵。

近年来，柳建伟每逢有新作问世，他总是利用清明节回故乡为母亲扫墓之际，带着部分磁带或影碟在母亲那已是芳草萋萋的坟前，亲手一一点燃，托那舞动着的火苗和袅袅青烟捎给天堂里的母亲静心欣赏。

采访就要结束了，柳建伟从思念母亲的忧伤中走出，回顾自己走过的读书和文学创作之路，百感交集地说："当今青少年一代大多是独生子女，比我们当年的物质生活实在是太优越了。但精神的充实和丰盈，并不会随之而自动提升。需要从小就多读好书，从中吸取有益的营养，才能跳出自我，胸怀大志，目光高远，人生有为。同时，青少年朋友更应该懂得对养育自己的父母亲人尽孝感恩；感恩由己及人，尽孝由小家及大家，小孝守在身边侍奉双亲，大孝则闯天涯建功立业。愿当今一代青少年都成为爱读书、善用书、小孝和大孝相媲美的人生有志有为者！"

原载《人民教育》2011年第24期

用良知拷问自己
——访第九届庄重文文学获奖作家柳建伟

苍 虹

"站在这里我可以一口气说出你们国家十几部文学作品的名称,可以说出五十几位作家的名字。你们这里虽然没有翻译我的一部作品,但并不说明我不能发言。我要说的是:我们两个国家的文学交流是不对等的,你们所了解的中国并不是现在的中国,那是三十年前的中国,离中国现在的状况相距甚远。我希望你们能够对中国文学的关注不仅仅是出于猎奇,而是像我们中国关注法国文学一样,本着学习的态度。我可以自豪地说,我就是中国的巴尔扎克式的作家,我用文学记载着我的祖国的变化、人民的变化。我希望有一天,相信有这么一天,你们真正想了解中国的时候,一定会通过文学这个渠道主动去找我的书,翻译我的书……"

这是作家柳建伟在 2004 中法文化年,参加巴黎图书博览会上的演讲。

面对坐在我对面的显得寡言而淡定的柳建伟,我很有些震撼。当下还有多少中国作家能够像柳建伟一样,站在异国的土地上为中国的文学而呐喊?

据柳建伟讲,这次巴黎之行,他在书展的摊位上看到了寥寥几本的中国书籍,他不懂法文,但他通过书籍的封面图片可以猜出大概,封面上除了印有邓小平肖像,再就是"文革"时期戴着袖章的红卫兵,还有一些印有下乡知识青年的书。在蜡像馆里,陈列着各个国家人物形象代表,站在那里的中国人物代表穿着长衫、马褂,顶着瓜皮小帽,这就是法国人眼中的中国人!那一刻他很痛苦,他们不了解我们现在的祖国。作为中国人、作为中国的作家,他对自己的良知进行了拷问。中国进步的文化为什么不能及时地输送出去?为什么他们不去看我们进步的中国?柳建伟有被侮辱的感觉,他愤愤不平地说,对于我们国家的文化,他们仅仅出于猎奇。他们以一种文化贵族的目光看待中国,就像一个富人睨视着穷人的破口袋:看看你能拿出什么破玩意儿来。而我们的艺术家们就拼命地讨好这些富人们,不断地到处搜寻挖掘稀奇的落后的东西,把自己国家的形象、社会形象、人民的形象包装成活的小丑形象,奉献给他们,博得富人们的一笑。一笑便掷与千金。这些人捧着富人们赏赐给的奖励与桂冠,载誉归来。天不再是过去的天,月亮不再是过去的月亮,日子便过得"抖"起来。

我不想把作家书写时代的作品冠以什么"主义",因为文学评论家们创造的主义太多了,令人眼花缭乱,莫衷一是。尽管现在创造的"主义"少了起来,"后"又多了起来,使人觉得是闹"社火",便也不敢掺和。本人只知道当代人应该关注当代人的生活,关注当代社会的深度变化。他们应该参悟时代、记录时代,或说反映时代、推动时代。他们的笔应该比锄头和斧头要沉重!因为时代赋予了他们责任。柳建伟二十几年的创作历程,虽然艰辛,却也硕果累累。有评论说他是聪明的,靠抓住重大题材,善于掌握时机。似乎说柳建伟是只猫,藏在某个有利的位置,一抓就是一只鼠,没有扑空一样。笔者倒觉得,中国作家群,队伍庞大,刀枪棍棒,各持功夫,有的在拳脚,有的在腰腿,既不在擂台上,也分不出输赢,只是各显其能繁荣文学罢了。从柳建伟的《王金栓上校的婚姻》到《北方城郭》、《英雄时代》、《突出重围》、《惊涛骇浪》、《石破天惊》、《爱在战火纷飞时》……我们看到了一个个灵魂丰富的血肉之躯,我们听到了一曲曲歌颂时代精神的精美乐章,这些文学画廊的系列人物和这些艺术形象产生的影响,该是我们所处时代的需要!他的作品就像一个剽悍、威武、粗犷的大汉,表面看去孔武而粗糙,但他看情人的眼睛是温情而温润的,爱抚亲人的手是轻柔而温存的,他的内心神秘而宽厚。文学作品是用来品的,而不仅仅是读的。就像茶,喝是一种水,品则就是艺术。

初识柳建伟并不是因为文学,所以笔者没有看出一个曾获得了庄重文文学奖、茅盾文学奖等等文学桂冠的作家有什么过人之处。他谈吐寡淡,毫无文人的所谓倜傥。或许那时他正值个人生活出现变故,他极力笨拙地掩饰着对生活的不安与无奈,就像个把事情搞砸的孩子。然而,当他谈起文学时,却无法把曾经见到的他和坐在笔者面前一身戎装的柳建伟重叠起来。谈到他的成绩,他全然没有被加冕了几顶文学桂冠的得意,也没有在众多光环照耀下的忘形,有的似乎只有沉重。这种沉重渗透着担当意识,或许说他选择文学之前就同时担当了社会责任感。他认为,任何民族和国家的文学,都是有使命的,任何人在本时代,都应该有社会责任。

柳建伟和所有六十年代出生的人一样,有幸陪伴着祖国经历了重大的政治、经济、文化的变革,置身于社会日新月异的变化,他思考着、学习着,悉心地记录着祖国从落后到进步、从柔弱到强大的每一个细节。这个在农村长大的城市孩子,在童年并没有因为能够吃上白面馒头而在农村伙伴们中略显优越,常常是寡不敌众、势单力薄。那时他常想:他们也能吃上白面馒头就会和我好了。这种优越在众多的弱势中成为劣势的经历锻炼了他的思维,使得他学会辩证地思考。儿时文学其实离他很遥远,他看到的第一部文学作品是在捡破烂的舅爷家拿来的《烈火金刚》，再一部就是剩下三分之一、那时还不知是叫《金瓶梅》的小说。再后来是有位同学迷《水浒传》，每天在上下学的路上给他讲一回《水浒传》，至今还鲜活在他脑子里的《水浒传》人物也许就成了他文学的启蒙者。他坦言真正让他走近文学的是他失败的初恋。上大学时他痴迷上了一个女同学，随着时间的推移，女同学在他心目中的美丽逐渐放大，于是他拿起笔写了一封长长的情书，这大概是他第一次用文字记录自己的情感。他把情书连同一张专治青春痘的祖传秘方很自信地交给了他热爱的姑娘。因为那女同学脸上长了几个青春痘，他为了表示自己的关爱，或许也是表达自己的忠心，告诉她尽管你脸长了青春痘他也不嫌弃。他纯真的举动却深深地伤害了女同学的自尊，女同学愤怒地宣布：就是嫁不出去也不嫁给他！他处心积虑的初恋就这样悲惨地结束了。从此他便一头扎在图书馆，用文学名著中的爱情故事慰藉受伤的心灵。他饱览了《约翰·克利斯朵夫》、《红楼梦》、《安娜·卡列尼娜》、《复活》等等不胜枚举的旷世爱情巨著和文学理论书籍，边学习边作批注，丹纳的《艺术哲学》就批注了五万字，崔道怡先生的《小说创作技巧》批注了一万五千字。如果我们说，柳建伟属于"机会总是留给有准备的人"的一种人，似乎有点戏谑的味道，可这时却显得恰如其分，俗但却真实！偶然与当时还在《人民文学》的王青风先生的相识使他们在精神世界寻找到了知音，他和这位至今尊为大哥的王青风先生对小说、文学及文学相关事物的交流常常通宵达旦，这些让柳建伟对文学更加充满激情与自信。一九九三年经王青风先生举荐，柳建伟到了被誉为文学"黄埔"的鲁迅文学院深造。对于学习他永远处于如饥似渴的状态。被他称作知遇之恩的何启治先生很快就注意到了他，希望他把作品拿给他看看，于是柳建伟当即就把六万五千字的小说《王金栓上校的婚姻》交给了何先生。何先生看后很是激动，他为自己发现了一位文学的新人而激动，就把这篇小说转给了《昆仑》杂志社，发表在一九九四年第二期，删改后又经何先生选载到《中华文学选刊》并配发了短评。是年《王金栓上校的婚姻》获昆仑文学奖。文学创作是寂寞而孤独的，寂寞与孤独便是沉淀思想的过程。小说《都市里的生产队》在一家刊物搁置了一年半之久后，又是经何先生的推荐，一九九六年发表在《当代》第一期，同年被《小说选刊》选载在第三期。一九九五年柳建伟编著的《红太阳白太阳》获国家优秀图书提名奖、抗日战争纪实丛书优秀图书奖，柳建伟终于"突出重围"在文学界占有了一席之地。电影《惊涛骇浪》、《夏季无风》及电视剧《突出重围》、《英雄时代》，获"五个一工程"奖、夏衍电影文学奖一等奖、首届解放军文艺大奖、冯牧文学奖、庄重文文学奖、茅盾文学奖、电影华表奖和金鸡奖、电视剧飞天奖和金鹰奖。《突出重围》被评为建国五十周年献礼书，《英雄时代》被评为向建党八十周年献礼书。

柳建伟成了文学界乃至当今社会举足轻重的作家,然而中国的文学也随着社会经济的迅猛发展进入了繁花似锦、众声喧哗的境地。他面对这种空前热闹的场面却很困惑,这困惑应该是所有对文学有责任感的作家的困惑。文学究竟该为社会肩负什么责任?一个社会乃至一个国家从历史、经济中了解自身的政治,记录时代的文学既记录了历史、政治,又记录了人性的发展过程,文学便是时代变迁的最有力的见证。我们曾经认识西方社会时不也是仅仅学习他们输送给我们的奢华的生活、神秘的传奇、暴富的经历……这些东西是在《茶花女》、《基督山伯爵》、《三个火枪手》等西方名著中找寻到的,我们只知道大仲马、小仲马、司汤达,他们把西方社会的贵族的唯美的个体的情感输送给我们,我们便初步认识了西方。我们终于在《人间喜剧》、《高老头》、《欧也妮·葛朗台》、《复活》、《安娜·卡列妮娜》、《罪与罚》中认识了巴尔扎克、列夫·托尔斯泰、陀思妥耶夫斯基等一些书写社会现实、表现时代精神的作家,认识了西方文学的主体,也客观地认识了西方社会。那么我们为何不能肩负起让世界认识我们国家的文化与经济的发展,引导世界以学习的态度看待我们国家的历史责任?改革开放这三十年中文学进入了中国式的复兴时代,西方的经济模式、文学样式鱼贯而入,国家给予了这个时代的作家宽松、愉快的学习与批评的环境,给予他们创造与想象的空间,给予他们和谐、宽容的社会背景。面对文化体制、社会制度、意识形态与西方社会的差异,一些年轻的作家忽视了文学的本源性,忽视了文学之所以存在的社会属性,把文学仅仅当成了宣泄个人情感、记录个人得失的工具,并把自己制造的工具冠以各种离奇古怪的符号,扯上花花绿绿的旗帜摇街呐喊,愤世嫉俗成为时尚,背离道德成为进步。真是无知者无畏!那些被尊为导师或掌握话语权的人放弃了引导和启发下一代的责任,背离了教育者和引领者的社会职责,拼命搜罗生晦、青涩的词语加以品评、赞赏,以独树一帜为己任,以流派掌门为目的。一时间,文学界各成江湖、行侠仗义。其结果误导了对生活对社会仅仅处在感性认识层面的文学青年,他们的才华、他们的激情也许就会在相互倾轧中夭折。写到这里,讲两篇文章里的故事供大家思考:一篇叫作《我是美国人》,说的是一个在中国读书的美国男孩子,第一天上学时就随同学一起集合到操场,例行每天的升国旗仪式。当五星红旗在国歌的伴奏下升起在校园上空的那一刻,小男孩突然哭泣着跑回了教室,在场的老师同学感到莫名其妙。第二天当五星红旗再次升起的时候,美国男孩儿从口袋里掏出一面自制的美国国旗,并高声唱起美国国歌。老师问他为什么这样做?他大声回答:我是美国人!美国是很自由的国家,在他出国之前大概不会首先受到一番爱国主义教育,美国男孩儿的国家自豪感是从内心油然而生的。另一篇是根据真实的故事写的小说,名字叫《凤凰琴》,说的是在一个偏远落后的山区有一所学校,有这样的一位老师，每天清晨他组织学生站在操场上，一边用一张破旧的乐琴弹奏着国歌，一边用树木做成的桅杆庄严地升起五星红旗，每天如此。他们没有因为贫困而埋怨自己的国家，他们在这无人问津的大山中热爱着自己的国家，渴望着国家的富强。"藏独"暴乱事件后西方国家对我们国家的不公正态度，就是因为他们对我们当今社会经济、文化不了解而产生的偏颇，帮助他们解读我们这个进步而和谐、强盛而宽容的时代还需后来人。曾经让我们担忧的"80后"在这次事件中显现出了他们的社会责任感和民族自尊感，可爱的金晶、李洹，还有那些在法国街头舞动着五星红旗的留学生们，他们的肩膀虽然还很稚嫩，但他们勇于担当，我们为之慰藉、为之自豪。他们就像涓涓细流慢慢地归入了社会大海的主流，文学亦将如此。

　　在整个世界任何时候，国家与社会都是不可分离的元素，文学肩负着传播推广这些元素的使命。文学永远影响着社会的发展、人性的成长，作家丢掉了这种使命感就等于放弃了自己的良知。柳建伟就是在不断地用良知拷问自己的过程中坚持着文学信仰与操守，他走的道路是成功的，但也是漫长而艰辛的。

　　笔者曾问他：获庄重文文学奖对你以后的文学创作有很重要的影响吗？他毫不犹豫地回答：那当然。然后他兴致勃勃地讲起获奖的戏剧化过程：当时他们部队上报参评的只有两个名额，柳建伟并不在评选之列，他似乎也不知道有这个评奖的机会。清晰地记得那是十一月份，天下着大雪，他正准备上日本，突然接到上级命令，让他马上准备十本书上报参加评奖，他这才知道先上报的两人其中一人临时出现了变化，他是被临时替补上的。当时评奖已到了最后评审阶段，对获奖他没有抱任何希望，军人以服从命令为天职，他就把书送报上去了。结果让他出乎意料，上报两人只有他捧回了第九届庄重文文学奖。他说：公正对于一个奖项很重要，对于一个作家也很重要。公正地评奖反映了一个时期的文学状况和文学风尚。他感恩于庄重文文学奖的评委们曾经给予他的公正！他希望庄重文文学奖继续公正下去，让更多的青年作家受益于它！

　　最后用柳建伟的话寄语仍在文学道路上求索的人们：文学的路很多也很漫长，能够捧得文学桂冠的路只有一两条，找不到便永远是跋涉者。

原载《青年文学家》2008年第5期

研究论文选辑

是大作,但不是精品
——三谈《北方城郭》及其它

朱向前

楔子

  1997年9月初,柳建伟送来了他第一部长篇小说《北方城郭》的样书(人民文学出版社,1997年)。带着相当程度的疑虑我开始阅读,起初进入时颇感不适。笨拙的叙述、硬直的语言,尤其是对出场人物不无夸张的漫画化描写,等等,都与我素来崇尚的"美文主义"相去甚远。不想格格涩涩读完两章之后,竟在不经意间渐渐"入戏"了。掩卷沉思,内心里慢慢涌动起一股思想与表达的欲望,乃至日渐强烈。经验告诉我,恐怕是遇到了好东西,在审美的领域里,感性往往比知性来得更为准确和可靠。只有好东西、新东西才可能刺激你、兴奋你、挑战你(尤其像我这样的阅读神经麻木疲软的"职业读者"),使你有话可说,想说,非说不可。反之,哪怕是面对一部精致光滑的平庸之作乃至中平之作,它也许让你难以挑剔,可它也让你无话可说——没什么可说的,也不想说什么。

  《北方城郭》正相反,可说想说的太多了,以至梳理不清或者说等不及梳理。按常规,要对一部重要作品尤其是长篇小说作出判断性发言,必须是等热情冷却之后,拉开一段距离进行理性的条分缕析之后,方才比较可靠,比较符合学术规范。然而这一次,我却是明显犯规了。读后不过一周时间,就和我的同事兼同行张志忠先生进行了一次长篇"对话",后觉言犹未尽,又单独撰写了一篇数千字短文,前者分几部分陆续在《中华读书报》、《文学报》、《作家报》刊出,后者则作为"长篇导读"载于年底的《小说选刊》。如此快速地向传媒发布我对一部长篇的好评,这在我多年的评论中似乎是一个例外,和我一贯慎言慎行的为文风格也颇不相合。我想不够冷静的原因,一是急于表达自己,所谓"如鲠在喉,不吐不快";二是急于推荐作品,所谓"奇文共欣赏,疑义相与析"。文章发表后,引起了一定程度的反响。但是,评价不尽相同,看法人言人殊。

  据我所知,普遍看法是认为我的评价过高,有失分寸,有失冷静,甚至有出于师生情面而作广告式友情评论之嫌疑。多数人仅仅是激赏或称道作家的才华和作品的某一方面或某些部分,如直面当下社会现实矛盾的尖锐与勇气,又如主要人物李金堂作为一个文学典型的丰满、立体与多面,再如人物对话的惟妙惟肖,等等。但意见也相伴而生,存疑处亦颇不少。譬如有人在政治评判上认为整个作品的基调太灰,缺少光明;全篇几乎没有正面人物,更遑论英雄形象;读后不能给人以鼓舞和信心。而更多的人则在艺术标准上表示游移,对我的"长疯了的大树"说、"混沌"说等诸说多有质疑,认为一部作品的主题还是应该确定和明晰,你到底想告诉读者什么。这个问题不能确证,整部作品就难以定位了。如此等等,不一而足。统而言之,多数人还不能认同我对《北方城郭》的整体评价,或者也可以换个更为形象的说法:人们认为,《北方城郭》虽然很不错了,但距离一部大作的高度至少还有三箭之遥。

那么,《北方城郭》究竟是一部中上之作?一部比较优秀之作?还是一部大作?

需要深入辩证的问题正在这里。

一、"大树"

也许,人们一直对本文前缀的几个"关键词"感到纳闷,而且,对我何以如此推崇一部显见不乏稚拙、粗疏的新人长篇处女作可能也困惑不解,当然,对我究竟发表过什么意见更不甚了了。其实,这三者是一回事,我正是用"大树"、"推土机"、"混沌感"等这样几个毫不相干但却非常感性化的词汇来概括性地表述我阅读《北方城郭》之后的直觉感受。因为它们过于风马牛不相及,所以有必要先腾出笔墨来作一下"名词解释"。

所谓"大树",是我对作品的一个基本定位,即这是一部大作,即便放置于新时期乃至当代长篇小说之林中去观照比较,它也能以粗大的躯干卓然独立而不至于被淹没。而且,这棵"大树"和别的长篇"大树"还有一个显著的区别,即它长得特别蓬勃,枝繁叶茂纠葛攀缘甚至显出了某些紊乱,显得缺乏必要的修整,树形有欠美观和有序,但也恰恰表现出了一种异乎寻常的强旺生机和活力。因此,我对这棵"大树"还加了一个形容词来修饰,称它是"一棵长疯了的大树"。所谓"推土机",则是我对作家的一个基本定位。我认为,《北方城郭》雄辩地证明了柳建伟是一个有力量的干大活的好材料,即一个推土机式的作家。而且,我还据此得出一个结论:真正优秀的长篇小说作家主要应该是以力量取胜的推土机型,而非以精巧见长的摩托型、轿车型乃至中巴型。而所谓"混沌感",是我对《北方城郭》整体美学风貌的一种概略把握,它混混沌沌,朦朦胧胧,如雾里看花、水中望月、雨中观山、夜间读云,有一种含混的气韵却不能确定,有一种深邃的意味却难以明言。而且,我又据此提出一个观点,即大凡经典长篇小说都具有相似特征,换言之,则不妨把"混沌感"看作长篇小说一种较高的审美境界。至于"人物对话",这是《北方城郭》写作技术上的一个显著特征,也是最见作家才华与功力的重要因素。具体可分两层意思:第一,它占到了全书篇幅55万字的三分之一,这在一般长篇中实属少见;第二,全书近140个人物不敢说各有各的声口,但其主要或重要人物基本上做到了什么人说什么话,这在当前长篇中亦殊为难得。

如此说来,上述几个关键词表面看去互不搭界,实际上却有着一种内在联系——它们都是《北方城郭》给予我的启示或者是我依据《北方城郭》提出的命题。显然,它们都包蕴了丰富的特定的内涵,分别从不同侧面表达了我对《北方城郭》的整体判断:一棵"大树",一部长篇小说大作。问题也就随之而来了:具备上述特征的长篇小说就能算是大作吗?或者换个角度发问:究竟怎样的长篇小说才算大作?

我还注意到一个有趣的现象,即评论家和创作家在对待《北方城郭》的态度上大相径庭。如果以我的意见为分水岭的话,那么,评论家(尤其是老年)多为右派,偏于保守;创作家多为左派,趋向激进。这种带有一定程度的共性的差异能说明什么问题吗?我未及深思,但我想至少有一点启示应该引起我们注意。一般说来,评论家多以理论依据作为坐标,而创作家则多以实践经验作为参照,二者之间何者更为可靠呢?当然,问题也许没有这么简单,但有一种可能却真切地存在,那就是《北方城郭》以它巨大而锐利的艺术才华、艺术勇气和艺术真实,对几十年以来正统的、主流的,同时也不乏某些陈旧和僵化的文艺理论范式再次提出了严峻挑战!

当然,这涉及一个庞大而复杂的课题,本文也无意纠缠,但也不妨点到为止——理论滞后于创作实践,常常使得我们的批评家们一不留神就陷入了首鼠两端的两难窘境。譬如前文列举的例子——既然肯定了人物巨大的典型意义,却又要指责其不够正面和英雄;既然对作品揭露现实矛盾的深度表示认同,却又要以有欠光明对其进行消解。如此这般,让读者困惑,让作者无措,与现实生活不符,也与经典作品所提供的艺术规律相悖。试问,巴尔扎克和陀思妥耶夫斯基乃至鲁迅的笔下刻画了多少正面英雄形象?涂抹了多少光明的色彩?没有。恰恰相反,他们正是以揭示社会现实的阴暗和拷问人物灵魂的负面而获得了穿透生活和人性的空前的深度,从而赢得了不朽。不必讳言,这也正是批判现实主义的真谛所在,也正是柳建伟向他们学到的一点真经所在。话说至此,又牵扯出了几个大题目,即批判现实主义在当下中国的意义和处境,我们今天还需不需要批判现实主义,批判现实主义和主流文学的关系。可以想见,这又是一些个不仅复杂而且敏感的题目。在此,我只想说两句话表达两点意思:第一,《北方城郭》是我国多年以来深得批判现实主义真传的长篇之一;第二,恰因此点,《北方城郭》一时还难以被主流文学所全面认同。

至于我个人,我初衷不改,固执己见。从我第一次评说《北方城郭》至今,已经过去了整整一年时光。一年来,我认真听取并密切关注各方对于《北方城郭》的多种意见,也曾一度对自己当初的不冷静发生过怀疑。但是深入思考和反省的结果,却是使我更加坚定了我最初的判断。尽管《北方城郭》在《作家报》评选的"1997年度十佳长篇小说"中"叨陪末座",我却由此更加担心圈内有限度的认可会妨碍人们对其进入更深层的认识。我在为《中华读书报》撰写的年终专稿《'97中国文坛回眸》一文中,特将《北方城郭》和《尘埃落定》并称为97年度长篇小说的"双璧"和"压卷之作",以期引起更为广泛的关注,看来影响也极其有限。有趣的现象是,《尘埃落定》因其灵性而诗意的历史风情画不胫而走,赢得一片喝彩,甚至博得了某些人慷慨赠予的大师与经典的桂冠。而在我看来,这"双璧"之间一冷一热的遭际,是否也多少反映了一点批判现实主义在当下中国的尴尬处境呢?当然,我既然将它们视为"双璧",自然也看到了它们各自的不可替代的价值,也可以说是各有千秋,难分轩轾。如果硬要作一个比较的话,那么,是否可以这么看,《尘埃落定》显得神闲气静,诗性而空灵;《北方城郭》见出思情涝沛,尖利而凝重。前者以审美价值见长,后者以认识功能取胜。两棵都是"大树",前者是临风玉立,亭亭如盖的雪杉;后者是遮天蔽日,根如虬龙的古榕。因此,扬"尘埃"而抑"北方"至少是一种偏见,是一种局限。我坚信,时间将会证明这一点。

总之,《北方城郭》到底好在哪里?究竟是不是大作?还得以理服人。前文触及几个大话题都是蜻蜓点水,浅尝辄止。下面,我将绕开那些大而无当的题目,回到我最初的直觉,回到我的"关键词",逐一地将"推土机"、"混沌感"、"人物对话"以及"备忘录"和其他相关问题作出冷静和理性的剖析与阐释,再为《北方城郭》一辩,也求教于各路方家。

二、"推土机"

任何比喻都可能是蹩脚的,可人类永远都需要各种各样的比喻。推土机就是我对那些能写出真正意义的长篇小说作家的一种比喻。这个比喻恐怕也是蹩脚的,但我还是愿意把它公布出来。我的意思是说,长篇小说反映的对象往往是整体的、开阔的、长河般的社会生活和历史画卷,而中短篇则更多地截取横断面、某些局部乃至细部的人物、场景,是生活长河中的一道涟漪、一个漩涡或几朵浪花。因此,中短篇作家总是以灵巧、精致或速度取胜,而长篇作家则必须依靠力量、吨位和气势见长。

我一直固执地认为,衡量一个作家、一个作家群落乃至一个民族文学水平的重要准绳是长篇小说。长篇小说是一种基础、一种高度、一种标志性建筑。尤其是自长篇小说成为文学的主导体裁后,几乎没有一座文学高峰或文学大国的地位不是由大量杰出的长篇小说建构起来的。十七世纪的西班牙如此,十九世纪的法国、俄国如此,二十世纪的拉美文学爆炸亦如此。历史的经验告诉我们,今天中国要想成为世界性文学大国,只耽于中短篇小说的繁荣是不行的,必须要有中国的《高老头》、《悲惨世界》、《红与黑》、《约翰·克利斯朵夫》、《战争与和平》、《静静的顿河》、《喧哗与骚动》、《弗兰德公路》、《百年孤独》、《总统先生》、《帝国轶闻》、《玉米人》,才能达此目的。而中国当代的文学世界,还远远没有建构起自己的基本框架,特别需要"推土机"来廓清地基,开拓空间。同时,长篇小说作为一种大型文学体裁,它的主要任务之一,就是要用未完成性对未定型的现实生活进行全方位、多层面的正面攻坚。以此要求衡量,当下的中国作家,能承担起推土机责任的并不太多。近二十年来,大概只有王蒙、陈忠实、莫言、张炜、路遥、贾平凹和周大新等人,以其《活动变人形》、《白鹿原》、《丰乳肥臀》、《古船》、《平凡的世界》、《浮躁》和《第二十幕》等,向世界显示了推土机的能量。我之所以特别看重柳建伟的《北方城郭》,理由也正在于此。

那么,柳建伟这台推土机,在《北方城郭》中都完成了哪些攻坚任务呢?

首先,作家以恢宏的气度、过人的胆魄、批判性的姿态和攻坚的责任感,直面当下纷繁复杂的中国现实。众所周知,共产主义在中国已传播八十年,中国共产党取得政权也已半个世纪。然而,生存在这种信仰和政体中的中国人的生存境况,却较少得到全面、真实而深刻的艺术反映。在我们已熟知的许多优秀作品中,对这一个巨大的时空实体,都采取了巧妙的或简化(如《古船》)或变形(如《丰乳肥臀》)或规避(如《白鹿原》)的处理方略,而获得了"戴着镣铐跳舞"的有限度的潇洒与优美。但似铁的历史却一再证明,大凡杰出的长篇小说,绝大多数都是直面当下生活并作出全面深刻而且独到精彩的发言。《北方城郭》正是朝着这个高度努力迈进,它全方位、多维度地接触转型期尤其是九十年代以来中国从政治、经济到文化,从都市、城镇到乡村的诸多方面的层面,上至意识形态的高蹈诡谲,下至底层人们的苦难与奋斗,都在作品中得到了或工笔或写意的传神表达。而且,作家丝毫不回避现实矛盾,几乎对当下生活中主要的阴暗面都作出了强有力的揭示。写贪污金额可达百万之多,写腐败可霸占一个剧团主角十几年,写卖淫嫖娼直到情与法发生正面冲突……同时,作家还以克罗齐的"任何历史都是当代史"的历史观,使传统文化在现实中复活,让现实生活在历史中显影,准确把握了历史与现实的互动关系。直面现实而又穿透现实,覆盖当下而又超越当下,将一个尖锐而庞大的现实题材成功地实现了艺术转化。

其次,作家以高度的理性、深邃的思考和强大的结构力量,使作品的主体结构和行进中的中国现实的深层存在实行了对位接轨。这种对位关系的确立,也使作品结构自身打上了鲜明的时代烙印。作家显然是把故事的主要演出场地——龙泉县作为中国的一个微缩景区或隐喻象征来设计的。龙泉地处黄河中原文化、长江古楚文化和商洛文化互渗影响的内陆腹地,正由农业、手工业文明向工业文明过渡,与正在进行经济和文化全面转型的中国的对位关系显而易见。此其一。其二,人物和事件都活动于、发生于政权机构规模最小但完全具备中国政府职能的县城;而主要人物和事件,都是政界、商界主角,都是政治和经济的激烈争斗,这又暗合了当下中国的政治经济体制转型。这两层对位关系,支撑了作品结构的理性高度,拓展了作品结构的抒写广度,使当下现实生活的长卷得以立体纵深地从容展开。同时,这种理念严谨的结构方式,有意识有层次地将时空交叉点一一凸现,比如权力机构的会议室、第一权力人的家庭、情人幽会的沙龙、隐秘的宾馆、晦暗的酒吧等等,既是主要人物的活动场所,也是重要事件的转捩之地。理性的强力结构,使作品庞杂而不松散,广阔而有深度。

再次,作家以丰富的想象力、强悍的表现力和雄健的笔力,塑造了一个庞大的人物形象群。据不完全统计,《北方城郭》中有名有姓的登台表演者有近140人之多,正可谓三教九流、五行八作,无奇不有,无所不包。有副部级领导、地委书记、专员、县委书记、副书记、县长、副县长、局长、乡长、村支书等大小官员,有跨国企业家、珠宝商,有国家通讯社记者、地区报纸总编、记者、县电视台记者,有艺术家、演员、教师,有农民和手工业者,还有娼妓、小偷、老鸭、赌徒、囚犯、帮闲和居士……一部作品中的人物形象如此丰富,行业跨度如此开阔,性格气质如此迥异,这在整个当代长篇小说中都是极为罕见的。尤为难能可贵的是,主要人物李金堂这个形象所达到的丰满、复杂和深刻的程度,几乎折服了所有的读者。不管评论家们对《北方城郭》的整体评价持何种调子,面对李金堂却基本达成共识。普遍认为,这是当代文学人物长廊中一个非常独特的、具有高度概括力的典型形象;甚至认为,因为有了一个李金堂,整个《北方城郭》就立住了。我同意此说,但我又同时认为,李金堂的出现,绝不是孤立的、横空出世的,他和全书人物群像的关系不是水落石出,而是水涨船高,他只不过是这棵蓬勃大树上一根最抢眼、最高大茁壮的主干,在他四周或之下,遍布着繁盛茂密的枝条、藤蔓乃至葳蕤的绿叶。比如欧阳洪梅和申玉豹这两个人物,比较李金堂也仅仅是一苇之差,都具有相当的典型意义——前者堪称是承续了中国文学传统中从杜十娘到繁漪的被侮辱与被损害的风尘女子余绪的当代典型,后者则是作家敏锐捕捉到的当下转型中国新兴的资产阶级暴发户的生动样板。正是因为他们的映衬和托举,李金堂的形象才更加血肉饱满,呼之欲出。而他们和簇拥在他们周边的庞大的人物群落,又都不仅仅是陪衬的枝蔓与绿叶,而是人人都程度不同地传达出了别人无法替代的当下生活的丰繁内涵。这就使得整部作品跨越了纯粹的肖像画、风俗画、山水画的单一境界,开始具备了《清明上河图》的史诗品格。

概括生活、驾驭结构、塑造人物,可谓长篇小说三要素,上述都只是概略言之,但仅此足以证明作家"推土机"式的大力量和大气魄。而且,由于《北方城郭》的大格局,还使得它的题材定位变得棘手——改革题材、反腐题材、都市题材、农村题材、知识分子题材等等这些当代文学批评中的题材疆域概念,在《北方城郭》面前都显出了苍白和无奈。因为它是这些,又不仅仅是这些,它包含这些,又大于这些。它就是一个全方位、大纵深、多维度的当下中国现实的时空实体,而要拓展如此巨大的艺术空间,非"推土机"而不能。顺便再为"推土机"列举一条佐证,即《北方城郭》较好地克服了中国当代小说创作中常见的或虎头蛇尾或前紧后松的"半部杰作"通病,五十五万字几乎是轰轰隆隆一气推平,并且颇有愈往后推愈显劲道的意味,推至结尾仍然强势不减,整部作品神完气足、真力弥满,充分显示了一个长篇小说作家必备而又难得的如夏日豪雨般滂沛的精力、情思和笔致。

三、"混沌感"

著名科学史家格莱克在回顾二十世纪科学史时,曾经宣称整个二十世纪的科学,将来只会有三个词被人类牢记:相对论、量子力学和混沌。在解释这三个重大科学发现的巨大作用时,格莱克作了如下表述:"相对论排除了对绝对空间和时间的牛顿幻觉;量子论排除了对可控测量过程的牛顿迷梦;混沌则排除了拉普拉斯决定论的可预见性狂想。"(参见格莱克:《混沌:开创新学科》,上海译文出版社,1990年)从牛顿到爱因斯坦,人类的思维方式发生了怎样的巨变,已经用不着讨论了。我只想在这里提一下混沌对文学艺术的影响。

二十世纪发现混沌,对于重新认识文学史和创造全新的文学,也具有重要的启示意义。十九世纪以前,混沌并没有成为评判文学作品的某种尺度。举世公认的经典大师巴尔扎克和托尔斯泰,主要给人以博大、浩瀚之感,却并不怎么混沌。最接近混沌词义的文学批评的古典发言,大概是歌德对莎士比亚的著名论断:说不尽的莎士比亚。在这方面我缺乏研究和考证,但凭直觉认为,西方经久不衰的"莎学",和本世纪出现的像《尤利西斯》、《弗兰德公路》这样朦胧含混的小说,是否与人们逐渐认可混沌这样一个美学标准大有关联?反观中国,也有类似情况,最突出的事件,就是一部《红楼梦》在本世纪被一再重读,足可入"红学"史的流派就有"索引派"、"自传说"、"社会历史批判派"乃至尚被视为异端邪说的"解梦派"。说不清,道不明,具有多重言说性的"混沌感",正是《红楼梦》呈现出来的一种美学风貌。

确实,我读《红楼梦》,读《卡拉马佐夫兄弟》,读《追忆似水年华》,读《尤利西斯》,都曾感觉如入莽林,如临沧海,混混沌沌不知何似,心绪苍茫难以言明,但又确切地觉着被一种别样的大美所朦胧、所氤氲、所击中。而与此形成鲜明对照的是,阅读我们的当代文学作品,一般难入此境。它们中的绝大多数,总是让人过于容易地作出某种理性的认知与把握,理念清楚,主题明晰,思想内涵ABC,艺术长短一二三,直如小葱拌豆腐,一青二白。此中情形,也常常使得一些谋求深度的批评家陷入巧妇难为无米之炊的尴尬。

然而,《北方城郭》有些混沌的意思,尤其初读之后,令人迷惑乃至迷茫,至少产生某些阅读《心灵史》、《白鹿原》、《丰乳肥臀》、《活动变人形》、《废都》的近似感受,不易把握,难下判断。同时,我还难以相信这种感觉来自一个青年作家的长篇处女作。我不免怀疑,它究竟是由于作品的芜杂、混乱和无序所造成的"混沌"假象,还是它已然超越其中而升华出了一种接近于经典作品的"混沌感"?经过再三思忖,我的结论是后者。当然,我这样认为,并无意指陈作家的才华和作品的境界等同或逼近大师与经典。我的兴趣在于追问:《北方城郭》的混沌感究竟缘于何处?如果能从混沌中看出一点明白,也许对我们的创作不无启发。我的初步认识是,《北方城郭》的混沌感主要缘于如下四个方面:

第一,生活本身的丰繁。一般说来,具有强烈混沌感的长篇小说,大都是全面描绘转型时期的社会生活,作品体现出来的主要思想特征,不是尖锐的深度感,而是广阔的深度感。作品包含的文化底蕴,不是单一的或二元对立的,而是多语性多文化的平等对话。《卡拉马佐夫兄弟》写俄国农奴制被废除十几年以后的社会转型生活;《追忆似水年华》和《尤利西斯》的故事时间分别始于普法战争和第一次世界大战之后,其时法国和爱尔兰都正处于转型之中;《红楼梦》写于清代康雍之交时期,社会转型亦波及方方面面。

显然,《北方城郭》师法以上作品下了很大功夫。它追求的也正是倾尽心力表现当下中国全面转型时期的、急速变化的、尚未定型的、广阔而繁复的社会生活。因此,定型的价值体系、简单的道德评判和浅直的是非观与它无缘。譬如,在对待贪污受贿这一社会现象的态度上,它就与近年出现的《天网》、《抉择》、《苍天在上》等可以明确定位为反腐题材的作品存在重大区别。它不取执法官的判决立场,也不取道德家的抨击方式,并且不把善有善报恶有恶报视为某种前定,而仅仅是将它作为人类史上的一贯存在加以陈述并且研究,甚至还有意无意地演绎了"恶是推动社会前进的动力"这一著名论断。李金堂贪污受贿108万,不仅没有受到法律制裁,也没有遭受良心谴责。但是,作家却围绕这笔钱,对其进行了陀思妥耶夫斯基式的反复拷问,不仅要拷问出洁白下的罪恶,而且还要拷问出罪恶下的另一层面上的洁白。如此拷问,唤起的正是人们对于贪污受贿这一难以根除的人性毒瘤的深层厌恶与思索。批判的刀锋一旦划过了是/非、正/误、好/坏的表皮组织,内脏的混沌和深邃也就自然而然地显现出来了。

第二,作品本身的艺术密度。艺术密度的大小,自然也是由生活的丰瘦所决定的。但在作品中,决定艺术密度大小的直接因素,却主要是人物、情节和细节。《北方城郭》的人物之杂多,前文已经论及,此处不赘。与之相辉映的,是这部作品的情节之繁杂。全书中可构成时空关系的、具有叙事和造型功能的大情节系统就有若干——两个线索人白剑和吴玉芳,一活一死,引出两大事件,一个救灾款案,一个人命案。两大事件,又引出主要人物系统外的两大情节系统。两个主要情节人欧阳洪梅和三妞,联结出两大人物集团,两大集团周边又聚结着七八个中小人物集团。集团和集团之间、人物和人物之间又因多条情节线连带牵扯,盘根错节,互为关联,互为作用,互为影响,滚动式地推进着故事和人物命运的发展。至于生动的细节,也俯拾皆是,有"大珠小珠落玉盘"、"嘈嘈切切错杂弹"之感。有时一处闲笔逸出,也饶有情趣,宛若一片碧玉般的绿叶,堪可摘入掌中把玩。所谓"长疯了的大树",就得之于这种综合印象。它的主干支干,有如蛇龙盘绕,加上枝条横斜,藤蔓纠缠,绿叶婆娑,整个蓬勃一团,攀缘而上。所谓"长疯",此之谓也。它也许有欠修剪,缺乏疏密得当的整形,树冠还不那么优美,层次也不很分明,但它首先征服人的,就是那一股旺盛的生机与活力。而混沌感也就在这一片枝干藤叶中弥漫出来。

第三,人物自身性格的复杂和心灵的深邃。所有能显示混沌感的作品,无不成功塑造了具有黑洞一般深不可测的人物,并以此和福斯特的"圆形"和"扁形"划清了界限。莎士比亚之所以让人感到言说不尽,也是因为让人难以预测他笔底人物变幻的内心风暴。哈姆雷特在复仇的问题上为什么总是犹豫?麦克白夫妇为什么走到了弑君的队伍里?另外,《红楼梦》亦然,贾宝玉既然已经把心掏出给了林黛玉,为什么还要和薛宝钗、史湘云、晴雯、袭人打几个情感擦边球呢?

与此同理,《北方城郭》人物成功的最大特点,也就在于性格的多面和内心的诡谲。李金堂到底算是一个好人还是坏人,一个英雄还是一个混蛋?是一个基本合格的共产党员,还是一个投机钻营的现代政客加土皇帝?如果是前者,如何解释他贪污受贿108万,霸占欧阳十几年?如果是后者,又如何解释他为龙泉发展建设吐出殷红的血?欧阳洪梅也异曲同工,她是一个荡妇,还是一个圣女?她可以和七八个男人发生性关系,可她内心却又能常常保持一份尊严与高贵。她和李金堂的关系也是混沌到令人纳罕的程度。李金堂是用爱"杀"死她母亲的仇人,同时,又是她堪托生死倾心相许的恋人。李金堂带给她所有的幸福和苦难、成就感和耻辱感,让她自己都难辨其中的真与假、善与恶、美与丑了。虽然作一次理性的抽象,我们可以说,这两个人典型地反映了二十世纪后半叶某一类中国人的主要生存景观:李金堂是主动的、政治学和社会学意义上的标本,具有认识价值;欧阳洪梅则是被动的、文化的、心理学意义上的标本,具有审美价值。但是,还原到感性体验,我们就只能说这不过是一对打不烂扯不开的才子佳人或情爱冤家了。

第四,作家自身驳杂的思想资源和阴晦的性格心理。我与柳建伟交往已近十年,自信可以对他略作解剖与把握。据我了解,他的思想来源较为复杂,主要根基是黑格尔的绝对理念和儒学的仁与中庸,自然,他也激赏过唯意志论。他的文化观堪称复合型,简言之是无论古今中西,只讲平等对话。他倾尽全力师承古典主义,却对现代主义也深表心仪。他的人生理念注定是悲剧性的,这可能与他苦涩的初恋和多灾多病的童年经历有关。他曾谈起过与曹雪芹和陀思妥耶夫斯基心灵的暗合,尤称和路翎的内心世界有灵犀相通之处——路翎在给胡风的信中曾作过这样的表露:"我的魂魄,是在夜里漂流而踌躇的……我的内心状态有些险恶……我总是提防着会有坏的事情要来,因此常常不安。"(参见《胡风路翎文学书简》,安徽文艺出版社,1994年)依此推测,柳建伟的魂魄大概也不会在阳光下灿烂地飞翔,他的心理状态恐怕也较多阴冷和晦暗乃至悲观。因为在他的字里行间,我们常常能感受到丝丝缕缕的绝望与悲凉之气。

然而,正是这些——芜杂而又理性的思想、狂热而又冷淇的心态、偏执而又中庸的性格,使得柳建伟成了一个与众不同的矛盾"混合体"。并且藉此修炼出了一副毒辣尖利的眼光和坚硬强悍的神经,敢于正视转型期社会的阵痛与污秽,并且以其毒其尖其硬其悍恰逢其时地刺穿了当下现实中的世态人心。不避血腥,不畏邪恶,不讳阴暗,不惮疼痛,从那人性的黑洞和人欲的深潭中,打捞出来的一朵又一朵妖冶而又炫目的恶之花,无不洇出了若明若暗的柳氏印记。

四、"人物对话"

为什么不谈《北方城郭》的语言,而要单谈其"人物对话"呢?我想主要是出于两点考虑。

近些年来,我一直在思考这样一个问题:究竟是对话在现代小说艺术中的重要性不复存在了,还是我们的作家过于轻慢对话乃至于渐渐隔膜、远离对话,或者干脆就不会写对话了呢?因为在大量的小说中,我们常常看到这样一些现象:有的通篇没有引号,人物对话一律以作者的叙述取而代之;有的写了对话还不如不写,要么是淡如白水、味同嚼蜡,要么是千部一腔、千口一声,要么索性全部由作者自己说,不管笔下人物是何样身份、何类性格、何方人氏、何种心境……上述种种,"无引号者"情况略为复杂一点,其中不排除某种文体的规定和叙述的需要,乃有意追求,刻意如此。但更多的是不是一种"规避"、一种扬"长"避短,和对话躲着走,害怕一写对话就露马脚?我以为此中人士所在多有。尤以八十年代中期以降,以西方现代小说为主要思想艺术资源而进入创作的先锋或新潮作家为甚。他们在一定程度上割断了传统与现代的联系,对中国传统小说中的基本功或基本元素缺乏心追手摹的"描红"或练功阶段,上来就玩隐喻、玩意识流、玩"洗扑克牌",此情形颇有点类似没练过楷书就敢狂草的书法家,一不留神就会丢人现眼。其实,行当中人都心中有数,像性格化的人物对话,以白描手法画肖像、写景状物等等功夫并不易学得,也最不易藏拙,需要的是实打实、硬碰硬。以我自己早年学习写小说的经验看,最打怵的就是写人物对话、过不好对话关,这也许是导致我最终走上了批评这条鸡肠小道的原因之一。而在这些方面,中国现代文学中是颇有几把好手的。如鲁迅精简瘦硬的白描、老舍生动传神的对话、沈从文诗意荡漾的风景等等,都堪称典范,可如今却几近绝响。至于上溯到《红楼梦》、《水浒传》,那一人一个声口、只闻其声便知其人的对话艺术,就更是"此曲只应天上有,人间能得几回闻"了。

如此一来,人物对话的苍白化、大路化和非个性化,已为今日小说之通病,在长篇创作中亦蔓延泛滥,几乎和结构失败导致的"半部杰作"现象同样刺目,成为制约长篇整体水准提升的瓶颈因素。也许有人要问:现代小说艺术中的对话还有这么重要的作用吗?问题又回到了本节开篇,看来想回避也不行。因为一谈到现代(西方)小说艺术,我就有点心中无数。原因还不仅仅是我对此素少研究,更在于我无法直接阅读原著,因此,在对整个外国文学的接受方面,总是心存疑虑。也不是我一味地怀疑翻译家们的水平,按照"美文不可译"的观点看,即便是再好的翻译来做"二传手",恐怕也得将那精微、美妙、独特的语言尤其是人物对话的神韵传得变形、走样、衰减、大打折扣,乃至失之毫厘谬以千里了。我没有把握做到,以西方现代小说艺术作为我强调人物对话作用的参照。但手边有一个硬指标却可以参考——据有人统计,无论古今中外,大凡民族秘史特征显著的经典长篇小说,其人物对话的篇幅大都占到了总篇幅的三分之一左右或者以上。对此我未及考证,但我相信,无论如何,精彩的人物对话,对于一部小说尤其是长篇小说,总是至关重要的,不可或缺的。也正是基于这样的出发点,我特别要有针对性地先来谈一谈《北方城郭》的人物对话。此其一。

其二,《北方城郭》的人物对话确实写得好。这好又分两层意思。第一层意思是和《北方城郭》自身语言整体水平比出来的好。至此,我想应该坦率地指出,柳建伟的语言才华并不高,和他把握思想、总领结构、塑造人物的推土机型的力量相比,驾驭语言是他的明显弱项;和当今活跃于文坛的实力派小说家们相比,也仅属于中平甚至中下。具体说来,他的叙述语言过于芜杂、啰唆、平直,有时显得粗笨、粗糙乃至粗俗。他的白描语言常常失之夸张和故弄玄虚,偶有漫画化倾向。还有,他的感觉语言的贫弱,又导致了艺术意境的稀释。如此等等,也都是我无法夸奖《北方城郭》语言的直接原因。但是,柳建伟创造了一个奇迹,以他中平的语言才能却写出了完全上乘的人物对话。个中究竟,耐人寻味。但显而易见的是,他创造人物对话的才气,和他推土机型的力量是匹配的。也正是达到总篇幅约三分之一的人物对话,把《北方城郭》的语言救了,也把整个《北方城郭》救了;否则,《北方城郭》就是一个跛子,虽有力量,却也无法在当前长篇如林的文坛上突出重围。

第二层意思我想说的是,《北方城郭》人物对话的成功,体现为两个鲜明特征。一是作家认真下功夫研读并有益地汲取了《金瓶梅》、《红楼梦》、《水浒传》等中国古典长篇小说对话艺术的精华,努力追求一人一声口的对话效果,不仅要在对话中见出人物的个性、气质、身份、学养,还要读出对话人的思想情状和心理活动,甚至还要看出对话时的行为动作乃至场景变化。虽然不敢说他的追求都已经兑现,但能将数十个迥然相异的人物弄出个"各吹各的号,各唱各的调",已属大不易,亦可算是当下长篇小说风景中的一个奇观。二是作家适量地参考现代主义长篇经典,并对其对话功能作出改造,最大限度地赋予对话以叙事功能,也就是说尽其可能地将叙事任务交给人物,以人物的视角来观照它、推进它。这样,既有效地削减了作家的全知全能,隐匿了叙述者;同时,也淡化了对话形式本身,常常使得我们在阅读时,忘记这是对话,或被人物讲述的事件所牵引,或被人物内心独白式的倾诉所感染。否则,如此长篇累牍的人物对话,实在是铤而走险,弄不好就会全军覆没。两个特征,都由来有源,一是师承中国的古典传统,一是借鉴外国的现代经验。此一路径昭示我们,学习是何等重要,语言才具中平的柳建伟尚能做到如此,更何况其他才子乎?

五、"备忘录"

本节的重点,意在集中对柳建伟和《北方城郭》发表批评意见,既作为对作家过往教训的一种反省与清理,又试图对作家今后的创作进行某种提醒或导引。记录于兹,以为备忘。但是,在批评之前,我还想再简要提示一下《北方城郭》的重要成功经验,即作家选择的批判现实主义创作道路,对于世纪之交的中国文学寻找走向世界的艺术定位的启示价值。姑且也就算作"备忘"之一种吧。

备忘之一。我曾经认为,进入九十年代以来,一批重量级作家的重要作品的陆续出现,集中代表了当下中国文学的最高水准,也意味着中国作家向世界文学发起的又一次冲击,同时,还表明了作家们在深思熟虑之后,审慎选择了各自迥异的与世界接轨的艺术定位。——有的回到明清(如贾平凹的《废都》),有的追随拉美(如莫言的《丰乳肥臀》),有的兼糅中西(如陈忠实的《白鹿原》和韩少功的《马桥词典》),有的则融汇宗教与文学(如张承志的《心灵史》),如此等等。个中孰优孰劣,谁为捷径,谁为弯道,谁为通途,谁为歧路,尚有待深入辩证,更有待时间见证。我的初略意见是:立足本土,创化传统,拥抱现实生活,汲纳西风美雨,中国文学的大树方能茁壮生长,自立于二十一世纪的世界文学之林(详见拙文《寻找与世界对话的艺术定位》,《创作评谭》1998年第3期)。

值得注意的是,上述动态并非作家个人的率性而为,而是自有其深刻的背景和借镜。众所周知,八十年代中期的寻根文学运动的夭折,导致了当代文学几乎长达十年的对西方现代主义失度的学习与模仿,代价是和中国读者渐行渐远。吃了羊肉虽没有变成羊,却变成个四不像。悄然发轫于八十年代末期的"新写实"直到九十年代中期轰然造势的"现实主义冲击波",可以看作对前一思潮的反拨,亦可视为对新一路径的叩问。但从红极一时的某些作品来看,似乎又犯了泼洗澡水连孩子一起泼掉的失误,或者是重蹈社会主义现实主义的旧辙,或者干脆陷入了"现时主义"的泥潭。瞻前顾后,左望右盼,我们发现,选择何种道路,依然是当下中国文学面临的一个重大课题。

柳建伟选择的是批判现实主义道路。他的理论依据是:文学形态和社会形态存在着深层对位关系,相似的社会形态,其文学形态的内在精神必然相似。他还据此认为,改革开放后的中国,和大革命后的法国与废除农奴制后的俄国,在社会深层结构上有着某些惊人的相似之处。不必讳言,我基本赞同柳说,而且还就此作过一点具体的分析比较。我的结论是,法国和俄国,两个不同民族在两个不同时期,先后出现的批判现实主义文学高峰,很值得今天的中国文学界重新研究(详见拙文《突出重围的"文学推土机"》,《当代作家评论》1999年第1期)。而且,从此一角度看,一度受到热烈喝彩的"现实主义冲击波"的真正的积极意义,应该说是它反映出了当下的社会形态对文学形态的深层呼唤。惜乎此一呼唤,没有引起理论批评界的良性反馈。柳建伟的我行我素,倒似乎有可能勇敢地为中国文学的当下困境撞开又一条甬道。——此番论述,亦可视作我对本文开篇所涉及的"批判现实主义在当下中国的意义"的间接回答。

还要说及一个重要遗憾或主要建议。我认为,柳建伟选择批判现实主义道路是大致不错的,但仅仅学习西方十九世纪文学和《红楼梦》,又还是远远不够的。因为,1905年爱因斯坦的相对论一经问世,人类思维方式的基石自此大为不同,再加上两次世界大战对人类良知的审判,以及后工业社会对人性异化的加速等等,已使二十世纪的西方(包括拉美)文学,思考与表达了许多新的命题,也带来了许多相应的新的形式与技巧,在诸多领域把世界文学水准提升到了一个新的高度,这是任何人都不能否认的巨大存在。何况,中国社会的转型,发生在二十世纪末,是和信息高速公路、知识经济、克隆技术、核阴影和艾滋病毒结伴而行的,与一个多世纪前的法、俄社会转型还有着根本的不同。可是,《北方城郭》的主要表现手法还基本取法于十九世纪,还较少见出二十世纪西方文学的良性浸淫,就不免给人以老旧之感。以柳建伟的学养和识见,是早该看到借鉴和化用二十世纪文学成就的重要性的。他如果能在这方面再取到真经,境界当会大开;否则,他的文学之路也可能行之不远。总之,以批判现实主义的文学精神为内核,以现代主义的艺术方法为武器,以中国传统文化为依托,将是柳建伟奔向宏大前程的出路所在。

备忘之二。从人格铸造的层面来讲,柳建伟必须对自己思想体系的缺憾和心理结构的缺失保持清醒的自觉和高度的警惕。一个作家的思想面貌可以呈现混沌和繁复,但思想理念决不可以混乱和芜杂。它必须要有整合,而且仅仅整合在悲观主义的深度上也还远远不够,还必须要有提升,要有超拔,要在向上的维度上设定一个终极界限,以一种更高、更圣洁的光辉来照亮他的全部的混沌、深邃和阴暗。《北方城郭》恰恰表露了作家思想资源的混乱,和以一个悲观主义者自居或自得的心态。从作品中的主要人物,不难看出,其思想上都是彻底的无神论者,其行为上都是无羁的自由主义者。这固然真实反映了中国社会大转型时期,信仰崩溃、道德滑坡、物欲横流、人心叵测的现实景况。或者再追溯起来看,中国说到底缺乏纯粹意义上的宗教,共产主义虽然被推到了政治信仰的高度,但却由于它没有完备严密的保障与惩罚机制,事实上也不能对国人的行为思想在最高标则上进行约束。只不过,突如其来的社会转型使此一痼疾一夜间暴露无遗。《北方城郭》对此进行揭示与抗争的深度与力度,已然超越了同类作品。但与经典名著相比,差距显而易见。那就是整部作品还缺少诗意的升华和美的光照,因而也就影响了作品的思想品格与艺术品位。这和歌颂光明面或弄一个光明尾巴的意思毫不相干,我们不必为此再费口舌。但是为了表述清楚一些,倒可以与老托尔斯泰作一个不甚贴切的比照。老托尔斯泰的思想资源不可谓不庞杂,从基督、佛陀、老子、孔子到苏格拉底、帕斯卡尔等等,无所不包。而他的思想基调也近乎一个完全的悲观主义者。他一直认为,人类的虚荣、嫉妒、物欲、情欲、贪婪、暴力等等恶习,都将阻碍人类前进。然而,老托尔斯泰并未就此止步。他集各家思想之大成之目的,恰恰是企图对人类困境进行探询,寻求解答。他热切地呼唤人们灵魂的净化,回到虔诚和纯朴,以增益精神成长,根除人性恶习,最终使"天国就在人们心中"的基督名言得以成真。老托尔斯泰从对人类的忧虑走向关爱进入信念,并始终不渝地企图指引人类的解救之路。他以他的博爱嵌得了伟大。也许老托尔斯泰的理想是一个永远的乌托邦,但乌托邦的意义并不在于实现与否,只要有它的存在,它就在前面召唤着我们。就像高挂天际的启明星,我们永远走不到她身边,但她迷人的光亮像微笑一样,始终在温暖着我们,吸引着我们向她走去。——老托尔斯泰的启示,柳建伟切当深长思之。

再者,我在前文曾经激赏过柳建伟歹毒的眼光和阴险的心机,对他沉入人性黑洞中打捞绝活的助益。现在,我却要提醒他,这种才能一旦泛滥起来的不良后果,重要一点就是会直接妨碍对上述老托尔斯泰式的爱心的包容。现代作家路翎之所以终未成世界级大师,除了蒙冤二十几年荒废韶华之外,他自身对陀思妥耶夫斯基的过度沉溺,也是一个重要原因。受东正教教义制约的陀翁,身后尚被高尔基指责为恶毒的天才,如果他是一个无神论者,他恐怕也就无法成为一代宗师了。柳建伟的心身在陀翁著作里浸淫太久,如果没有足够的力量将自己提升到美神之光的照耀之中,也将是危险的。我建议柳建伟再认真研习一下屈原和莎士比亚,这两位东西方的超一流大师有一个共同特性:因单纯而高贵,因静穆而伟大。行文至此,又想起"少年不可学李贺"的旧说,就再顺便提醒柳建伟一句:务必对陀翁身上的鬼气恪守距离。

备忘之三。从技术操作的层面来讲,柳建伟还必须高度正视《北方城郭》暴露出来的如下不足:

(1)语言的问题。关于此点,前文已经备述,但实在是因为事关重大,这里不能不再次首先提及。短篇圣手汪曾祺老曾有一句名言:"写小说就是写语言。"虽然极而言之,但亦言之成理。一般说来,一个连语言关都过不好的人,又怎能指望他写出好作品并成为一个好作家呢？柳建伟的情形确实有点儿例外，他以他推土机般的巨大力量（包括思想、结构、人物乃至对话）掩盖了他叙述语言的黯淡无光，从总体上支撑住了《北方城郭》。但也不能以一句瑕不掩瑜来搪塞语言的平庸之咎。可以肯定，因为语言的问题，《北方城郭》的整体艺术成就被打了一个很大的折扣，挑剔的读者甚至会因此而拒绝阅读，宽容并有耐心的读者读完后会因此而为它扼腕叹息。我确实三番五次试图以推土机来为其辩护，但认真想来，这种辩护亦显乏力。虽然我们不能以轿车的精美来指责推土机的粗糙，就像我们无法用契诃夫的精练来苛求巴尔扎克一样，但我们也不能因此就毫无保留地接受巴氏的冗长与哆嗦。柳建伟的语言，必须像研磨他的人物对话一样去加以提炼和锻造，主要应该朝着简洁、流畅、准确和雅致的八字方向大踏步前进。当然，这是一个慢功夫，不可能一蹴而就，但舍此别无他途。《北方城郭》的语言落差如此之巨，除了与作家的才华有关，也与作家急于求成的浮躁心态有关。此一点亦不可不察。

（2）开头的问题。无可否认，《北方城郭》以它磅礴的力量，成功地克服了长篇小说"半部杰作"的通病，但它又暴露出了一个不会开头的问题。全书第一章明显生硬、生涩和笨拙，大大影响了阅读时的进入心境。其实，长篇的结尾固然难收，但开头也并不容易。通观起来，写不好开篇，似乎也是长篇创作中一个不大不小的通病。面对一个未知的庞然大物，如何接近和进入，确实是个问题，从语调、感觉、情绪到切口，都尚处在一种投石问路的试探、叩问、调适、摸索的过程中，一步到位，妙手偶得，属可遇而不可求，何其难哉。否则，老托尔斯泰就不会为一个《安娜·卡列妮娜》的开头而反复操练。大师尚且如此，常人可想而知。一般熟手开不好头，除仓促写作外，亦与过于重视、过于审慎而导致放不开手脚，进不了状态有关。而柳建伟的《北方城郭》则恐怕主要是因为手生，缺乏经验。情有可原，但应注意。所谓"虎头、猪肚、豹尾"，要有重视开头的意识。

（3）细节的问题。长疯了的大树固然好，但从艺术的角度看，毕竟野性有余而雅韵欠之，活力过剩而美观不足。《北方城郭》的细节过繁过密，造成枝蔓旁逸斜出，虽有营造混沌感之效果，但亦有遮罩主干之弊端。孰轻孰重，两害相较取其轻。一是在写作中不能完全地水银泻地，四处奔淌，流到哪算哪，而要心中有数，有适度的分寸感和收放自如的驾驭力；二是写出之后，要有一把快刀，舍得砍削，敢于割爱。此外，粗枝大叶式的操作，还给《北方城郭》留下了几处细节方面的硬伤。比如庞秋雁坐着崭新的白色林肯车去地区开会哭穷要钱，而遭到李金堂反击导致重创。一场政治争斗本来精彩激烈，却因一个细节不慎，消解了人物的深度，也调侃了政坛争斗的险恶。还比如吴玉芳人命案中，留在大衣柜中的指骨竟迟迟不能被发现，岂非儿戏？如此失误，本当不该。细节虽小，却关涉根本,有小小蚁穴溃千里长堤之虞。究其原因,不在才华,也不在经验,恐怕还是急躁与草率之故也。

因为以上三点遗憾,我最终给出对于《北方城郭》的完整定位是:是大作,但不是精品。有必要顺便说明我的"大作与精品观"。简而言之八个字:精品易得,大作难求。此话怎讲?顾名思义,精品精品,精美、精致、精巧之作品也。合此要求,一首歌曲、一段相声、一出小品、一个短篇,皆可称精品。而大作则不然,非有大气魄、大气势、大力量、大体积而不能。换言之,很多精品难称大作,而有的大作却可能成为精品,办法不外乎精雕细琢、精益求精罢了。

说到底,《北方城郭》怎么办?我最后再提一条可操作性的具体建议,也许亡羊补牢,犹未晚也。如果《北方城郭》有机会再版,柳建伟可否投入一个月精力对其进行细打磨、深加工。其实工程量并不大,硬伤(如林肯车事件)好修,枝蔓也不难剪。稍难者在语言,需要从头至尾细摇一遍,精心润色,狠心删削——我估计再减肥五万字就刚刚好。这样一来,《北方城郭》将要精致得多,完美得多。而且,沉静心态、退去躁气、稳住节奏、从容把笔,不仅应当作为《北方城郭》的修改要诀,还应作为柳建伟今后创作长篇的戒条。因为真正的杰作精品,必须经得起读者的挑剔、专家的重读和时间的检验。果若如此,则作家幸甚,读者幸甚,当下中国文学幸甚。

一九九八年十月一日至十日完稿
十八日定稿于京西魏公村
原载《当代》1999年第2期

突出重围的"文学推土机"
——柳建伟创作道路的回溯与前瞻

朱向前

任何比喻都可能是蹩脚的,可人类永远都需要各种各样的比喻。推土机就是我对那些能写出真正意义上的长篇小说作家的一种比喻。这个比喻恐怕也是蹩脚的,但我还是愿意把它公布出来。我的意思是说,长篇小说的反映对象往往是整体的、开阔的、长河般的社会生活和历史画卷,而中短篇则更多地截取横断面、某些局部乃至细部的人物、场景,是生活长河中的一道涟漪、一个漩涡或几朵浪花。因此,中短篇作家总是以灵巧、精致和速度取胜,而长篇作家则必须依靠力量、吨位和气势见长。因此,还可以把中、短篇小说作家比喻成漂亮的中巴和轿车。如果顺此思路再作发挥,把一个时代的文学比作一座都市的话,那么,推土机类的作家创造了都市的主体框架,中巴和轿车类作家,则使这座城市充满了活力和生机。我一直固执地认为衡量一个作家、一个作家群落乃至一个民族文学水平的重要准绳是长篇小说。长篇小说是一种基础、一种高度、一种标志性建筑。

关于推土机,不用再多说了,因为任何比喻要求的都是意会。也许有人会说契诃夫、梅里美、欧·亨利、鲁迅这些轿车型的大师也是他们所处时代文学世界的标志性建筑,指责我不能自圆其说。我不争辩,只想说一句:中外文学史也只有这么几个特例,或者依我个人偏爱,这个队伍里大约还可以加上一位茨威格。声明一下,本文这种说法不涉及诗人。

这个比喻,我在柳建伟《北方城郭》研讨会上公开了出来,这次因做柳建伟的创作定位的文章,就顺理成章地用了出来。把这个比喻放在开篇,无非是为了呼请中国多出现一批推土机型的作家。谁都能感觉到,新时期以来中国的文学都市里,中巴和轿车已经发展太多了,早就车满为患,急需推土机奋力拓展都市的生存空间,使这个都市早日能与国际接轨。

言归正传吧。

两栖作战：在创作和批评中寻寻觅觅

1

1989年春到1990年春约有一年的时间，因为众所周知的原因，我也停笔了，评论颗粒无收，倒是围棋的棋力长了约有两子。教学工作当然还是按部就班进行着，生存第一嘛。第三届学员入校后，我和后来成为军旅文学农家军歌领唱人的阎连科等学员交往密切起来。1990年春节过后，阎连科交给我一篇署名柳建伟的稿子，说是他一个朋友写的一篇评论，想请我鉴定一下。文章的名字叫《伟大的夭折》，内容是解剖八十年代最负盛名的长篇小说《古船》的得与失。论点放在承继与借鉴上，批评话语老道熟练，洋洋一万五千言从头至尾笔力不衰，常有别人批评文章中看不见的独特刀法刺人眼目。实话说，我颇感意外，并有所触动。不久，我又在《昆仑》杂志上看到了柳建伟的万字长文《瞄准生死劫》。这篇谈论军旅文学困境的论文，立意宏阔，切中当时创作时弊，很见作者的理论基本功和独到的尖利眼光。

这是一个能在批评方面浮出水面的作者，我对他产生了第一个判断。就在这年春天，我给远在四川大邑苦苦操练文学剑术的柳建伟发出一封劝他报考军艺的长信。劝他来北京读书，出于两种考虑：一是作为一个评论家、一个文学系教师，看到一个可有大造就的苗子，应该主动伸手扶他一把；二是军队文学界批评队伍严重萎缩、年龄逐步老化、后继无人之虑已迫在眉睫，需要培养新人。这样，1991年秋天，柳建伟就成了军艺文学系第四届学员。徐怀中创办军艺文学系距今已有十五个年头了，其间已有六届学员两百来人从这里毕业，文学系的毕业生已经成了中国文坛一支重要的方面军。我做了一届学生，当了五届学生的老师，对文学系的发展历史可以说了如指掌。在这两百多个学生中，柳建伟是唯一被老师劝来就读文学系的学生。

钩沉这段往事，是为了给柳建伟寻找第一个定位的坐标：可以成就一个相当出色的批评家。这也是作为他师友的我对他的期待。

2

我接着再谈谈柳建伟的评论。

八年过去了，柳建伟在评论上应该算是有成绩的。三十余篇文章二十余万字，在中国当下文坛，也可以博得一个青年批评家的名头了。从质量上讲，他的评论大都在相当的水准上，关键是他的评论在现象论、作品论、作家论方面都有拿得出手的代表作。《瞄准生死劫》、《长篇小说中的哲学观念与结构》、《五十年光荣与梦想》这些研究创作现象的文章,视野开阔,气势不凡,涉及军旅文学创作的根本问题、大型体裁作品在中国的全方位存在境况等方方面面,都力求与创作不隔,对操作富有启发意义。作品论有《伟大的夭折》、《关于〈马桥词典〉的若干词条》这种找到一个突破点,穷追猛问直到把最深层的真实披露给公众的毫不留情面的小刀型文章。这类作品论因略嫌不够厚道,素不被我重视,但却未因此而忽略文章独特切入视角背后的才情。他的作家论也富有个性和挑战性,常因切入视角的险峻和对论点的反复强调而引起广泛关注和争议。他的这些文章采取的擒贼擒王方略与我的套路庶几相似,故从个人喜好上我对它们有偏爱。《文化背景、个性视角、时代精神》、《孤独玄想创作道路的终结》、《立足本土的艰难远行》可视为这类文章的代表。后两篇文章分别评说军旅文学两个不同时期主将朱苏进和阎连科的创作,发出后颇有反响。他对朱苏进创作道路的解构,虽不能全面说服我,但我不能不说柳建伟关于朱苏进的创作存在"一突出"说确实言人所未言。他对阎连科从本质上回归本土的呼唤,确实也看到了阎连科创作的深层危机。阎连科在内在精神和具体操作上全面向西方现代主义靠拢,在当今的文坛引起广泛注意和一片叫好,并为他赢得了真正的全国性声誉。但这条路真的能把他带进大师的聚义厅吗?柳建伟对他这种呼唤是必要的。《文化背景、个性视角、时代精神》是他借研究我的批评对新时期军旅文学史的一次重读,切入当然也极为独特。因涉及我个人,这里不妨详做评介。它问世后被军队文学界称为一篇奇文,自有它的过人之处。

凭以上这些成绩,柳建伟基本上完成了军队评论界接班人的形象塑造。可能是因为缺乏竞争吧,他在这个位置还能坐一段时间。因为就我的视野,军队还没发现比柳建伟更为年轻的实力派评论家。然而我对他的这一点成绩很不满意。先人曰:弟子不必不如师。我则认为只有培养出超过自己的弟子的老师才是好老师。柳建伟在这方面让我感到失望。作为一个军旅批评家,他还生活在我们这一代批评家的阴影之下,和全国新进的批评家摩罗、吴义勤、谢有顺们相比,他的影响力也无法望其之项背。这种状况的出现,并非是因为他才力不逮、不够刻苦,而是因为他的精力分散了。

3

以柳建伟的聪明和早熟,他该明白人一生只能干一件事的道理,然而他却在很长一段时间里一直采取两栖作战的方针,创作和批评都在不紧不慢地进行着。

接着,该说说柳建伟的中短篇小说了。

自1985年到现在,柳建伟共发表中篇小说十二部、短篇小说六篇,也有六七十万字。这些作品我基本都读过,有一点发言权。他的短篇小说基本上乏善可陈,放在当代中国文坛也只能属于刚过了发表线的三四流水平,没有给我留下任何印象。他的中篇小说倒是值得一提的,主要作品有《王金栓上校的婚姻》、《都市里的生产队》、《苍茫冬日》和《九哥是一片风景》,这些作品刊发在《当代》、《收获》、《昆仑》等重要刊物上,也曾被选刊选载,并收入中国作协创研部和人民文学出版社编辑的中篇小说年选中。应该说这些作品还是产生过相当影响的。

　　为写这篇文章,我又集中阅读了他的这些中篇小说,印象比单发时深多了。上述几篇作品都能经得起重读,这一点很重要。近年来,已有很多名噪一时的小说今天已不堪卒读了,这种现象值得文学界研究和反思。柳建伟这几部作品都是着力写人物的。那个利用军规不断结婚、离婚,把一个个农村优秀的女青年带进都市的可怜又可敬的王金栓;那个早年被人陷害入狱,后来又因私设公堂再度入狱的可悲可叹的生产队长张东升;那个穷其大半生精力,只做娶妻这件事却一直没能做成的九哥;那个在一座神秘的阁楼里为一种念想活了一生的奇女子曼丽,都能显示出一个趋于成熟作家的功力。这些文学人物放在新时期的文学人物画廊里,应该说是血肉丰满的。这次重读,引起我很多思索。思索的焦点之一,就是十多年来流行的批评,是不是过分注重对现象和思潮的关注了。以军旅文学为例,平心而论,能和王金栓的概括力和生命力相若的人物形象并不是太多,而《王金栓上校的婚姻》的知名度和影响力确实很有限。总的来讲,目前,柳建伟的中篇小说还算不上最优秀的。他作为一个中篇小说家,在文坛处在一种将出线未出线的尴尬状态中。1997年以前,我发表的百万字批评文章中,几乎没有涉及对柳建伟中篇小说的定量分析。他没有进入主流批评家的视野,也是自然的事情。

　　对柳建伟中篇小说的遗漏,还有他自身的原因。十二部作品,分散在十年时间发出,数量上也无法引起关注。他的这些作品题材过于广泛,根本形不成优势兵力的打击力。在他的创作历程中,没有出现一个喷发的阶段,批评家对他的创作力自然也就没有信心。九十年代在军队小说创作中浮出水面的阎连科、陈怀国、赵琪,都是因为有井喷式的创作阶段才引起注意的。因此,柳建伟1997年前在创作上默默无闻,主要原因也不是他文运不佳,同样是精力分散。

4

　　到了1993年,柳建伟的两栖作战又一次拓宽了,战线又延伸到了战争纪实。很长一段时间,我都认为这已经不是不务正业,而是一种慢性自杀。一个有潜力的学生对自己这样放纵和不负责任,让我扼腕叹息。我对1992年以降汹涌而来的商业大潮对纯文学的打击早有自己鲜明的立场,较早地用《我为什么反对下海》、《工商时代文人何为》等文章吁请作家们要坚守。柳建伟随波逐流和二渠道联姻,自然是我反对的。道不同不相与谋,此后几年,我与他的个人关系也变得疏远了。他去鲁迅文学院读研究生的举动,在我当时看来也没有浪子回头的意味,更没有想过这是补什么学者化的课。

一年一年过去,他的纪实作品的量与时俱增,可惜我没见过一本,不好评介。从他从不署真名的举动分析,大约这些东西都是属于速朽的一类,可能也有些为稻粱谋的不得已吧。也常听到一些关于他的消息,譬如他和谁谁谁合作的《纵横天下》发行百万册,在二渠道掀起一次持续一年多的纪实文学热云云。我也就听听而已。作为教师,该做的我做了,该说的我也说了,还能怎样?谁还能管谁一辈子呀!

1995年,他署真名出了一本《红太阳白太阳》的纪实,迄今为止,他没送我,我只在《当代》杂志上读了几万字,不好全面评价,只是觉得他的笔还没写坏,为他庆幸。本书据说在纪实文学界影响颇大,也有评论界同人激赏。这里我也不想转述别人的品评。说心里话,这种四面出击会不会有好结果,我一直很怀疑。再说,他在京城厮混了五六年没能修成我所希望的那种级别的批评家,已经太让我伤心了。他一不留神成为一位纪实文学高产作家,实在不值得当老师的咧嘴一笑。

1997年前,我对柳建伟有这样一个定位:一个求全的有才华的聪明人,善学习,常求变,做什么都能做到像模像样,成绩或叫成就是评论第一,中篇小说第二,报告文学或纪实文学第三,短篇等而下之。可以说文坛已经有了这么一个人物,但以当时的重量,刻薄地说叫有他不多,无他不少。

然而,我又从没有对他的前途彻底绝望。支撑这种信念的理由有三:第一,从本质上讲他是一个极有主见的人,采取两栖作战的方略似有深意,这种人不易受环境的左右和影响;第二,历史已经无数次地证明,若想在文学上有大的创造,两栖作战的能力必不可少,二十世纪中外的小说大师,大多都能写一手漂亮的理论文章;第三,从他的评论作品和中篇小说来看,只要他能集中精力,化蛹为蝶不是难事。

我在静等他回头是岸。

《北方城郭》:开始浮出水面

1

拜伦有一首小诗:"爱我者,我致以叹息;恨我者,我报以微笑。无论头顶是怎样的天空,我愿意迎接更猛烈的风暴!"柳建伟认为这首小诗很能表达他十几年在文坛行走时的心态。我想,1985年以后能杀出重围的作家恐怕都得有类似的心境。稍欠定力的人,早就被追新逐异的浪潮甩到爪哇国去了。

1997年9月,我才知道柳建伟对文学的真正追求,并为实现这个追求进行的一场豪赌。原来他的志向一直在长篇小说上,以前所做的一切都是在为创作长篇小说做准备。

9月初,多日不见的柳建伟来了,把一块砖头一样的书放在我面前的桌子上,淡淡地说:"《北方城郭》出来了,送你一本看看,看这回有没有可说的话。"我也淡淡地收下了这本书,自然也说了几句祝贺的话。这些话我常说,说多了也就有点言不由衷了。何故?这几年长篇小说出得太多了,每年近千部,早就烂了市烂了街了。1993年后,长篇小说热兴起,每年我收到的学生、朋友和素不相识的人送来的长篇小说有几十部。据说,中国作协几位同行每年收到的长篇小说新著有上百部之多。粗制滥造的长篇看多了,败坏了胃口,同时又把胃口吊起来了。说心里话,当时我并没对这部书有太高的期望,并不排除柳建伟赶潮跟风的可能性。

没想到这部书竟然占用了我差不多一个星期的工余时间!或许是我对他在评论上的期待过于持久的缘故吧,这样一部书出自柳建伟之手让我感到不可思议。接下来,我接受了这个事实,有了对柳建伟的全新的定位:他是一个已经真正具备驾驭长篇小说能力的作家。《北方城郭》无疑使他成了一位全国性的作家。在近一年的时间里,我做的文章,有三分之一与《北方城郭》有关,字数超过了三万。

我对《北方城郭》的基本判断是:第一,这是一部全方位、多层面描画中国当下生活的重要作品。它以对现实的多维性接触,对转型期的中国社会做了艺术性的未完成表达,充分显示了长篇小说历史诗学的力量。第二,《北方城郭》又一次让我们真正领略了现实主义创作方法的巨大魅力,对这几年议论纷纷的已有趋向"现时主义"的现实主义冲击波,给了一次拨冗和支撑。第三,它对中国现当代文学贡献了一个名叫李金堂的典型形象和欧阳洪梅、申玉豹、林苟生等一群血肉丰满的艺术形象。第四,它用火热的激情和冷静的理性之犁切进现实生活的原壤,凝重大气,深刻尖利,呈现出一种混沌感,把杂语的现实世界表现得十分到位。第五,它浑然一体的庞大结构和色彩斑斓、个性鲜明的人物对话,体现了作者对长篇小说这一体裁已具备了全面把握能力。第六,小说师承关系清晰,接续着曹雪芹、巴尔扎克和陀思妥耶夫斯基为代表的中西现实主义传统,并取到了真经。

我在《'97中国文坛回眸》一文中,毫不犹豫地把《北方城郭》和《尘埃落定》称作1997年长篇小说的双璧和压卷之作。在北京召开的《北方城郭》研究会上,此书获得了与会专家的一致好评。有人认为该书将会是下届茅盾文学奖的有力竞争者。可以预计,这部书的影响还会越来越大。正是基于以上的判断,我才把柳建伟看作一台推土机。当然,《北方城郭》也有明显的不足,比如欠打磨、显粗糙,甚至还有某些笨拙之感。然而,这恰恰是"推土机"的特点,其长不在精巧,而在力量。也正是因为有了这种超乎常人的力量,才使得柳建伟在1997年高手如林的中国文坛"浮出水面"、"突出重围"。

2

一部作品是否真正优秀,只有时间能够作最后的裁决。评论家不是算命先生。不过,一些重要的问题必须由批评家及时提出来并加以研究,得出具有相对真理性的结论。

柳建伟撰写《北方城郭》时,刚刚三十出头,这样一部丰厚复杂的作品怎么会诞生在他手里呢?作者简历只能提供这样一个单调得几乎乏味的流程:零至十五岁在南阳盆地镇平县城乡生活读书,十五岁多入伍并入学,读计算机系,以后八年蛰居四川大邑工作并读书写作,之后几年辗转北京几所学校再次读书。据柳建伟披露,在写作《北方城郭》前,他没有和一个中国的县级官员有过接触。这些材料似乎都不能证明深入生活这种说法的真理性。长篇小说曾被看作社会生活的百科全书,如果作家必须体验完社会生活的所有科目后,才能写作,世界上恐怕就不会有长篇小说这门艺术了。关键问题肯定在别的地方。

作家本体研究在中国一直不发达。因为种种原因,我想做这方面的工作一直感到有点巧妇难为无米之炊的尴尬。五年前在写《新军旅作家三剑客》时,曾尝试引入作家本体研究,效果不错。这里再次做一尝试。

体裁选择作家的性格、气质、才华特点和学养准备。体裁也选择作家的志向、胆识和投入成本时的出手。肖洛霍夫一出手就是《静静的顿河》第一卷,那年他不足二十岁。鲁迅四十几岁就想写长篇小说《杨贵妃》,五十几岁病故,《杨贵妃》还是个腹稿。

柳建伟童年和少年时代生活在地道的河南农村,但他身上却揣着一个城市户口簿。身份和生活空间的严重错位,使他注定只能是生活的一个观察者。这一点和其他的农民出身的作家不同,也与知青作家相异。十三岁得大脑炎没死没残,又为他的心理蒙上了忧郁和悲观的阴影。大学读的是工科,做的却是文学梦。再次到京求学,目的是想进入专业文艺团体,六七年阴差阳错最后又让他回到了原地。人生的错位长达几十年,生活在别处的观念自然就根深蒂固了。性格内向,气质忧郁,促使他导向多疑和悲观。这种性格和气质加上悲观,使他接近了以表现未定型现实为己任的长篇小说的本质。据我的考察,很难有性情豁达、乐观粗放的人能做出漂亮的长篇小说。

消弭人生的错位感,应该是柳建伟生命的第一要旨。但错位一直存在,反复的抗争就成了必需。长期的搏击和磨砺,心灵更加敏感,想象力也随之飞扬起来。欲望的不断膨胀,压力必然随之增大。实际上人生的错位根本无法消弭,西绪弗斯的命运便是这类人的前定。他们必须不停地工作,才不会有闲暇陷入无垠的悲观。童年的苦难,凄苦的初恋,如果再加上沉重的家庭负担,就必须依靠自己玄想出快乐来慰藉自己。

我对柳建伟的隐秘所知不多,再分析下去就有些想当然了,但我确信一定有一种神秘的力量在支撑他前行。

3

凡是取得成就的长篇小说作家,极少有早慧的天才。柳建伟的天分,应该说是中上。直到现在,我还认为他缺乏过人的艺术感觉,对语言和形式的绝对重要甚至有些麻木。这些先天不足,从根本上限制了他在中、短篇领域内的发展空间。除去出身和经历这些偶然赐予外,我认为他表现出的长篇能力都是后天苦练出来的。恰恰是这一点,对中国的长篇小说创作更具有研究和借鉴的价值。

或许是学理工的缘故吧,他的文学之路早已被他预先设置了。几个月前他曾披露说:"二十岁时,我开始为写长篇小说做全面的准备。那时我为自己规定了一个期限,如果在四十岁时,还不能以长篇小说的形式证明自己存在过,那就终结生命。现在看用不着这么做了。"他是拿二十年做赌注的。有这种计划的作家,在中国比较少见。

这样看来,他写评论、写纪实、写中短篇小说,都只能算是阶段性准备了。在操作上,他可以算作一个彻底的实用主义者,怎么有用怎么来。短篇小说无法承载他的思想,三十岁后便再也没有尝试过这种体裁。中篇小说可以磨炼结构能力,于是,他并不在意把《金铃铛》和《苍茫冬日》写成长篇梗概或缩写。纪实作品可以锻炼对历史和现实的把握能力和表现能力,他就可以用一两年的时间沉溺其中,甚至不在这类作品上署真名。他的批评文章,用意也很清楚,经常操作可以锻炼自己的理性,更重要的是用这种形式把前人和同时代人的经验教训记录下来,以为备忘。

同时,他笃信任何一位长篇小说大家都是有师承的。于是,他便为自己早早地选好了几个师傅,中国的、西方的都有。据他自己说,自1996年开始,他投入了大量精力破译西方现代主义经典文本的密码。我在他的硕士论文里,看到了他的学习方法。在这篇论文中,他详细解构了《喧哗与骚动》与《生命中不能承受之轻》,把这两部在中国声名远播的文本拆解成了一个个可以学习的小单元。他发现了《喧哗与骚动》是先有完整的故事,再进行剪碎重组的秘密。他从

《生命中不能承受之轻》中，找出了在速度上与弦乐四重奏存在的对位关系。早些年，他在学习陀思妥耶夫斯基时，曾经对照读过三种陀翁的传记，目的只是想证明陀翁娶了安娜后，在创造力上是升了还是降了。这是一种实证精神很强的学习方法，自然容易接近学习对象的本质。

我不知道中国那些现代派和先锋姿态招人眼目的作家，关着门是如何向大师们学习的，看到他们夫子自道式的创作谈中，流行的都是采气说。有的把一本卡夫卡或一本福克纳放到马桶边，以备在排泄时补充营养。有的则是关起门来看外国原版录像带，寻找感觉和调子。这两种方法的优劣，我不好评价，但采气派迄今没能写出中国有经典意味的现代主义长篇却是个不争的事实。

种瓜得瓜，种豆得豆。柳建伟用十五年时间做准备、练内功，是该浮出水面了。

"时代三部曲"：第一座标志性建筑

1

在阅读《北方城郭》时，我有这样一个预感：这可能是柳建伟井喷的开始，今后若干年他将持续保持创作高峰。一年后，柳建伟用实绩证实了我的预感。他的第二部长篇小说、长达四十四万字的《突出重围》由《当代》杂志选发前半部并由人民文学出版社出版发行了。这是一部军事题材的小说，是借一场注入高科技因素的演习，描画中国军队在二十世纪末存在境况的。多年来，我一直在进行对军旅文学的追踪研究，老实说，这样一部作品的出现又让我颇感意外。

军旅文学自从"两代作家在三条战线（和平时期军营生活、当代战争和历史战争）作战"的基本格局于1987年前后瓦解之后，军旅文学在八十年代初的赫赫声威似乎在一夜间销声匿迹了。进入九十年代，除了个别人如朱苏进等偶尔发出几声叫喊之外，就剩下阎连科为代表的一批农家子弟在哼唱着一支支多少显得有点儿单调和沉闷的"农家军歌"。当代文学已经很难在这里听到相应的反响与回音了。1994年、1995年，军旅文学出现一个小高潮，出现了《醉太平》、《穿越死亡》、《孙武》和《末日之战》四部比较突出的作品，我也及时给予了声援。这四部作品，我觉得除了《穿越死亡》和《醉太平》有突破之外，其余两部都没让我有些许激动，原因是这两部作品都未能超过作者的代表作。1996年到1997年，解放军文艺出版社和北岳文艺出版社搞了两次集团性冲锋，出版了十一部军旅长篇小说，我还做了北岳那套丛书的主编。现在看来，这两次战役最突出的战果恐怕只能是《遍地葵花》完成了"农家军歌"的集大成式演奏，其他的收获恐怕就说不上太多了。作为一位穿军装的批评家,我感到无奈。朱苏进的《炮群》难道真的成为现实军营题材长篇不可逾越的高峰了吗?如果这部"半部杰作"真的成了绝唱,那实在是作家们的悲哀。

因此,在读完《突出重围》后,我感到一种喜悦。当然,我对它语言方面过分平直有些不满,但是,这并不影响我对这部作品的基本判断:第一,它是一部全景式描写部队当下存在境况的厚重作品,对新时期以来和平军旅小说的整体水准作了一次冲击。第二,它的内在精神是属于正宗军旅文学的,在高扬集体主义和英雄主义的同时,充分展示了其他声部的强有力的存在。第三,它是一部着力描画人物群像的作品,几十个人物分布在从普通士兵到大军区司令这一广阔的空间里,错落有致、浓淡相宜。方英达、朱海鹏、范英明、黄兴安等人物形象,富有独创性。第四,它是一部忧患之作,体现了中国作家对国家、民族前途和命运的认识水平和表达能力,呈现出的沉郁、激越的美学风范,暗合了转型社会的时代精神。第五,它是一部在接受方面称得上雅俗共赏的作品,结构完整,情节丰富。

对柳建伟的创作来说,《突出重围》的出现有力地证明了他确实是一部推土机。它虽然没有出现堪与李金堂比肩的重量级人物,但却以与《北方城郭》完全不同的品格,显示出了作者巨大的创造力。从《北方城郭》一下跨越到《突出重围》,创造空间之大,军旅作家难有人做到。军旅作家在创作上的过分本色化,一直是困扰这一文学门类难有突破的根本问题之一。而恰恰在这一点上,《突出重围》对其他军队作家是有借鉴和启示意义的。还有一个值得披露的事实:据我所知,柳建伟至今没在野战部队生活过一天,而他却能把野战部队的生活表现到这种程度。如何深入生活,确实是个值得研究的大问题。

2

两年前,柳建伟在一篇创作谈中公开表示他要像巴尔扎克一样,做一名社会的书记员。如今他正在沿着先哲走过的路,我行我素,扎扎实实地前进着。

几个月前,他来信披露自己正在全力撰写名叫《英雄时代》的长篇。他说这部《英雄时代》其实与《北方城郭》和《突出重围》的内在精神相一致,三部作品合成"时代三部曲",基本上能概略表达出对当下中国的基本判断。

我感到这个信息很重要,便向他索要了一份《英雄时代》的提纲。顺便指出,柳建伟每写一部作品,都要先写一个几万字的详细提纲。据他说这是从陀思妥耶夫斯基那里学到的笨办法。这里把提纲的提纲泄露出来,以便使"时代三部曲"能显出完整的骨骼。

《英雄时代》是一部以正在急剧变化的中国大都市为主要舞台的长篇小说。它将以一个红色大家族展开结构。主要人物的选择和设置,基于作者对中国当下现实这样的认识:这是一个多语意识构成对话关系的中国,社会在多种意识相互斗争、相互渗透的过程中逐步前进。作者认为,多种意识存在,是因为中国社会深层结构中三方文化会谈正在进行。他把三种文化看成是传统文化、西方文化和共产主义文化。共产主义文化在社会外在结构和意识形态领域占有主导地位,传统文化在中国人的深层心理层面仍有主导性影响,而西方文化则在个体的人在采取生活方式、建立价值观念方面有导向性诱惑。作者的判断是:社会深层文化结构不变,社会的外在结构也不会有本质的改变,这种状况自实行改革开放后开始出现,并将持续五十到一百年。因此,作者选定了这样几个中心人物:史天雄,一个为政权的稳固探索新的可能性的人,作为革命者的遗孤,作为健在革命家陆震天的女婿,所有行为似都有前定,他从副司长的岗位上主动离职搞个体商业零售,目的并不是重做一个亿万富翁的梦,而是希望能在迅猛发展的个体经济中掺入更多对政权有利的因素,当国家大型企业需要管理人才时,他又义无反顾地离开了自己新开创的事业;陆承伟,作为革命家的后代,童年、少年时代便饱尝了社会动荡带给个体的苦难,待家族重新在社会上复出后,他也踏上为维持现实不再变化寻求方略的不归路,他在美国学到了聚财的本领,回国后便借家族的影响和法治社会刚刚启动的空间,大量敛财,在他看来,国有资产在社会转型时既然避免不了流失,那就最好流进自己这种人的银库里,唯有这样才能避免社会革命变化时再度流落街头的命运;陆承业,作为烈士遗孤,为保江山出力是他命定的选择,在主持一家大企业的漫长岁月里,他曾创造过大辉煌,然而当市场经济真的来临后,又是他使一家万人企业陷入崩溃,最后他受责任和义务的驱使,选择了以死谢天下的道路。这部小说将正面涉及当下中国政治经济领域最重大的问题,私营经济的崛起、国有企业的困境、国有资产的流失等,都将有艺术化的描画。

现在来看这个"时代三部曲",它的价值就显示了出来。可以预想,它可能会成为柳建伟文学世界的第一座标志性建筑。在这座建筑中,人们将领略当下中国从乡村到大都市、从地方到军营的最重要的风景。

"时代三部曲"将成为柳建伟的阶段性总结之作。这一阶段,他对社会生活水平的表达,采取的是个性视角。十五岁以前的生活,收获的是《北方城郭》;二十年军旅生活,收获的是《突出重围》;十五年都市生活,收获的是《英雄时代》。在这一阶段,作者还没有力量表现出他在文学上的全部可能性。因为它们本质上都是直接或间接地从作者的体验中生长出来,尚无法表现出超验世界的风貌。形而上的超拔不够,存在于《北方城郭》、存在于《突出重围》,同样也会存在于《英雄时代》。以我对柳建伟的了解,可以断定,他对"时代三部曲"的缺失是能看得见的。我把他的完善和成熟,寄希望于他的第二个创作高峰期。据说,他早已把第二季的种子播了下去。

3

也许有人会说:你这篇文章对柳建伟创作中缺失的批评太少了,多少有点护短。我不想反驳,因为这不是一篇定量分析的批评,而柳建伟的不足恰恰都出现在细微的地方。一个有力的辩护理由是:推土机很难把活儿做得干净漂亮。最后我想着重探讨一个重要的理论问题。这个问题正是因为柳建伟已经和将要问世的几部作品的出现显得更加醒目了。这个问题是:二十一世纪的中国文学到底应该接续哪种传统?

立足本土,基本上已用不着争论了。拉丁美洲文学的爆炸已经充分证明了立足本土的重要。同时,我们又必须重视拉丁美洲文学是怎样向西方学习的,在学习过程中都做了哪些扬弃。更重要的是,我们应该考虑到哪些东西根本不值得借鉴。

十年前,柳建伟在《瞄准生死劫》一文中提出这样一个观点:文学的形态和社会的形态存在着深层的对位关系,相似的社会形态,其文学形态内在精神也必然相似。他认为改革开放后的中国,与大革命后的法国和废除农奴制后的俄国,在深层结构上有惊人的相似之处。在文章中,他吁请作家们对这两个时代的文学给予特别的关注。这种声音在1990年,实在太难让很多人入耳。但他就是身体力行这么学过来的。这种观点被淹没在追新逐异的浪潮中,也与作者的阐释不力有关。如今,现实主义冲击波渐渐陷入现时主义的泥沼了,重提这个话题就更有意义。

当下中国在深层结构上与上述两个时代有哪些重要的相似之处呢?需要做点对比。一是政治形态有内在的相似处,都有从专制走向民主、从人治走向法治的诸多表征。二是经济形态都处在革命性的转型期,都属于经济变好上升的时期。三是文化形态,在内在精神上也有惊人的一致性,都是多元文化并存。概言之,因为政治的开明、经济的发展、文化的多元,人的价值取向和行为准则都有注重个体选择的趋势。欲望实际上成了社会前进的直接驱动力。俄国的开放自彼得大帝时期就开始了,但走的是改良之路,直到1861年才把农奴制废除。法国进行的是革命战争,直接进入了呼喊自由、平等、博爱的口号期。加上种族的差异,俄国文学先出现的是多余人形象。这种多余人形象的出现,在欧洲也有个参照,社会形态与开放后废除农奴制前的俄国很相似的德国魏玛时期,也出现了少年维特这种多余人。于连和拉斯蒂涅出现三四十年后,俄国也出现了同一类型的拉斯克拉尼科夫、斯塔洛夫金。这恐怕不是偶然的巧合。

这两个时期,两个不同民族的文学先后出现批判现实主义的创作思潮,很值得中国的文学工作者重新研究。从这个角度看,1996年在中国出现的现实主义冲击波,完全可视作社会形态对文学形态的深层呼唤。惜乎,直到目前,中国的批评界显然对这些现象的本质认识不够,仍在"革命就是潮流、就是进步"的泥潭里打转转。

我认为已经到了清理1985年以来中国文学得失的时候了。十几年时间把西方二十世纪所有重要文学流派演习一个遍,是表明胃口极好呢,还是1985年赶美、超英思想感情的阴魂没散?时逢世纪之交,中国文学应该找准自己的起点了。

把逸出的思绪打住,回头再说柳建伟。现在看来,柳建伟在十年前选择批判现实主义道路,是有点先见之明的。但仅向十九世纪的西方文学和《红楼梦》学习,难成大家。任何一个真正的集大成者,都有不缺乏开先河者的胆识和能力。整个二十世纪的西方文学(包括拉美文学),在一些新领域把世界文学的水准提升到了一个新的高度,这是无法绕过的巨大存在。我感到遗憾的是,柳建伟目前的作品中,还没有出现二十世纪西方文学的良性浸淫。中国的转型发生在二十世纪末,是伴着信息高速公路、克隆技术、核武器的阴影和艾滋病毒开始的,与一个多世纪前法、俄的转型也还有着根本的不同。如果无视这些存在,柳建伟的文学之路不可能走得太远。我个人认为,以批判现实主义的文学精神为内核,以现代主义的方式方法为武器,以中国丰厚的文化传统为依托,是二十一世纪中国文学的出路所在。柳建伟还在成长变化中,人又年轻,没有理由不对他的未来寄予厚望。我耐心地期待着。

1998年暑期于宜春北京
原载《当代作家评论》1999年第1期

理性批判与典型塑造
——《北方城郭》简评

向宝云

在今天,市场经济正日益成为我们普遍遭遇的日常经验,商品逻辑渗透到社会生活的各个方面并凯歌高奏,文学艺术领域也不例外。商品逻辑替代文化逻辑,使用价值君临价值,神圣的文学创作沦为逐利的文学生产,文学创作的神秘面纱被程式化的生产流程彻底轰毁。除此之外,严肃文学则呈现出两种写作趋向:其一是私人化趋向。写作的出发点和归结点都是自我的生命形态、自我的内心体验,这种私语化倾向无论就写作者还是接受者来说,都有强大的社会经济文化基础。市场经济带来了开放的社会生活,解放了人的心灵禁锢,上帝已拂袖而去,沉重的自由落到每个被抛掷于世的个体的肩上,因而,享受美丽而严酷的自由,成为一种选择、一种担承、一种艰难、一种煎熬、一种历险,成为自己、面对自己,成为人生中至关重要的事情,私语化写作正是在这样的土壤上茁壮成长并拥有广阔市场的。其二是市场化趋向。我们正处于社会变革时期,转型正成为越来越多的中国人对当下社会发展状况的深刻共识。制度变迁、技术创新、利益分割带来的多种社会矛盾的冲突、各种价值观念的碰撞,必然激荡起进取的豪情和困惑的茫然。改革的目标与现实的条件之间,改革的动机与改革效果之间,都出现了许多发人深思的问题。于是,一批作家关注现实,切入当下,由自我关怀转化为社会关怀,举凡农村生活、工厂改革、官场斗争、知识分子问题等等,都在其关注视野之内。这也就是近年评论界予以热评的"现实主义回归"或"现实主义冲击波"。

青年作家柳建伟大概可以划入上述"现实主义"营垒。他历时数年完成的长篇小说《北方城郭》(人民文学出版社 1997 年 6 月版)引起评论界的高度重视,有的论者将其与阿来的《尘埃落定》一起赞誉为 1997 年中国长篇小说的"双璧",代表了长篇小说创作取得的新成就,体现了现实主义创作方法的不朽魅力。

《北方城郭》浩浩 55 万字,结构宏大,气魄雄伟,厚实凝重,丰富深邃。作者深厚的生活积淀、思想储备、语言功力,使我们看到作品的磅礴大气。它不仅为我们提供了转型期中国社会城乡生活的诸多方面的真实境况,而且为长篇小说的操作艺术提供了多方面的启示。

本文不打算也无力对《北方城郭》作全面的评价,作者丰沛的艺术才华创造的文学巨构,需要我们用更多的时间和心智来领悟与思考。我只想谈谈它的主题思想的开掘,以及给我印象最深的人物形象塑造。而在众多栩栩如生的人物形象中,我着重要谈的是李金堂形象的塑造。

在有些人看来,只要反映现实生活,强调文学与时代的关系,那就是现实主义,标签一贴,万事大吉。是否只要反映和描写现实生活的作品就堪称现实主义,似乎需要我们具体分析评判,题材决定论在现实主义界定中是一种严重的偏至。我认为,比较纯正的现实主义应该具有两方面的重要特征:一是注重人物形象的典型塑造(许多崭新的小说理论对此早已不屑一顾),二是富于深刻的理性批判精神(前几年的"新写实"小说之有别于现实主义,正在于多数"新写实"作品失却了理性批判精神,作品过多地呈现生活事件,过少地注重揭示社会本质,缺乏震撼人心的激情的深刻)。以上述两方面衡量《北方城郭》,我们可以看到作品某些方面的欠缺。柳建伟是个理论修养相当不错的作家,曾经有过长时间的理论学术训练,作品的字里行间也透射出作者的学者化倾向,但我仍然觉得《北方城郭》表现出来的理性批判精神不够清晰、集中和尖利。当然,这可能正如有的论者指出的是作品"丰富的混沌"造成的,这的确是非常重要的原因。异常广阔的视野和丰富的生活,使作者在刻画生活场景、塑造人物形象方面着力甚多,相应的在思想提炼、形上超拔、价值判断方面却显得较为模糊。

《北方城郭》写得如行云流水,十分好看。一般来说,这么长的小说,要吸引人读完它并非易事,但《北方城郭》具有这股摄人心魄的力量。在阅读的过程中,我一直在思考:这么长篇幅的叙事,这么丰富的内容,究竟是建立在什么思想的基石之上?换言之,支撑这部鸿篇巨制的批判理性究竟是什么?

这绝对不是一部简单的反腐败的作品,也不是描写改革势力与反改革势力斗争的作品。刘清松与李金堂之间的较量,只是特定环境中的权力斗争而已,他们都是站在党的正确路线上,怀着把龙泉县工作搞出成绩的良好动机,因此,他们之间不存在正义与非正义的问题,不存在是与非的问题,甚至不存在高尚与卑鄙的问题。正如作品描写的,在这种权力斗争中,没有是非原则,只有利害原则,因此,他们相互试探、妥协、合作、对抗都是为着利害原则而进行的权力操作而已。在这一权力争夺的较量中固然会呈现出他们不同的思想境界和人格意境,但更主要的是表现他们的意志、情绪、能力的不同风貌。这一特殊的斗争格局和性质,自然使作品更多地倾向于现象描述,而疏于价值判断,或持一种价值中立立场。作品的另一条主线,即白剑追查洪灾救济款发放情况,试图说明腐败与权力的孪生关系,证明腐败不是自市场经济开始的。但从一开始,白剑与李金堂便不具有直接正面冲突的性质。作为没有多少办事能力的一介书生，白剑根本不是李金堂的对手，他之所以能写成《洪荒作证》的报告文学，全赖对李金堂有刻骨仇恨的林苟生的鼎力相助；否则，他将一事无成。应该说，白剑翻旧账的目的很快（甚至一开始）就被林苟生、刘清松利用了，由查出事情真相变为扳倒李金堂。这在林苟生而言，是正常和自然的，他在龙泉几十年的悲苦命运，是李金堂一手造成的。当右派，进监狱，越狱到大西北盲流，种种命运的不公使他对李金堂充满了刻骨的怨恨。而作为县委书记的刘清松，并不是把白剑作为正义的伸张者看待的，同样利用白剑。作为商人的林苟生倒比作为县委书记的刘清松更高尚些。而白剑呢？在这一并不复杂的情势中，却停止了思考的脚步，我们甚至看不到他对李金堂有何实质性的评价，变得异常盲目，成为写作《洪荒作证》的机器。因此，作品的理性批判找不到落脚点和载体。因此，它带给我们的，更多的是感性的愉悦，而不是理性的震撼；是叙事的光芒，而不是思想的激情。

　　刘震云的多篇小说也是写官场权力争斗的，其观察与描写视角很独特，即采取对权力秩序不认同的文化视角，让权力斗争游戏化、喜剧化、世俗化，对游戏者采取温和的嘲笑和反讽的态度。我认为，《北方城郭》采取的则是社会视角，对权力秩序是认同的，作品中，权力的游戏者都是认真的行动者，不管他们是失败，还是成功，他们都不是滑稽的喜剧丑角，作者对他们不是采取反讽的姿态，而是描述的姿态，既不表现出批判的立场，也不流露出道德的困惑。换言之，作者在看待政治人物时，用的是政治的尺度、政治的眼光，故能表现出一种宽容与理解。关于这一点，可用如下细节证明——庞秋雁对刘清松说，为了制服李金堂，可以在李金堂与欧阳洪梅的关系上做做文章。刘清松当即予以断然拒绝："不要动这方面的念头！他们的关系一年半载摸不清楚。他们对龙泉都有过大贡献，这些小事，无伤大雅。"

　　《北方城郭》在思想开掘方面略有欠缺，但在人物典型塑造方面却取得了丰硕的实绩。作者在描写纷繁复杂的各种事件时，并没有让人物淹没在事件之中，而是注重对人物形象的刻意塑造。李金堂、欧阳洪梅、林苟生、刘清松、申玉豹等，个个血肉丰满、栩栩如生。即便是一些出场很少的次要人物，作者也能以很少的笔墨对其进行准确、深刻的刻画。如白脸王副乡长持枪胁迫白姓人撤寨门一段描写，通过白剑与他的交锋，便把这个在全书仅出现一次的农村基层干部专横跋扈、以势压人、媚上欺下、外强中干的形象刻画得跃然纸上，给人留下难忘的印象。可以说，注重人物形象塑造，是《北方城郭》取得的最重要的成就之一。

　　全书的中心人物是李金堂，他是所有人物关系网络的核心，通过他把权力斗争、感情纠葛等统摄在一起,这是全书丰富厚重、色彩斑斓的源泉。他身上丰富而复杂的人性深度,具有巨大的认识价值。

作品是把李金堂置于两种特殊的情境中进行塑造的,即官场和情场,在这两大战场上,他都是征服者和胜利者。在米歇尔·福柯看来,权力是无所不在的。罗素则认为:"人类最大的、最主要的欲望是权力欲和荣誉欲。"李金堂正是具有强烈的权力欲和荣誉欲的人,不过,他从来追求的,只是权力的实质和内容,而不是权力的外在形式。马克斯·韦伯说:"权力是把一个人的意志强加在其他人的行为之上的能力。"李金堂便具有这样的能力。几十年来,他把龙泉经营成了一个固若金汤的城堡,他自己也成为这个权力王国的酋长。但并不是一开始就是这样的,"作为一个职业政客或叫革命家,李金堂在青年时有着取之不竭的热情和力量。他最初的人生理想并不是要在龙泉这样一个小县做一名酋长式的统治者,他的希望要高远、明亮得多"。使李金堂由一个单纯的革命家变成一个复杂的政客,其契机是牛棚生涯。被打倒进牛棚后,他对人生有了新的感悟:"再出来后,我才学会了珍惜自己,我才发现每个人都在珍惜自己。"于是他的政治事业和生命哲学自然成为"官,除了要为民做主做事,剩下的就是实现自己的各种愿望"。应该说,李金堂的经历和世界观的转变,在他那一代人中具有相当的普遍性和典型性。这种世界观同时也就造成了李金堂形象的复杂性和人性深度。因此,在他的生命和言行中,总是高尚的情操和个人的私欲纠结在一起,政客铁腕和男人真情纠结在一起,意志能力和权谋算计纠结在一起,真诚和虚伪纠结在一起。

李金堂首先是一个具有强力意志和行政能力的强者,他不仅谙熟各种权力游戏的运作技巧,而且具有较高的文化修养,看问题办事情总能抓住实质办出成效。无论是指挥抗洪救灾,还是平息白云飞率领 200 多农民的上访示威,无论是处理住院期间收受的礼品,还是布置拍摄乡村小学贫困的办学状况的电视片,总是显得信心十足,指挥若定,运筹帷幄,有条不紊。在与刘清松、庞秋雁的权力斗争中,他总是像个机敏的猎手,善于捕捉战机,棋高一着,让对手进入自己设计的伏击圈,然后轻而易举地战胜之。精心设计一场"林肯风波",便把庞秋雁赶出龙泉,使刘清松失去得力助手。在中央工作组进驻龙泉,刘清松杀将回来磨刀霍霍的不利情形下,李金堂竟能通过"电视讲话"嵌得民心,将刘清松击得一败涂地。所以,和他有着几十年至真至切关系的欧阳洪梅认识到:"他无疑是个举手投足便可以征服一群人的伟丈夫,母亲和自己的选择都是面对这个男人无处逃遁的必然结果。在漫长的三十九年里,十几个政治对手都怀着无可奈何的心情在龙泉这个小小的竞技场上败落了,李金堂从此也完成了自己铁腕人物的形象。"

李金堂成为铁腕人物是因为他拥有权力,而且善于运用权力,权力使他不怒而威。加尔布雷思在《权力的分析》中写道:"很少有什么词汇像'权力'一词这样,几乎不需要考虑它的意义而又如此经常地被人们使用,像它这样存在于人类所有的时代。通过王权和荣誉的结合,权力被包括在对超我存在的圣念式的赞誉之中,每天,有成千上万的人都要和权力打交道。"因为李金堂炙人的权力,数十年来胡眉守口如瓶;董天柱自杀;桂雁生心甘情愿自我流放;连城锁甘愿成为李金堂消灭庞秋雁计划中的一个环节和工具,接受免职的处分;钱全中为了救恩人的驾,更是以天大的忠诚,以死报效李金堂。李金堂出手的凶狠,自然使人想起奸雄曹操。李金堂免职连城锁,索命钱全中,和曹操杀军官"借人头压军心"如出一辙,因此说他大奸大恶并无不可。但是,另一方面,我们必须看到,他"作恶多端"的事实,往往都是权力斗争的需要,而和他所从事的事业并无抵触。相反,在为龙泉工作上,在为龙泉谋利益方面,他总是鞠躬尽瘁,千方百计,尽心尽力。无论是争取扶贫款,还是妥善处理荣昌公司国际商业纠纷,他总是以超拔的智慧,为龙泉县争取尽量多的利益。他一生中最大的腐败,就是贪污了救灾款 80 多万,这成为他一生洗不去的罪恶。但他这一犯罪行为,似乎有着他自己也不完全清晰的犯罪动机;否则,就难以解释这么多年,他竟然数都没有数这口袋钱有多少,没当回事地放在床脚下,并最终存到申玉豹公司(精明如李金堂者,这一举动的合理性和严谨性似值得推敲),差点招致杀身之祸。在洪灾到来前,他多次警告水库质量隐患,被指斥为右倾保守;抗灾中,他身先士卒,指挥有方,稳定局势。即使在刘清松把他捅得山穷水尽之时,他也不愿不负责地意气用事。当公安局关五德局长表示让群众闹一闹、拖一拖时,他却叹口气道:"你和宝林的好意,我早已心领了。这种整法,只能在必胜的前提下才能用。且不说能不能控制住局面,我们败了,秋后一算账,这七八个村可就彻底垮掉了。弄得不好,我们就是千古罪人。这件事就不要再提了。清松为的只是我。再为我捅出大乱子,我死不瞑目。"应该说,一事当前,他还是有大局观念,能使小我服从集体事业的。

　　就此而言,作者确实写出了李金堂这个人物的复杂性。据报载,某市一副市长因受贿入狱,证据确凿,但却有许多人纷纷前往探望。这些人既不是他的亲属,也不是受他恩泽提拔的下属官员,就是一般老百姓。老百姓并不是不知道他确实犯了受贿罪,也不是不相信他会犯受贿罪,而是认为他在当副市长期间,为本市做过几件实实在在的大事。人们把官员分为几种:廉洁而能干的,不廉洁而能干的,廉洁而不能干的,不廉洁而不能干的。廉洁而能干的,德才兼备,当然最好,但在现实生活中往往不多。那么,退而求其次,不能选择最优,就选择次优,那些不廉洁而能干的,也就得到一定的认同。李金堂身上,应该说就具有这样的复杂性。他所代表的不是制度的政治,而是情感的政治,因此被某些人视为情义的化身,很能笼络人心、征服人心。

李金堂身上的人性深度,还表现在他对待爱情和处理与欧阳洪梅的关系上。如果说,在官场上,特别是在对待对手的关系上,李金堂更多地表现了冷面杀手的一面;那么,在情场上,特别是在对待女人的关系上,则更多地表现了热血男儿的一面。他既能雷厉风行、纵横捭阖,又能心细如发、笼络人心。他暗恋欧阳洪梅的母亲,可以看她演出20场,把她演出的剧目背诵得滚瓜烂熟。他以坚韧执着的等待,终于用令人发怵的爱情"捅死了"慕慧娟。正如欧阳洪梅所认识的,李金堂用情之专,是每一个女人无法逃避的。欧阳洪梅能这么多年死心塌地跟随他,自有他人格意境的魅力。在他与欧阳洪梅的爱情关系中,既有真挚的关切、绵绵的情意,又有私欲的占有、少年的愿望。他既把欧阳洪梅作为自己的私有财产,又时时为她着想,关心她的成长,设计她的未来,为她的前途绞尽脑汁,甚至向欧阳洪梅表白,贪污那80万也是为了她的将来生活有稳定的保障。即使在申玉豹开始追逐欧阳洪梅后,他也可以胸怀坦荡地对欧阳洪梅诉说衷情,表示能理解她,在自己面临困境的时候,还为将来不能照顾欧阳洪梅而愧疚,以至欧阳洪梅总是割舍不下对他的情意,情不自禁地帮助和支持他。

《北方城郭》博大的内容不是本短文能穷尽的,以上所谈也只是挂一漏万的一孔之见。我相信随着时间的推移,《北方城郭》所取得的现实主义成就会得到越来越多的人的热情理解和高度评价。

1998年3月于成都百花潭
原载《当代文坛》1998年第3期

新态势与新希望
—— 近期若干长篇小说新作概评

何镇邦

去冬今春,我蛰居于斗室,有比较集中的时间阅读了一批长篇小说新作,其中有不少优秀之作给我留下了较为深刻的印象。这些作品是:范小青的《百日阳光》、柳建伟的《北方城郭》、阿来的《尘埃落定》、周梅森的《天下财富》、周懋庸的《长相思》、朱秀海的《波涛汹涌》、郭启宏的《潮人》、曾维浩的《弑父》等等。冬天,是休耕的季节,而春天,却是耕耘和播种的季节。去冬今春,当我躲在温暖的书斋里贪婪地阅读一部又一部长篇小说新作时,却有一股又一股盎然的春意掠过心头,似乎感到这是一个长篇小说创作的收获季节。

一、《百日阳光》、《天下财富》给我们带来了什么

范小青、周梅森都是来自江苏的实力派作家,他们近年来在长篇小说创作上均颇有建树,而今春奉献的新作《百日阳光》、《天下财富》尤其值得注意。

《百日阳光》落笔于江南小镇桃花镇,可是折射出的艺术空间却相当恢广。范小青通过桃花镇乡镇企业(从乡镇企业阳光集团到名牌企业王桃食品厂,从游乐场第二期工程到房地产开发)由盛而衰,又于困境中走出一条新路的全方位的展示,通过从镇委书记项达民、镇长柏森林到平泽县纪委副书记尤敬华、平江市新上任的市委书记闻舒、省纪委的杜老等各级干部形象的创造,以及台湾商人尹秀婷、电视台记者芦狄、电视台主持人徐晶、女作家陶李、评弹演员蒋月仙等等各种人物形象的勾勒,的确写出了九十年代中国乡镇社会的一幅全景式的图画来。不仅写到八十年代初较早发展起来的苏南乡镇企业在发展到九十年代之后,由于乡镇企业干部自身素质的问题,由于管理体制的问题,还有社会上的各种问题,存在着种种错综复杂的矛盾,面临着种种一触即发的危机,同时,由于注重写了项达民等一批乡镇干部的心理嬗变的过程,纵深地描示了当下乡镇社会的种种矛盾,对生活的开掘也有了新的深度。可以说,这是一部通过小乡镇的变化全方位展示九十年代中国乡镇社会全貌,以有限的自然空间写

出无限的艺术空间的具有开拓意义的作品。由于女作家范小青善于写日常生活,善于用细腻的笔调刻画出诸如项达民、柏森林、杜老、尹秀婷等各种艺术典型,又善于把风俗画与当今变幻莫测的政治经济生活描写糅合在一起,同时,小说中又有不少关于乡镇企业出路的深刻的思考,因此,这部近七十万字的长卷可以一口气读完,也能发人深思。就范小青的长篇小说创作而言,《百日阳光》当然是她创作道路上具有里程碑意义的重要作品,标志着她从长于写"杨柳岸晓风残月"的婉约隽永的风俗画作品向描绘当今乡镇社会重大变革的"大江东去"式豪放型的全景性作品的转变。就当前反映现实生活的长篇小说而言,《百日阳光》就其反映生活的广度、开掘生活的深度以及作品独特的艺术风貌种种角度来看,都值得重视。

周梅森于一年多前推出长篇力作《人间正道》,受到人们的普遍关注。而刚刚呈现在大家面前的这部长篇新作《天下财富》,既具有《人间正道》多方面扫描当代变化中的现实生活和大气磅礴的叙事风格等特色,同时又比《人间正道》写得更细,有更浓郁的生活气息和生活情趣,对人物内心的开掘也有新的深度,结构上也似更缜密,给读者提供了不少新的东西。《人间正道》写的是政治、官场,写的是轰轰烈烈的修水利、办电修路的场面和官场内部的矛盾冲突,有力度,缺精细。而这部《天下财富》却把笔触转向写企业股份制改造,写股市风云,写新的变革时代形形色色的经济人。它不仅为我们展示了诸如南方机器公司这个大型国营企业实行股份制改造、股票上市、绝处逢生以及股市中风云变幻等新的生活层面,更重要的是通过这种崭新的经济生活描写和江家三兄弟不同的生活道路,通过"股市鳌鱼"安子良、投机的农民企业家马达哈、山区女青年王洁月等人物形象的创造,使读者不仅感到新鲜和好读,也感到耐读与发人深省。小说中所创造的江海生、江海洋、李响、安子良等艺术形象是独特的"这一个",有较高的认识价值和审美价值。因此,尽管这部作品仍有某些不太令人满意之处,诸如作为南方公司的陪衬的马达哈的大发公司股市投机活动写得太粗,关于约翰创办南方机器厂的历史也明显写得不足,但我们没有理由不为这部作品的出现而高兴。

据我所知,范小青和周梅森,对他们所反映的生活,都有较深厚的生活积累。范小青对于苏州附近乡镇企业以及项达民式的乡镇干部的观察和体验,《百日阳光》的创作从构思到成稿到反复修改,也有好些年了;而周梅森在《天下财富》中所写的内容不少就是他前些年下海的生活体验。

二、笔墨集中在人物形象塑造上

柳建伟的《北方城郭》和朱秀海的《波涛汹涌》，它们在人物形象塑造上所取得的艺术成就似更值得注意。

柳建伟打磨多年的长篇小说《北方城郭》写的是豫西南小盆地里龙泉县四十余年中的生活变迁，它以一座北方的小县城为落笔之处，以县委副书记李金堂为中心人物，从政治、经济、文化诸方面入手，描绘了转型期的中国乡镇社会的诸多侧面，解剖了具有中国特色的政治和社会形态，较深入地开掘了沉积较深的封建的文化心态。它在结构艺术、叙事语调、闲笔应用等方面取得突出的艺术成就，并注意把作家的个性化的艺术追求同大众的审美情趣结合起来，取得了雅俗共赏的艺术效果。但是，应该说，它最大的艺术成就乃是创造了李金堂这么一个具有典型意义的艺术形象。李金堂名义上是龙泉县委副书记，实际上是个很会玩弄权术、很会玩弄女人、靠人民的血汗把自己养肥的腐败分子，实际上，他已成为我们取得政权几十年来异化分子的典型。柳建伟用现实主义的艺术原则来创造这个人物形象，把他写得真实丰满、复杂立体。他办点好事又办点坏事，办点公事又办点私事，干起坏事来毫不手软，办起好事来也非常果断，讲道理头头是道，讲正理大气磅礴。他既懂得垒自己的土围子，又懂得现代化的钱权交易，玩权术玩感情都玩得相当有水平。例如用一辆林肯车把新上任的县委书记刘清松的情人副县长庞秋雁整倒，即可见其一斑；作品中，李金堂同女演员欧阳洪梅的感情纠葛也写得不落俗套。可见，他集具有封建色彩的地头蛇和现代化的政客于一身，是个颇有认识价值和审美价值的典型形象。有人说他有点像张炜《古船》中的赵炳，其实他比赵炳更丰满，更具典型意义。除李金堂外，欧阳洪梅、申玉豹、林苟生等几个人物形象也都写得好，个性鲜明，血肉丰满。柳建伟笔下的人物，总是写一个活一个，笔力集中，不写好不撒手。我颇赞赏这样的艺术态度。

海军作家朱秀海的长篇小说新作《波涛汹涌》写的是鲜为人知的海军潜艇部队的战斗生活。它不仅为我们展示出那么一个崭新的充满神秘色彩的生活领域，而且通过潜院学员（后来的潜艇艇长）江白披阅世界潜艇战史做的读书笔记让我们看到世界潜艇部队一战、二战的战史，大大开了眼界；通过对海山别墅那座可以看作海军博物馆的典型环境描写，通过这座别墅两代主人公历史的描述，使我们了解我国海军的成长史。这种广阔的艺术空间和沉重的历史感都使这部写潜艇部队生活的长篇小说显得厚重雄奇。更重要的是朱秀海在这部作品中塑造了潜艇部队两代英雄人物东方瀚海和江白的形象。4809艇艇长东方瀚海是位功勋卓著的英雄艇长,20年前在探测XY水道时潜艇失事,英勇献身,却因种种原因而蒙不白之冤。小说中对他虽然用的是侧写与虚写,但通过战友们的层层回忆,通过秦失、焦同和江白等为他洗去沉冤的过程描写,就把他这个老一代的"潜艇英雄"的形象立起来了。作者不仅写他的英雄行为,也写他复杂的感情世界,因此形象相当丰满立体。江白是作者刻意描绘的新一代的潜艇英雄形象,从潜艇学院学员到9009艇艇长,写出了他的不平凡的成长过程,从平凡的学员生活到XY海域、XY水道的探测,还有L基地的潜艇演习时波涛汹涌的战斗场面,再到缠绵的爱情生活描写,写出了一个有知识、有抱负、有个性的海军青年军官的形象。此外,基地司令员秦失、9009艇政委焦同的形象也是相当鲜活的,海韵、白雪、康居婉若等三个女性形象也是相当出色的。作品中那种主观抒情的诗意与某种客观理性的思辨色彩融合而成的独特的艺术韵味也有相当强的艺术魅力。这是我近年来读到的最为出色的一部军旅题材的长篇佳作。

三、别样的创作心态、别样的艺术思维和别样的艺术风采

近期出现的长篇新作之中,有两部作品以一种新的艺术风采颇引人注目,受到文坛各界的一致好评,这就是年逾花甲的女作者周懋庸的长篇处女作《长相思》和来自四川的藏族青年作家阿来的长篇处女作《尘埃落定》。

周懋庸的《长相思》写的是本世纪三十至五十年代川南山中一个叫板栗凹的山村里孟氏家族三姊妹和他们的子女、亲友的人生遭际,他们平凡朴实的生活和各种各样的命运,这一切,可能只是那个动荡的革命年代的几朵浪花,但是,读来又是那么有韵味、有意思。青年守寡的大姐伯芸一夜萌发的爱情,虽然只有寥寥几笔的勾勒,却写得含蓄中见热烈;二姐仲芸的要强、自立、奋斗,她的才华和当了女中校长后的经历,还有解放后的一段生活遭际,也是颇耐人寻味的;三妹叔芸参加了革命,到过延安,她和由她带出来的战友们的生活,自然有一种新的意义。陆运山和江之涓的爱情描写,还有那个颇有点得《红楼梦》里史湘云遗风的金明瑟,以及剧团里的几个演员诸如颜尔梅、方思羽等人物形象的刻画,从川南山区到晋西北、到上海等地风情的描写,都给人留下深刻的印象。小说虽然结构失之松散,人物众多,笔力分散,但由于作者善于写意,文笔清丽隽永,颇见功力。因此,自然有一种有别于他作的艺术风采和艺术魅力。有人称之为抒情性小说,有人又称之为具有自传色彩的小说,都有一定的道理。总

之,这样的作品让人读来自有夏日饮冰之感。

阿来的《尘埃落定》,写的是川西藏区麦其土司家族近半个世纪的历史,可以看作这个土司家族在世纪前五十余年中于现代化过程中逐渐崩溃的过程,也可以从别的不同的角度来读它、来阐释它,因为它有着多义的主题。小说作者选定麦其土司的傻子二少爷作为叙事的切入点和叙事线索,这是颇具匠心的。小说展示了土司制度和生活的浪漫与神秘、麦其土司家族内部的权力斗争、麦其土司和别的土司之间的权力争斗、几个土司家族与汉人之间的渗透和斗争,比如从鸦片的引种、梅毒的传染、贸易的引进,到最后解放军的进入、土司的瓦解,等等,都写得相当引人入胜,也耐人寻味。作品中关于人性开掘的方法与深度也是不同于我们常见的别的作品。作品中诗意化的笔触以及油画感的画面都表现出作者不凡的艺术才华。我们很难用通常的办法来阐释作品蕴含的思想和主旨、归纳其特色。我们只感到作者显然是用一种全新的艺术思维来观照和反映那独特的一段生活,因此才具有如此独特的艺术风采。

读了这两部作品,人们都提到作家的创作心态和思维方法对创作的意义。周懋庸是出于一种倾诉的目的而不是别的功利的目的来写《长相思》,阿来用一种别样的目光从一个独特的角度来观照藏族土司的生活和土司制度的消亡,因此才能用一种新的思维方式来叙述那段故事。待历史的尘埃落定之后再去反观那段历史,当然会得到更多的创作的自由。

四、长篇小说艺术创造的天地是广阔的

从去冬今春读到的一批长篇小说新作来看,作家们的文体意识普遍地强化了,他们在长篇小说的艺术创造方面做了不少有意义的探讨和尝试。这里仅举若干例子。

就长篇小说的结构而言,尝试是多方面的。柳建伟的《北方城郭》在情节上是层层剥笋,在结构上则是两条线索、两个线索人物加几组人物拧在一起形成的麻花状结构。周梅森的《天下财富》以南方机器厂的股份制改造和股票上市为主线,以股市的风云描写为副线,采用的是主副线结构。朱秀海的《波涛汹涌》以江白的成长经历为明线,以东方瀚海的生活经历和蒙冤得洗为暗线,形成一种双线交错结构,而小说的三部分分别由江白、焦同、秦失三个主要人物切入,在结构上是相当讲究的。

再以叙述方法来看。朱秀海的《波涛汹涌》除了动态描写外,还引用江白披阅世界潜艇战史所做的笔记作为对世界潜艇作战史的静态叙述,这两种叙述的

结合形成一种新的叙事风格。此外,还有一种"热叙述"与"冷叙述"相结合的叙述风格。所谓"热叙述"指的是带有强烈感情主观色彩的叙述,例如心理描写等等;所谓"冷叙述"指的是用一种比较客观简洁的语调描述,诸如探测 XY 水道等战斗行动。这种"热叙述"与"冷叙述"相结合的叙述方法无疑也是一种新的尝试。而《北方城郭》中大量闲笔的运用、《百日阳光》中张弛有致的叙述语调,也都是一些值得肯定的艺术探讨。

而在《长相思》、《尘埃落定》等作品中那些艺术韵味隽永的诗意化描写,散文化和有油画韵致的生活画面描写,同样也是一种艺术上的创造。

总之,去冬今春读到一批长篇小说新作,真有一种赏春的乐趣,春意时时掠过心头,因此可以这么认为,长篇小说创作还是大有希望的!

原载《小说评论》1998 年第 5 期

《煞庄亡灵》读后

李士文

读罢中篇小说《煞庄亡灵》(《西南军事文学》1986 年第 6 期),不由人不联想到另一些作品,正如当期《西南军事文学》的署名文章《编后断笔》所说:"《红高粱》、《黑太阳》、《煞庄亡灵》……自从莫言'充满生命意识的艺术感觉'的艺术表达方法,提领文学新潮之风骚后,便有了张廷竹,再有了追赶他们的柳建伟。"这种现象本来不足为奇,何况柳建伟才二十三岁,开笔不久,《煞庄亡灵》是他的中篇处女作。在文学创作中,这种"追赶"有值得关注和不值得关注两种。我读《煞庄亡灵》,感到它的"追赶"并非不值得关注。

人们对《红高粱》说了许多,我认同这样一种看法:此作意在揭开"文明"的覆盖,诱发人对自身的那些久远的东西的记忆,以便从传统文化的血缘中找回早已失去的野性基因,培育那种坦坦荡荡的理想人格,发展与时代相适应的民族精神。也是反映抗日战争时期的生活,也在探索生命意识的《煞庄亡灵》,有时似乎过于接近这样的艺术意识。譬如,当张大炳和秋雪"压死三间房那么大片青草"而野合的时候,尽管描写笔墨不无特色,读者也因立即想起高粱地里的"我爷爷"和"我奶奶"而难以悦服。不过这种情况只是局部,如果着眼于整体,则可以看到,《煞庄亡灵》并不同于《红高粱》的思路,它不是去揭开传统文化的覆盖以展示人性的原生美,而是着重探索人们在传统文化的制约和压抑下所形成的生存意识,以及强烈的压抑达到极端时迸发出的生命的火花。

在《煞庄亡灵》里,仅有一场面临灭顶之灾的人们的逃亡暴动,打死几个日本兵只是一种"副产品"。在煞庄,土地主人和侵略强盗之间发生的矛盾,少有侵略与反侵略的色彩,主要是兽性暴行引起的人们的生存挣扎。不过,柳建伟所以这样写,目的倒不是揭露生活阴暗面,而是在探寻和反映一种社会文化心态,揭示历史长河形成的一种生存意识,批判其保守凝滞的一面,赞赏其活脱生盈的一面。从作品着重于批判色彩看,它与鲁迅研究国民性以引起疗救的主意同路。

从艺术上说,《煞庄亡灵》在题材处理上,特别是在人物设置上,确有"追赶"的痕迹,但表现方法就很难这样说了。两篇作品的故事情节和整体结构都是理性的和逻辑的,只是具体描绘不是线性发展而是流动组合,且时有意向性和虚幻性；人物都不是现实主义的那种性格典型，不是工笔雕镂，而是意念和思绪的载体，是写意泼墨形象。这种相似就很难说是谁追赶谁了，因为这样的表现方法不是始自《红高粱》。何况，《红高粱》是在一次伏击战的进行过程中向前后左右伸开画面，是一点的四射；《煞庄亡灵》则是各方射向一点，使前后左右的生活氛围酿成最末一点的光亮，差异是明显的。当然，即使如此也不好说是独创。但是，一个如此年轻的作者能够那样多方面触及四十年前的生活，甚至敢于深入探索日本军官的内在心态，总可见其在艺术经营方面做了怎样的努力吧。

　　基于上述艺术意图，《煞庄亡灵》多角度地展现笼罩生活的文化氛围和人们的人生意念。煞庄是豫西一个不打眼的小村庄，它同我国农村千万个村庄一样生活平常。日本鬼子来了，煞庄人整村逃亡，但是脱离土地东游西荡根本不是农民生活的方式，他们又返回家园，怀抱着安全生存的希望。煞庄虽小，却是侵略军的运输要道，为了安全，日本人摆出一副笑脸，采取怀柔政策，使煞庄人轻易上了当。他们"安静得像个公墓，温顺得像没娘的小鹿"，没有一点赶走侵略强盗的风浪。日本人找人修工事，三天没人去，芥川龙小队长理解这不是抵制或反抗，而是隔膜和胆怯。他说："会来的，我学历史时，专门研究过中国。"果然，一天一块"袁大头"工钱便摧毁了煞庄人的心理屏障，他们不但"兴高采烈"，甚至有"皇军比国军强"的表白。小说进一步概述道："煞庄人从来就很知足。大清朝也好，国民党也好，地方自治也好，日本人也好，不抽丁得上税，不上税也得交点粮，这一点从来就没变。多一点少一点没什么，受点皮肉之苦也可以忍，只求平安，能有个栖息之地也就行了。"煞庄人的人生哲学和生存意识就是如此朴拙、如此可怜，传统文化使他们的人性大大萎缩了。颇有阅历的万石斋老人明白，不仅煞庄"有兹多有奶便是娘的种"，就是政界军界，"都有认贼作父的"，换句话说，人性的萎缩实是我们民族精神中一股污暗的脉流。当然，我们民族也有它屹立于世几千年的优良传统，李大炳的朦胧觉醒、万石斋的民族自尊感、秋雪的忍辱负重精神，都是传统文化和民族精神中某种亮色的反映。但是，由于近百年的大大落后于世界潮流的文化熏陶，所有这些亮色都没有超越封建意识和小农经济酿成的精神樊篱，无以革新和提高人的素质，他们哪怕遭到侵略铁蹄的践踏也难以醒悟。万石斋的识见尽管未必全面，他"真的觉着中国就要完了"的忧伤，倒不完全是杞人忧天。

　　小说在展示这样一幅图景的同时，一步步加深矛盾，使煞庄人苟且偷安的生存意识受到威胁，把他们置于连这种起码的人权也会丧失的危机中。这样做一方面揭露了侵略者的残暴，另一方面也更加深入到煞庄人的灵魂。我们看到，侵略者毕竟是军国主义的信徒，他们一旦需要，便收敛起笑脸，显露出狰狞的面目，这才引起了微弱的反抗浪花。日本鬼子割麦喂马，庄稼人强忍了，但疙瘩大伯却起而拼命。不错,疙瘩大伯之所以拼命,是因为割麦割到了他赖以活命的二亩地,他的由衷呼喊仅仅是要活命:"我不活了,不活了。我跟他拼了!"这样的力量固然微不足道,但他爆发的生命的火花却是耀人眼目的。芥川龙虽然研究过中国,但他对中国人的认识毕竟肤浅,没有理解这种火花的意义。当他收敛起"学者的文明",使出侵略者的兽性暴行时,终于点燃了生命的熊熊大火,致使他失去了一条腿和一只眼睛。

　　对煞庄人的灵魂来说,这场暴动颇有表现深度。作者的分寸把握也比较恰当,写出了生活真实的力量。十分清楚,李大炳虽然有真正反侵略的意图——欲炸煞庄桥梁,但杀死田仓健男却不是反侵略的行动,而是除去一头凶猛的野兽,因为大炳主要是由于田仓健男侮辱了他的情人秋雪才冒死杀人的。这实际上是一种因小失大的冒失行为,但也是揭示大炳的觉醒之朦胧的真实之笔,他在煞庄人群中并没有多走几步。芥川龙因朋友之死而进行报复,集合人们追查杀人者。在这样严峻的时刻,煞庄人依然流露出那种可怜的生存意识:"杀人偿命,自己投干,顶多受点皮肉之苦。"军刀划开了秋雪的衣衫,她胸脯上冒出了鲜血,这时候煞庄人才"悄悄握紧了拳头"。军刀又挖出李大炳身上的肉,迫使秋雪吞下,这时"人群里紧张的呼吸声越来越粗壮"。却仍然没有动。直到日本鬼子拉出几个姑娘,剥光她们的衣服,要当众加以蹂躏的时候,人们这才爆发了来之太晚却猛如山洪的斗争浪涛。煞庄人对于皮肉之苦的忍耐力是强大的,但对凌辱他们姐妹的容忍度却是有限的。他们固然苟且偷安,企求风平浪静,但为了人的尊严却可以抛头颅洒热血。死是可怕的,生是美好的,庄严是不可辱的;为了生可以不择手段地拒绝死,但为了庄严却能够置生死于度外。"士可杀而不可辱"的精神在士大夫身上带有一定封建秽气,在寻常百姓身上则是我们民族特具的顽强活力。小说在暴动爆发的时候写道:"那种支撑这个民族繁衍几千年的原动力终于爆发了。那是一种舍生忘死的气概,是一种埋藏在地壳最深层的岩浆。"《煞庄亡灵》之值得关注的重要之点,正在于它艺术地发掘了煞庄人和我们民族的灵魂深处的岩浆。

　　不过我们不敢忘记或忽视作品的那种"追赶"痕迹,因为艺术之神的精髓就在于独创。因此我借用上述《编后断笔》的一句警语来结束这篇小文:

　　但,需记住:

　　——"文学应该有自己的……"

原载《当代文坛》1988 年第 6 期

《突出重围》和柳建伟的文学梦

何启治

一

号称"2000对抗军事演习"的拼死厮杀，在持续进行了五十四天以后终于收场了。一个装备精良、代表目前中国军队主体力量的满编甲种师（代号"红军"，司令范英明），在对抗中一而再地败给了具有高新技术装备并改革了陈旧军事观念的乙种师（代号"蓝军"，司令朱海鹏），只是在第三次较量中，才以自杀性的冒险而取得惨胜。这就是柳建伟的长篇小说《突出重围》最简要、最基本的故事情节。

小说共二十一章，前十章（第一次演习）选发于《当代》1998年第3期，单行本于1998年11月由人民文学出版社出版。

作为编者，我们一开始就肯定这是一本甚合时宜的好书。这是因为我们认识到：

这是一本生动而有说服力地体现了中央军委科技强军、质量建军战略思想的好书；

这是一本充满爱国主义激情和阳刚之气的好书；

这是一本饱含忧患意识、能激发读者奋发图强的好书；

这也是一本以其跌宕起伏、环环相扣的故事情节和悲壮动人的艺术氛围而深深地感动读者和吸引读者的具备畅销书基本特征的好看耐读的书。

总之，这是一本既有深刻的思想内涵，又有强烈的艺术感染力的长篇佳作。因此，面对文学图书明显滑坡的市场，我们除了在《当代》杂志上选发了全书几近一半的篇幅之外，还下决心单行本第一版以两万起印。

然而，《突出重围》真的会获得读者（特别是女性读者）的欢迎吗？

还好，稿子交到图书责编刘稚的手里，她就爱不释手。

《当代》选发《突出重围》后，读者反响强烈。刊物在不长的时间内收到男女读者来信数十封。有的读者明确表示不认同"编者的话"对小说的批评（"缺乏令人难以忘怀的艺术形象和复杂丰富的感情"),认为这既不准确,也是苛求。

不到一年,小说两万册即已售完,加印的一万册近日已经上市。

1999年9月6日,由中宣部、文化部、广播电影电视总局、新闻出版署、中国文联和中国作协联合从近几年涌现出的一批优秀长篇小说中精选出十部国庆五十周年献礼长篇小说,《突出重围》名列第二。

1999年9月15日,中宣部组织举办了"精神文明建设五个一工程"第七届获奖作品颁奖大会,在备选的214种长篇小说中,《突出重围》脱颖而出。

至此,柳著《突出重围》作为既深受读者欢迎,又深得领导者肯定的长篇佳作,便已成定论。

二

然而柳建伟的文学梦并不是从《突出重围》开始的。

柳建伟,1963年出生于桐柏、伏牛、武当三山环绕的小盆地上,系河南省南阳地区镇平县人。他于1979年就读于解放军信息工程学院,1983年毕业,分配到某技术侦察部队工作。他1995年参加中国作家协会,现为中校情报军官、四川巴金文学院创作员。

然而,早在这之前,一次失恋便引发了柳建伟的文学梦。苏联作家帕乌斯托夫斯基在他那本关于作家劳动的札记(叫作《金蔷薇》,又译《金玫瑰》)的美丽而动人的散文集中告诉我们:写作源于内心的召唤,不幸的童年生活和凄婉的初恋,是作家走向文学之路的契机(大意)。柳建伟有说不清幸还是不幸的童年:父亲在北京工作,母亲在乡里教书,他在爷爷奶奶的呵护下在乡下生活,身份是城里人,实际是乡下人,小伙伴们玩耍时,他要割更多的猪草,干更多的农活。但柳建伟的初恋肯定是凄婉的、刻骨铭心的故事。那是1979年9月1日,这个十六岁的少年在父亲的陪伴下到省会郑州去报到上大学。同时报到的有一位亮丽柔美的江南女孩,飘动的马尾巴柔发、黄底黑花衬衣、白绸裙子构成了一道奇幻的风景。登上解放军信息工程学院接新生的卡车那一瞬间,突然飘起来的白裙子在少年柳建伟的眼前展示了少女洁白隐秘的一角。这是怎样惊心动魄的瞬间!从此他每次上课都紧盯着斜前方那双圆润的玉臂而害上了单相思。最早的寄托是改写陆游诗翁的《钗头凤》:"红酥手,咫尺有……"结束处自然也是"错,错,错","莫,莫,莫"!这改写的词被不知内情的同学公开朗读过,而当事人自然是莫名其妙。直到建伟以治疗青春痘的秘方示爱,才招来了毫不含混的回绝。少年建伟的烦恼从此借助文学而宣泄。

三

　　初涉文学的柳建伟既搞创作又写评论,《瞄准生死劫——兼谈军事文学的困境》和《伟大的夭折——硬谈〈古船〉及其他》等文所显示的才华和功力,一下子就吸引了解放军艺术学院教师朱向前的注意。他连发三封信动员邀请柳建伟到军艺学习。1991年柳建伟应招赴军艺学习,1993年到鲁迅文学院进修,1994年进入鲁院和北师大中文系合办的硕士研究生班学习,1997年毕业。从此,柳建伟与文学结下了不解之缘。

　　在北京六年的学习期间,柳建伟在文学创作上逐渐完成了相当充分的多方面的准备,但主观上尚未找准创作的重点。他是个孝子。1994年柳母患癌症,至1997年2月病故,花费六万余元,除近万元由镇政府支付外,均由建伟和他的两个收入很低的妹妹来支付。为此,柳建伟也曾利用一些现成的材料编撰过一些如《纵横天下》之类的纪实性畅销作品,也曾和书商讨价还价以卖文为生。

　　我就是在1993年柳建伟到鲁迅文学院进修时与他相识的。那时我还住在人民文学出版社的十里堡宿舍,而鲁迅文学院距此不过一二百米。地理上的方便使我们之间有过多次交往和深入的交谈。这期间,我推荐建伟的中篇小说《都市里的生产队》和报告文学《红太阳白太阳》的片断到《当代》发表,又在我当时担任主编的《中华文学选刊》选发了他的中篇小说《王金栓上校的婚姻》,并鼓励他把精力集中到有价值的严肃的文学创作上来。一个初夏的夜晚,在住处近旁的水果菜市街上,踏着满地的月色和垃圾,我郑重地劝告建伟:"建伟,为稻粱谋可以理解,但你的正业应该是写小说,特别是写好长篇小说。你不要浪费了自己的才能。你要好好写出可以流传下去的作品,不要辜负了自己和这个时代。"

　　建伟把这些话听到心里去并开始了认真扎实的创作实践。

　　后来,便有了关于长篇小说创作的长谈。柳建伟和我谈了三部长篇的构思。我建议他先写关于当下农村生活的最后定名为《北方城郭》的这一部。

　　1997年6月,柳建伟长达五十五万字的第一部长篇小说《北方城郭》由人民文学出版社出版。这部描绘当代农村生活的长篇一下子就以它揭示社会矛盾的深刻性和雅俗共赏的可读性,以及它所塑造的艺术典型赢得读者的欢迎和文学评论界的好评,被视为"一棵长疯了的大树",是近年来长篇小说创作难能可贵的新收获。此作在申报参加第五届茅盾文学奖评选的一百多部作品中,已被正式列为提供给评委会审议的二十五部备选作品之一。我想,这绝非偶然。

四

在《北方城郭》定稿付梓一年之后,柳建伟起笔写他的第二部长篇小说《突出重围》。

大约在1998年春节前的某一天,我社副总编高贤均做东请柳建伟吃饭,我和洪清波作陪。饭后,就在高贤均家里和柳建伟谈《突出重围》的审读印象和修改意见。

我们一致肯定小说充满爱国主义的激情和阳刚之气,几乎吻合了中央军委科技强军、质量建军的战略思想,是一部正合时代需要的好书。我们还特别指出敢于把部队的矛盾和社会腐败现象结合起来写,体现了作者的胆识和勇气。这样,军事演习的故事也就深刻地揭示了中国军队所面对的世界军事、政治、经济等多方面的严峻挑战,指出中国军人必须突破思想观念、军事技术与物质引诱等等"重围",才能保持人民军队的本色,才有可能打赢未来可能发生的高科技战争。但我们又一致认为:在塑造艺术典型和表现丰富复杂的感情方面,它不如《北方城郭》。这些认识后来体现在"编者的话"中,概括为"《突出重围》在题材思想方面与其相比,有所超越,但在艺术方面却显得逊色了"。

很具体的意见已经难以复述,概要而言是三次军事演习的层次不清,为一般读者考虑,应尽可能叙述、交代得清晰一些;加强人物的个性化,使艺术形象更丰满一些,如"蓝军"司令朱海鹏和"红军"十分精明的、知识型的参谋军官唐龙太接近了,有点类型化了;处理朱海鹏和江月蓉的关系不要写成反封建式的婚姻,不要简单地写成活人被死人拆散了;语言粗糙了一些,等等。

应该承认,三个编辑都不懂军事。柳建伟呢,作为一个有近二十年军龄的技术军官,他的军事实践也少得可怜。他在大学是学计算机专业的,但学文、从文后没摸过计算机,现在连电脑还不会用,写作一直离不开1993年母亲送给他的那支钢笔,每次长篇完稿,厚可盈尺的手稿都由老父亲带着满脸的神圣和庄严装订成册。这使柳建伟满怀感动和感激之情。遗憾的是就军事技术而言,二十年来他总共只打过三次靶,柳建伟也没有在野战部队待过一天。然而,《突出重围》却写了一个军区,写了两个师几万人的对抗演习,还写到对军队中高级指挥官佩服的程度,国防大学未来的将军中,有人还把他称为战略家。这似乎是个不解之谜。难怪中央电视台今年9月17日午夜播出的"读书时间"节目中,主持人李潘问他凭什么能把军事题材的作品写得这么好。柳建伟的回答是:一靠作者的亲历感受,二靠所见所闻,三靠作者的心历,靠作者对时代生活的感受、认知乃至想象。我想,恐怕得承认关键在于柳建伟的聪明才智、勤奋的学习钻研精神和非凡的想象力。文学创作这碗饭毕竟也不是随便谁想吃就吃得上的。

五

《突出重围》在《当代》发表,后来又在去年11月由人文社正式出书,这以后有过两次正式的作品研讨会:1999年4月23日上午人文社和《小说选刊》联合在中国作协多功能厅召开的研讨会,以及1999年6月11日下午,在国防大学文化艺术活动中心,由解放军总政宣传部文艺局、国防大学宣传部、成都军区宣传部和我们人文社联合组织的作品研讨会。这中间,又分别在北京大学和三十八军举行了赠书仪式。就人文社来说,是力度空前的动作;就部队而言,对一部作品和一位青年作家这样关切、支持,也是罕见的。

参加中国作协研讨会的都是文学专家,先后发言的有汪守德、何镇邦、朱向前、蔡葵、白烨、雷达、丁临一、韩瑞亭、林为进、王强、贺绍俊等。他们一致肯定《突出重围》是独特而优秀的军事题材作品,是"忧患之作"、"本色之作"、"尝试之作",是"塑造了众多军人形象的作品"、"雅俗共赏的作品",也是"近年来军旅文学突破性的作品",是"兵味十足,雄性十足的作品",也是"以生活新颖、思想尖锐见长的作品"。

朱向前、白烨等都认为写人物,写人性的丰富性,艺术形象的丰满,《突出重围》不如《北方城郭》。但蔡葵不以为然,他认为柳建伟能在军事文学的气度上超过许多同类题材的作家,完全是一种大家气度。他写的人多也不要紧,几乎第一章就把人物都推出来,就像《子夜》那样。江月蓉留给朱海鹏的信和高军宜的遗书都写得很到位,《突出重围》的人物讲起来很有讲头,我们不必苛求。

何镇邦、白烨、雷达都指出小说张而少弛,张弛关系的把握不够好。他们虽然未必懂军事技术,但从文学角度提出来的意见竟和军事专家的批评不谋而合。

出席在国防大学文化艺术活动中心举行的作品讨论会的,自然都是军事方面的行家,"虎班"(未来将军班)学员八人,研究生班学员七人。他们首先一致肯定《突出重围》的主旋律突出,忧患意识突出,说出了他们心里早就想说而不便说的话,是非常好的军旅文学长篇小说。作品在他们中间引起强烈共鸣。有人理解为:这是突破旧观念的重围,是突破人际关系的重围,是突破感情纠葛的重围,也是突破物质诱惑的重围。有人指出:军队建设决不容许失败,演习失败几次不要紧,实战失败一次就可能危及国家命运!真是一针见血,发人深思。

军事专家们虽然也肯定作品是"通俗易懂的国防教科书",肯定作品"提出了许多深层次的问题供人思索",但也指出作品的一些硬伤(如一次演习后不可能马上搞第二次演习),供作者修订作品时参考。更有人认为作品把部队生活说得有点阴暗,认为副师长高军宜还是廉洁的好同志。

然而,军事行家们对《突出重围》的欣喜之情也是军人式的直率。吃晚饭时,他们一个个和柳建伟频频碰杯表示祝贺和感谢。"虎班"参加讨论会的八个学员有六人主动给柳建伟留下地址和电话,欢迎他将来到他们所在的部队去深入生活。

柳建伟事后说,我原想,《突出重围》在未来将军们的眼里能打六十分就不错了,现在看来能打上七八十分,我可以放心了。

六

柳建伟渴望成为专业作家,也企盼着人民文学出版社和他签约,使他成为有基本保障的作家。作为朋友,作为被建伟一直称之为"老师"的一个老编辑,我惟愿建伟的心愿能够实现,因为这结果对支持他的创作实在很重要,而且以他的实力和已经取得的成绩来说,他也有资格得到这样的关怀和支持——我们国家享受专业待遇而不出什么作品的专业作家难道还少吗?!

柳建伟在《小说选刊·长篇小说增刊》(1998年12月出版)选发《突出重围》时写了一篇短文——《关于一个梦想的备忘》。其中说:"1997年出版了《北方城郭》,今年出版了这部《突出重围》,现在又每日伴着两包香烟描绘着《英雄时代》。这三部作品都是描绘当下中国社会现实的。《北方城郭》着重写了中国县城以下区域人们的生存境况。《突出重围》着重解剖了军队这个特殊的集团在世纪之交所面临的种种现实。《英雄时代》将描绘生活在省城和京都的人们在改革事业进入深水区后的思想和行为。我的三十五岁的生命,近一半生活在县城和农村,近一半生活在省城和京都,十六年作为老百姓,十九年作为军人。这种独特的分割,决定了我必须一口气把这三部作品都写出来。我不能对我生活中的不同阶段厚此薄彼。更重要的是,只有把这三部作品放在一起,才能比较全面地表达出我对中国现实的整体看法。这部'三部曲'完成后,在从农村到京都这样广阔的舞台上,将有近四百个人物出场,上演各式各样的剧目。"

这种表述中有一种可贵的追求:对当下现实作规模宏阔的、史诗式的表现。眼下有多少六七十年代出生的作家醉心于咖啡屋、汽车、洋房,又有多少作家在复杂的现实面前畏难退却,或转而去写遥远的历史故事,或只以展示个人的隐私来招徕读者,或转而去写玄而又玄的、与读者大众无关痛痒的故事……固然,写什么、怎么写,是作家的自由,探索性的作品也可以出现有价值的、有艺术品位的好作品。但我在四十年的编辑工作中确已见过不少赶时髦的作家花开花落,在璀璨和凋零中幻化,而在青年作家中像柳建伟这样造诣深和有崇高追求的,毕竟不是太多而是太少。但愿有关各方都更多地关怀、支持和帮助柳建伟这样的作家吧。

在同一篇短文中,柳建伟又说:"十二年前的一个秋夜,我在四川大邑梁坪山腰的斗室里,第一次读到了巴尔扎克的《〈人间喜剧〉前言》,我被一个胆大妄为的梦想攫住了:要做这样的作家。"

好家伙,要追随巴尔扎克!这又被有的人视为狂妄和不切实际。但我宁可视之为柳建伟用来激励和约束自己的豪言壮语和雄心壮志。中国人历来甘于平庸的人太多,安贫乐道、无所作为的人太多,而少有敢为天下先、发愤图强的人。因此,我宁愿相信柳建伟会时时记着自己的豪言壮语和雄心壮志而扎扎实实地奋斗不息,并愿希望和幸运永远眷顾着他。

"不问收获,但问耕耘",以巴尔扎克为老师和榜样,勇敢地前行吧。建伟,有那么多关切、友爱的眼睛盯着你呢!

原载《南方文坛》2000 年第 3 期

重铸直面现实的宏大叙事

——柳建伟《英雄时代》读后

冯宪光

中国,您到底丢失了什么?

《英雄时代》的男主人公史天雄刚一来到西平市,就对一个可以坦诚地谈知心话的女友金月兰吐露出心中的忧患:"我一直认为,这20年中国取得了很大成绩,可也丢失了很多宝贵的东西。具体丢了什么,我也说不清……我,我总有一种不祥的预感,如果我们不及时地把那些失去的东西寻找回来,中国肯定会出大问题。"

作为一个读者,我明白,这是作家的寻找。

在《英雄时代》这部长篇小说中,作者除把寻找当下社会生活中丢失的东西,作为小说叙事的内容以外,我认为,这部小说的写作思路和构架,也是作家在文学领域"及时地把那些失去的东西寻找回来"的努力。近年来,文学创作取得了前所未有的辉煌业绩,呈现出多元化的繁荣景观。但是,由于各种原因的交会,直面现实人生、负载理想追求的宏大叙事的作品日渐稀少,而报写新人类的"欢乐总动员"、小女人的绵绵私语、小人物的生计烦愁的作品,逐渐占据文坛要津。这些作品虽有存在权利,但因其大量繁衍、称霸文坛,造成文坛在整体上的人文精神的萎缩。中国文坛现在丢失的是直面当下现实人生的现实主义精神,是充满阳光和绿叶的理想主义精神,是"指点江山,激扬文字"的宏大叙事。在相当一些人背对现实、躲避理想、消解宏大叙事、营造文学的俗气的时候,柳建伟继《北方城郭》、《突出重围》之后,又给我们奉献出大气磅礴、生机盎然的《英雄时代》。这是不仅净化读者心灵,而且净化文坛的绿色文学。

建国以后现实主义的宏大叙事作品不少,特别是在20世纪五六十年代,当时中国农村正在发生合作化、人民公社化之类的社会大事。许多作家怀抱着对现实的热情,从社会的宏观视野上去讴歌了这些大事,构成也能一时激动人心的现实主义宏大叙事。但是这些作品由于历史对人民公社化的负面社会影响的清除,被文学史所无情解构。近来的一些作家、读者记取这些作品失败的教训,视现实主义的宏大叙事为假、大、空而远避,就成为可以理解的事实。但是,当前文学如果因为过去现实主义作品的失误,而根本抛弃直面现实人生的宏大叙事,就是倒洗澡水把澡盆里的小孩也倒掉了。文学的土地上,不能只有现实主义,但也不能没有现实主义,不能没有"直面惨淡人生,正视淋漓鲜血"的反抗社会邪恶势力的抗争斗志,不能没有向往自由天空、灿烂阳光的理想主义。

现实主义的宏大叙事有可能成为虚假的呓语,也有可能成为烛照现实、鼓舞人们前进的灯火。这里的关键是正确把握现实主义宏大叙事的艺术假定性。现实主义作品中表现的东西,并不是现实本身,而是作家面对现实,对生活所作的评价性选择或选择性评价。这是文学的常识。这种评价性选择就是作家的艺术假定性。过去某些现实主义作品的失误往往在于,作家的艺术假定性建立在某些政策之上,作家按照行政政策的需要来理解现实、表现生活。作品的成败实际上与政策的正确与否直接捆绑在一起。政策是实施政治方略的理性预想,并没有必然成功的把握。政策成功,作品成功;反之亦然。

也就是说,过去的宏大叙事是一种对现实趋向的必然艺术假定,许多作家当年真诚地相信现实必定要朝着政策所指定的目标前进,因此进行一种政策预想模式的必然性叙述。而《英雄时代》也以中国1998年的政治、经济宏观格局为叙事语境,也正面表现了党和政府在党的十五大关于国企改革、发展民营经济、政府机关机构改革等一系列政策的实施,但是与过去的必然性叙事模式有别的是,作者采取了一种与必然性叙事不同的过程性和可能性的叙事方式。小说并没有按照传统模式表现实行这些政策之后的必然性辉煌,而是正面描写实施这些政策引发全社会各种利益矛盾冲突的错综复杂状况,用一种宏观视角广阔地再现了中国在向社会主义市场经济体制转型过程中的艰难历程,叙写出这一时代人们的生存环境和生存状况。小说尖锐地展示了旧有国有企业体制不适应市场经济发展局面的弊端,廉洁奉公的陆承业没能挽救红太阳集团的衰败,能干老练的王传志贪污受贿陷天宇集团于不利,陆川县的各种小型国有企业在亏损中被民营老板陆承伟悉数收购……而与市场经济同时出现的民营企业却在国有企业的颓势中崛起,如鱼得水,欢蹦乱跳;陆承伟的实业有限公司在短短时间里,资产达到好几个亿;由几个下岗职工凑钱开设的都得利百货零售公司对国营百货公司造成严重威胁;就连两次下岗的毛小妹两次摆"一元小面"摊也免受生活的困窘……小说所描写的国有企业和民营企业的不同生存状况,是实际生活的真实情况。这种情况的出现,使中国社会的转型面临着多种可能性。

市场经济是资本运作的经济。陆承伟这类亿万富翁一旦成为中国市场经济的主宰,中国的市场经济就不可能在前面加上社会主义的名称。史天雄下海的动机,是想借用金月兰的民营商店,建立一种用《国际歌》的理想来运作资本的社会主义市场经济的健康资本势力。都得利公司在陆承伟使用阴谋诡计控股51%之时,史天雄的试验显然失败。然而情节戏剧性地发生了逆转,陆承伟天良发现,最后把他个人的控股退还给都得利,都得利在小说的结尾仍然保持着社会主义市场经济健康资本势力的地位。这种戏剧性的处理,在文学作品中是可以的。它无非展示出生活发展趋势的多样化可能。在小说结尾,史天雄将成为天宇和红太阳两个大型集团公司合并后的老总。而像史天雄这一类既有共产主义理想信念,又有运作资本实际能力的人,如果真正能够成为国有大型企业的法人,也有可能使国有企业在市场经济中生存和发展下去,使市场经济前面戴上社会主义的桂冠。读者在柳建伟的艺术假定性中,看到的是现实生活充满矛盾、扑朔迷离的人生世相,是现实发展趋向的多种可能性,而不是某种固定的设计蓝图。

这并不等于说作品只是一种生活多元化途径的纯粹客观性展示。读者可以明显地感受到,作家以作为人的善良之心,作为炎黄子孙的爱国之心,作为平民百姓的向往追求,作为共产党人的理想信念,以拥有这种多层次内涵的心灵世界,去直面现实、体察生活、体验民情,形成作家自己对中国当下状况、未来走向的切身感悟,以此作为对现实进行多元化、可能性叙述的价值准绳。小说真实地描写了人民群众,特别是国有企业下岗职工,为社会转型承受的负担。都得利公司和"一元面店"的出现,是这些下岗职工面对时代难题所做出的英雄壮举。1998年中国遭遇了特大洪水的袭击,都得利公司和员工心系灾民的真挚情感,员工王小丽未婚夫英勇殉难、王小丽及其未婚夫家里把两个年轻人准备结婚的9万元全部捐献给灾区的情节,必定会使读者深受感动。审美情感具有伦理的导向性。读者在接受情感感染的时候,可能会感受到,中国改革真正的英雄是人民,中国前途发展的多种可能性的选择权最终在人民手里。承担着改革的沉重负担、决定着改革命运的是人民,人民是真正的时代英雄。毛小妹、金月兰、王小丽是人民群众的代表性人物形象。主人公史天雄之所以能够成为时代英雄的代表,只是因为他从毛小妹等人身上感悟到了人民在改革中的坚忍不拔的奋斗精神,并不是因为他是一个高官的养子和女婿、一个政府的司长。实际上读者不大可能认为陆震天的亲生儿女和职位比史天雄高的种种官员都是时代英雄。中国的未来在于生活在底层的民众之中,陆震天这个老革命家的洞见,为小说所竭力寻找和展示的时代英雄作了有力的注脚。

只要真实地展现现实生活存在的多元化面貌、发展的多种可能性,只要真诚地感悟人民群众在想什么、在干什么,按照人民的选择去寻找现实发展的可能性趋向,这样的现实主义宏大叙事是可以获得文学上的成功的。我认为正是因为柳建伟在艺术假定性的探索上,有重要突破,他的《北方城郭》、《突出重围》和《英雄时代》组成的"时代三部曲",正面描绘时代现实生活的重大事件、重大主题,才能获得成功。在某种程度上,也可以说这个三部曲重构了中国当代文学的现实主义的宏大叙事。

柳建伟的宏大叙事在具体操作上具有个性特点,很有故事性、情节性,不少情节的编织十分精巧。小说中的主要人物都在事业矛盾和个人情感纠葛交织的情节冲突里活动,构成了人物灵与肉、理想追求与世俗生活、精神狂欢与物质狂欢的立体性形象。大家知道,在传统现实主义的宏大叙事受到解构以后,充满情感、感官愉快、欲望冲动的作品填充了理想主义宏大叙事留下的空白。这些有看点的作品,有其自身优势。在重构现实主义的宏大叙事时,不能走传统作品纯粹精神追求的老路,而创新的一个途径就是吸收现代大众文化的感性狂欢特点,拥有精彩奇特、引人注目的情节。《英雄时代》里,主要男性人物史天雄和陆承伟,他们每一个人都在与两个女人的特殊关系中,进行选择。史天雄离开司长高位,到西平市都得利公司任职,有时代大叙事的浓墨重彩骨架,而这种抉择也不能说和20年前与金月兰相见恨晚的心痛无关。陆承伟的疯狂敛财、玩弄女人,是原始积累时期资产者的禀性使然,同时也因为他对初恋情人求之不得的伤痛。陆承伟对都得利公司实行残酷的商战,既有企图拥有梅红雨的谋划成分,又有将史天雄挤回北京、维系姐姐陆小艺残败的婚姻、维护陆家体面的因素。家族情愫、男女欲求、市场商机,交织结合在一起,构成好看的故事。这应当是柳建伟长篇小说具有广泛社会影响的重要因素。作家的这种思路从总体上说符合现时代公众的审美心理和寻求。我认为,作家的探索还不能结束。感性狂欢的心理激发与时代宏大叙事的理性把握,还应当寻求更生动、更融洽的结合点,还应当具有更为深刻的激动人心的结合。小说结尾处,陆承伟因为顾双凤的堕落而引起的良心发现,使同情史天雄、金月兰以及梅红雨的读者心有所安,同时给中国改革的前途透露出希望。作者的用意是良好的,这个结尾也是可以接受的。但是,总让人感到情节的这种收束,在叙事上不够流畅。

柳建伟以"时代三部曲"显示了一个青年作家的才华和实力,值得庆贺。作品中表现出来的大气和机巧,值得发扬和提升。我希望作者能不懈努力,写出更好的作品,为重构现实主义的宏大叙事作出新的贡献。

原载《当代文坛》2001年第4期

现实主义文学的新启示
——兼评《痛失》和《英雄时代》

张志忠

虽然说,当下的文学态势是沧海横流,杂语喧哗,现实主义这个幽灵却总是和我们纠缠不休,总是要在或趋"新"或争"后"论者的不屑和鄙夷中,顽强地显示自己、证明自己。刘醒龙的《痛失》和柳建伟的《英雄时代》,就在理解和思索现实主义的蕴含和使命上,给我们提供了新的启示。

一、永远的现实主义

如一首通俗歌曲中所唱:不是我们不明白,是这个世界变化快。进入 20 世纪 90 年代,市场化的洪流冲决了计划经济的闸门,商品化的浪潮侵蚀着人们的精神信念,经济—社会变革的自身规律与政治经济文化高度集中统一时代的沉重遗产,金钱和权力的冲突与媾和,苏东剧变和世界格局的纵横捭阖,国际互联网的扩张和经济全球化的挑战,从 E 时代到新新人类,从 CEO 到家乐福,从 A 股、B 股、PT 到纳斯达克和创业板,从克隆技术的完善到人类基因组的破译,从加入世贸组织的漫长谈判到国有大中型企业的改造,从"日韩流"到"飘一代",从利益追求的社会分化到奋斗目标的个人化,"三农问题"、"黑客"、"红客"……我们面前的世界,正以空前的速度运转,不确定因素越来越多,越来越难以把握。后现代主义所强调的零散化、无深度,则为之推波助澜,似乎提供了非认识论的理论依据。人们关心各自的利益并非坏事,当年的"胸怀"什么"放眼"什么,却暗中连通着假大空的泥淖。

不过,作为有社会良知的知识分子和思想者,作为关注时代风云和民族命运的作家,毫无疑义地是需要超越个人的有限需求,获得宏阔的眼光和高远的志向的。追踪演变中的现实,捕捉社会的重要矛盾,思索和展现历史的某种可能性,是其必不可少的使命。恩格斯说过,一个民族要想立于世界思想文化的高峰,它就一刻也不能停止理性思维。就广大民众的需要而言,微观和宏观、局部和整体、个人和社会、功利需要和认知期待、心理补偿和审美掌握,也不是截然两分的。无论在什么样的时代和环境中,人们都需要对现实有一定程度的认识。如果没有对现实最起码的认知和判断,人们就无法立身于社会。这恰恰是具有强大认识功能的现实主义文学的优势之所在,是现实主义文学永远的生命力之所在。从古至今,在文学发展的不同阶段,现实主义文学所占的比重可能有所不同,但是,它永远不会衰亡。从《诗经》到鲁迅的《阿Q正传》,在文学的天平上,它常常是作为天平一端的重要砝码的,而另一端则是走马灯般流转的浪漫主义、象征主义、现代主义等文学现象。进一步而言,正处于伟大而艰难的历史转型期的中国,不但给文学本身提供了丰富的素材,也迫切需要高屋建瓴、高瞻远瞩的文学作品的出现,帮助人们在纷纭万状的社会现象面前提高认识,加强思辨和识别能力,自觉地面对现实、思考生活。

事实雄辩地证明了这一点。就拿刚刚过去的、最变化多端、最喧哗骚动的20世纪90年代的文坛而言,现实主义文学并没有缺席,而且还不时地浮出水面,成为热点话题——关于现实主义文学,90年代就曾经有两场大的争论,80、90年代之交是王干对"新写实"的倡导和归纳,90年代中期是由雷达等发起的关于"现实主义冲击波"的讨论。与此相关的,还有因小说《分享艰难》所引发的张颐武所提出的"分享艰难的文学"和"社区文学",陶东风等关于文学的道德评判与历史选择的矛盾的论争。这的确是非常有趣、耐人寻味的。是否可以说,在跨世纪文学的诸多流向中,现实主义文学仍然是源远流长的一个重要潮流?

二、反映现实和参与现实

现实主义文学,不但要及时地反映现实,还应该急切地参与现实。当然,这种参与,是以文学的方式进行的,振聋发聩也罢,润物无声也罢,它都是作用于人们的心灵,引发人们对现实的敏感和思索,唤起人们对现实的关切和介入。现实主义文学,不是被动、客观地记录现实生活,而是要充分地发挥"主观战斗精神"(胡风语),积极地投入现实生活,以文学的方式参与现实,以磅礴的情感、澄明的理性评判和预测社会生活及其走向。就是说,不但要写他人所未写、言他人所未言,还应该见他人所未见、想他人所未想。应该以文学的方式,参与对现实的描述和评判,参与社会和思想界的重要论争,对当下的重大社会课题予以及时提出和解答。而且,文学的感性方式,它对于人物形象和场景环境等具象因素的优先关注,使它往往能够在对现实的发现和预见上领先于抽象的理论和学说。

我这样诠释对现实主义的要求,是得自《痛失》和《英雄时代》的新启迪。我以为,回顾 20 世纪 90 年代现实主义文学的历程,恩格斯所强调的"充分的现实主义",应该引起我们的充分重视。"新写实"的作品,关注社会底层的生活,表现小人物的庸常、琐屑和平淡中的悲凉,其贡献在于开掘了新的生活层面,发现了普通民众和日常生活,其缺失在于缺少必要的力度和概括,不动声色的叙述背后也难逃感情稀薄之咎,对并不合理并不完美的现实作无奈的认同。"现实主义冲击波"的作品(包括《分享艰难》),在"私人化写作"、怀旧和仿古、重新诉说历史、个人生命体验等类型的作品大行其道的时候,把人们的注意力再次吸引到时代变革中的阵痛上,揭示出严峻的现实情境。但是,提问题的迫切和激动,使作家们对文学的思考、人物形象的塑造有所欠缺,并且缺少强烈的主体意识和进取精神,客观显示有余,主体参与不足,对现实的评判中透露出"现实的就是合理的"的无奈态度。因此,可以说这两种文学现象还不是充分的现实主义。恩格斯要求现实主义的文学,要表现典型环境中的典型人物,并且特别强调这种典型化与时代性的关系,强调作家对时代发展趋势的高瞻远瞩。恩格斯指出,巴尔扎克在政治上是一个正统派,他的伟大的作品是对上流社会必然崩溃的一曲无尽的挽歌,他的全部同情都在注定要灭亡的那个阶级方面。可是,巴尔扎克让他所深切同情的那些贵族男女行动的时候,他的嘲笑和讽刺是空前尖刻辛辣的,而他经常毫不掩饰地加以称赞的,却正是他政治上的死对头——圣玛丽修道院的共和党英雄们,这些人在那时的确是代表人民群众的。"他看到了他心爱的贵族们灭亡的必然性,从而把他们描写成不配有更好命运的人;他在当时唯一能找到未来的真正的人的地方看到了这样的人,——这一切我认为是现实主义最伟大胜利之一,是老巴尔扎克最重大的特点之一。"充分的现实主义,要求能够敏锐地把握时代的趋向,发现具有时代意义的新冲突,刻画新人物,展现未来性。《痛失》中的孔太平就是这样的新人物,《英雄时代》中的史天雄和陆承伟,也是这样的新人物。在他们的身上,作家努力追随时代足迹、追求预见性前瞻性的意图更为突出,而且也切中了当下中国一个至关重大的时代命题,并且对此作出了文学性的评判。

三、在现实中的成长与回应

《痛失》是在中篇小说《分享艰难》的基础上成长起来的。我讲的是成长而不是扩展。它不是简单地演绎和堆砌孔太平的鹿头镇故事,而是在生活的展开和心灵的蜕变中描述社会发展中的一种可能性,回应当前思想文化领域的激烈争论。

《分享艰难》的问世所引发的各种论争,有其多种原因,其中很重要的就是,作家在作品中的认知困惑和感情含混。刘醒龙捕捉到了孔太平所面对的两难选择,在面对洪塔山这样的人物——既是乡镇经济支柱的甲鱼场场长(他上交的利税占鹿头镇政府收入的百分之五十),又是吃喝嫖赌胆大妄为的腐败分子(竟敢强奸镇党委书记孔太平的表妹田毛毛),令孔太平在理智上投鼠忌器,无法下手,为了全镇的经济发展忍痛牺牲亲情和正义,对洪塔山网开一面,在感情上却耿耿难平,不能释怀。两害相权取其轻,谁又能说得清楚哪一头重哪一头轻?作家理解孔太平的为难,对他的行为却没有明确的判断,这使得作品在对现实的评判上暧昧不明,削弱了作品对现实的批判力度。

不过,这不能责怪作家,刘醒龙的困惑,既是社会上流行的"代价论"、"腐败推动经济增长"的论调所致,同时,这也正是知识界中"新左派"和"自由派"争论不休的效率优先还是社会公正优先,应该建立自由经济秩序、保护私有财产以促进经济增长,还是关心弱势群体、保护底层民众利益之孰是孰非的问题。发展经济和维护正义,鼓励企业创新、创造财富增长和惩处腐败现象、抑制两极分化,从理论上讲,二者应该是并行不悖、互相兼顾的,但是,在严峻的现实中,确实存在着经济与道德、形式与实质、鼓励发展与抑富济贫等深刻的悖论,这些关系处理不好,无论伤及哪一方面,都会造成严重的社会危机。刘醒龙的困惑,源于现实的泾渭莫辨。

或许是关于《分享艰难》的论争促进了作家的思考,或许是在现实生活的进一步展开中寻得了解开困惑的智慧和明晰的判断力,刘醒龙走出了他所擅长描写乡镇和村一级干部(如《分享艰难》、《挑担茶叶上北京》、《村支书》)的疆域,让孔太平走向县里、地区和省城的阔大舞台,有了进行深度表演的种种机会。更重要的是,在《痛失》中,刘醒龙的情感评判截然分明,他把愤怒和批判,倾注到对孔太平人生选择的描述和心灵嬗变的鞭答上,刻画出孔太平这样具有充分可塑性和巨大潜能却在现实中走上歧途的人物形象。

从《分享艰难》到《痛失》,作家曾经温情脉脉地理解和同情孔太平,并且在这个具有质朴而狡黠的生存智慧又能够忍辱负重的乡镇基层干部身上,寄予了深切的希望。他廉洁奉公,踏踏实实地为乡亲们办实事,牺牲对他情同父母的舅舅一家人的利益以维持鹿头镇经济的支柱,而且一再地要他们承担种种损失和痛苦。孔太平在仕途上并不顺利,一波三折,上了青年干部提升台阶的地区党校,又被中途撤回,在省委党校青干班镀了金,却又被发落到山头上去搞蔬菜基地,但他得到了来自各个方面、各种人物的好评。省委党校的教务长汤炎慧眼识英雄,断定他"是条好汉","头一次见到你时就感到你是个汉子";被他愚弄过的镇派出所黄所长称赞他是个"清官坯子";舅舅田细佰认定他是"县里最好的干部";受命送给他"活动经费"又被他退回的经手人小袁惊叹"天下乌鸦也有白的";曾经因为爱情而身心遭受重创的年轻姑娘绺子夸奖他是除了绺子的父亲和叔叔外"这个地区里第三个看着女人睡在自己屋里却不动心的男人";身份特殊的区师傅预言他十年后是"一颗与众不同的政治新星"。在各种偶然和刻意、本性和智谋的因素作用下,孔太平从一个郁郁不得志的镇党委书记,峰回路转,处处逢源,机敏地处理了乡镇和县里的种种危难,显示了自己的才华,压倒了仕途上的竞争对手,如愿以偿地被提拔为代理县长,似乎印证着"好人终有好报"的古语。他由处理洪塔山事件得出对于腐败现象的见解,上升到理论高度,入木三分,胆识过人,"腐败在现阶段已经成了一种文化一种时尚,它不仅流淌在特权阶层的血液中,而且渗透在非特权阶层的血液中。像舅舅这样的普通百姓们承受的东西太多了,他们诚实,习惯于心甘情愿地承担着那些强加在他们身上的重负。他们善良,总以为自己吃苦受累是在替政府替国家分享着艰难,而不知道自己那年年都要蜕去几层皮的肩膀上还扛着许多肥硕的腐败分子……"在宦海风波中浮沉,孔太平逐渐变得练达精明,他大智若愚,知机守拙,以憨示人,也会不失时机地崭露锋芒,而且非常具有杀伤力。

然而,就是这样的众望所归、风头正健的孔太平,却逐渐走上了腐败堕落的歧路。而且,这一由进取到衰变的转折点是在哪里出现的,我们都说不清楚,恐怕孔太平自己也想不明白。是从在省委党校与汤有林共处一室时受到潜移默化的影响为开端,还是与安如娜偷情时的乍然发现?在后者的别墅中做爱,让他顿悟:"他觉得自己悟到人为什么很难抵御所谓腐败的根本了:凡是与腐败有染的东西都是人间极乐。"严格说来,从行为上讲,孔太平与安如娜的交欢,更多的是心有灵犀、两情相悦,并不是在搞腐败,在特定的情况下(孔太平因为汤炎的文章受到牵连,前途未卜,心神不安),也没有太多可指责的;但是,对于孔太平的心灵,这却是他打破固有的道德信条,越出雷池的第一步。追根溯源,在最初保护洪塔山的决断中,就不能排除孔太平与赵卫东斗法、维护自己权威的隐秘考虑。危险就在这里,是和非、对和错、权力和责任、权宜之计和根本决策、感情偏移和理性迷失之间,很难有明确的界限,维护民众利益和追求个人功利、张扬人格力量和释放内心欲望,往往互相掺杂。有意志有定力的孔太平,一旦在官场上处处逢源如鱼得水,就不由自主地顺应某些定律,他把年轻的表妹田毛毛作为礼物嫁给年过半百的区师傅,他提名财大气粗的洪塔山担任镇长,他阴差阳错地占有了他觊觎很久的娥媚,在满足个人情欲的同时,还用瞒天过海、借刀杀人的方式除掉阻挡他进一步高升的县委书记汤有林。可怕的是,他的舅舅田细佰,识别出他与那些腐败分子"是一路货色",而且比那些人更坏,"每次别人害亲表妹时,他都要抓紧时间往伤口上撒盐",却没有任何办法惩处他。别的人,包括被他暗算的汤有林,仍然被他所欺骗,仍然对他相信如初、称赞如初。孔太平的演变,他对丑陋的腐败现象从无奈地认可到逐渐地接受,再到熟练地运用和主动地出击,有一种撼动心魄的冲击力,对孔太平的心灵历程的曲折有致的揭示,让我们领悟到了什么叫心灵的辩证法、艺术的辩证法。

四、前瞻性和忧患意识

如果说,《痛失》是在现实生活的演进中展现某种可能性,让其由隐到显、由萌芽长成大树,那么,《英雄时代》则是将某种可能性投放到现实中去,试验这种可能性在现实中的生命力。二者都离不开必要的前瞻性和对现实、对民族的强烈忧患意识。

《英雄时代》中的史天雄和陆承伟,也是具备了新兴的、鲜明的时代特征的新人物。柳建伟曾经声称,要像巴尔扎克那样,做时代的书记员,这样明确而自觉的追求,雄心勃勃,促使他从《北方城郭》到《突出重围》再到《英雄时代》,大规模地描写巨变时代的社会风情画,在时间指向上力求与时代同步,提出并解答富有挑战性的现实难题。这种追求,未必总是成功的,目光的敏锐、思考的自觉、前瞻的姿态,却使柳建伟得益匪浅。

《英雄时代》的题记"我们命该遇到这样的时代",在作品中几次由不同的人物反复说出,正表现出作者对世纪之交中国现实的时代感和颖悟性。史天雄和陆承伟,还有王传志和陆承业,可以说都是"当代英雄",是在中国经济和社会格局的新变化中应运而生、相互映衬的人物。如果说,中国人正在从"政治动物"转变为"经济动物",这堪称西平"四大天王"级的人物,就正是表现出这种转型期各种社会力量的组合分化、浮沉升降,政治权力与市场规则之间的调谐与摩擦、适应与交锋,以及体现在具体人物身上的种种矛盾纠葛、苦乐悲欢、生生死死、爱爱仇仇。

先说两个次要人物。陆承业和王传志,分别是两个大型国有企业红太阳集团和天宇集团的老总,在他们执掌权柄的时代,都有过轰轰烈烈、八面威风的经历。不同的是,陆承业因为决策性的错误,导致红太阳集团的盛极而衰,濒于倒闭,他接受儿子陆明的全员推销计划,作最后的一搏,却一错再错,给企业雪上加霜,最终造成不可收拾的局面。清廉自律、刚直不阿的陆承业,以自杀谢罪,其志可嘉,却于事无补。天宇集团正如日中天,王传志的问题却暴露出来,他把天宇经营成了家族式统治的独立王国,而且经不住陆承伟给他设的财色陷阱的诱惑,用企业巨资去炒作股票,在个人中饱私囊的同时让国有资产大量流失,折在"59岁现象"的关卡上。这两个国有企业巨无霸的先后倾覆,给人们以深刻的警示,国有企业改造,应该从哪里入手?占据国民经济主导地位的国有企业,如何迈过改制和扩张的大门坎?

正是在传统的国有企业老总、昔日炙手可热的明星人物陆承业和王传志黯然淡出的时候,史天雄和陆承伟闪亮登场,他们殊途而同归,成为改革开放以来日渐壮大、势头正旺的私有—民营经济的弄潮儿。

私营—民营经济的崛起,在当下中国是不争的事实,但是,由于理论的滞后和生活的某种暧昧性,对于私营经济的政治定性是含混不清的,在私有经济与民营经济两种称呼之间,是有着不同的褒贬的。对于这些年来趁着经济大潮起起落落而成长起来的大大小小的老板们,应该怎样看待,对于私有经济和国有经济的关系应该如何处理,如前所述,在社会上和知识界,都是有着不同的评价和争论的。是承认资本原始积累阶段所具有的混乱、非正义性的不可避免,在大规模聚敛财富和"洗钱"过程几近完成的时候,认可私人财富和资本已经形成的既成事实,保护私有财产,鼓励私人投资,促进经济发展,还是将社会公正放在首位,要求保护社会底层民众的权益,保留对于非法掠夺、权钱交易等丑恶行为的追诉权,这的确是投鼠忌器、进退两难的。

陆承伟的出现,让我们进一步体会到这种困难。他出身名门,父亲陆震天当过老红军,曾经是跻身政治局的高层要员,从他手下走出的省市级干部就有几十人,现在虽然退了下来,在政坛上仍然具有很大的影响力。陆承伟自己也并不是只知吃喝玩乐的纨绔子弟,他曾经留学美国学习经济,回到东方大陆,他投身商海,紧紧抓住几次大的机遇,运用各种关系和手段,抓住现行政策上的漏洞和空白,巧妙钻营,积累财富,到他登上西平的经济舞台,他已经是资产数亿元的大老板。而且,他那些在黑幕后面的交易,很难被抓得住,似乎也没有留下什么把柄,连父亲陆震天的暗中调查也没有发现他的明显劣迹。他玩弄手段调动关系,操纵股票市场,进行左手骗右手式的投机,通过给王传志行贿,将其现行收购的陆川县一批困难企业转手给天宇集团,自己捞得锅满钵盈,在陆川人眼中,他却是陆川企业起死回生的恩人救星。不但是史天雄对他无可奈何,连陆震天也拿他没办法。令人啼笑皆非的是,作为现实的既得利益者,他公开地声称,他是共产党人的后代,是现行改革最坚决的拥护者,是防止苏东解体悲剧的中坚力量——"中国正处在一个伟大的历史转型时期,出现了很多暴富的机会。这些机会,我不抓住,总有人能抓住。我把这些钱挣了,总比一些不相干的人挣了的好。""如果每个共产党人的家庭中,都有我这么一个人,这江山肯定固若金汤了。"刻画出陆承伟这样的在现实中已经成了气候甚至举足轻重的,既不放弃政治保护色,又不择手段地吞食国有资产的私企经济巨头,是《英雄时代》

的一大贡献。

正是因为陆承伟的存在,史天雄的出现就是必然的了。他富有远见卓识,意识到新兴的私营经济在未来岁月中至关重要的地位,意识到改变私营老板的政治素质对政权巩固的重要性,意识到要与陆承伟一类人争夺私营经济的霸主地位和领导权的重要性——"他从来都认为自己是一个负有重要使命的人。那么,在今天,这种使命将以何种形式得以体现呢?毋庸讳言,私有经济已经逐渐成为国有经济的重要竞争对手了。可是,这些年,有谁特别关心过那些私营业主们的信仰问题?又有谁统计过从事私营经济的人们,有多少是得逐利风气之先的人,有多少是比较之后的理性选择,又有多少是逼上梁山?"因此,一旦感到自己在政府部门中已经难以发挥作用,一旦觉察到自己可以在私营经济中探索新的方向、担负新的使命,史天雄就断然辞职,放弃了国家部委副司长的职务,甚至冒着失去陆震天庇护的危险而结束与陆小艺的婚姻,远行西平,去充当一家规模有限的私营企业"都得利"超市的总经理,以一种与陆承伟这样的私营老板迥然不同的方式,在私营企业的领域里树立理想、信念和精神的旗帜,同时,又抱有把"都得利"经营发展成为中国的"沃尔玛"(一家在世界500强中名列前茅的大型连锁超市)的勃勃雄心。论实力、论计谋、论关系,史天雄都不是陆承伟势均力敌的对手(失去道德约束的陆承伟可以无所不用其极,史天雄还击的能力却非常有限),但是,他终于依靠自己的信念和合作者金月兰、杨世光等人的戮力同心,顶住了陆承伟先是企图压垮、后来又想吞并"都得利"的阴谋,尽管困难重重,却终于站住了脚跟,并且在与国有商场联盟的竞争和决战中证明了自己的力量。

或许,故事的结局有些令人失望。陆承伟这样奸诈的人物,作者没有让他脸谱化,没有让他彻底烂掉,却让他在爱情选择中保留了一块净土,还演了一幕聂赫留朵夫式的"忏悔的贵族"的喜剧(闹剧?);史天雄呢,接受部党组的任命,接任合并后的天宇集团与红太阳集团的掌舵人,为打造中国企业界的航空母舰而受命于危难之时,不得不退出"都得利",中止了他在私营企业中的积极探索。可以为作家作辩解的是,既然像陆承伟这样有权势背景的许多老板仍然活跃在社会生活中,而没有被清算,那就不必勉为其难地设想出廉价的公理胜利、末日审判的结局;既然史天雄的投入并不能够改变私营企业的整体格局,他对有关问题的思考和行动能够引起人们的思索,也就足够了。

原载《南方文坛》2002 年第 1 期

现实主义的一支主脉
——20世纪的中国小说纹脉之一

管卫中

　　二十世纪过去了。对于中国现代小说生长史来说,这个世纪的最后两个十年,虽然前后判然分明,特别是后十年,长篇小说产量空前巨大,现象异常驳杂,变化十分明显,但是,也许更应该留意,小说本是一条河,这两个十年是一个整体。尽管各路小说此落彼涨、藕断丝连、新枝逸出,其间仍有脉络可寻。寻找脉络是为了尽可能准确、公正地估计它们各自的价值。从这些蓬勃而纷乱的小说野生林中识别出几株秀木,也许并不太难,尽管读者的视听时时受到炒作声浪的搅扰;但要从多股支流、潜流汇合而成的小说黄河中寻索出最重要的主脉与张扬而浮泛的支脉,却是困难的。什么是主脉,什么是支脉,人们自有不同的判断,何况有人还认为如今的小说是"众语喧哗",各显风采,无主脉可言。准确地识别与估价,也许取决于眼力,而眼力最终取决于研究者有多少社会良知与艺术良知。良知决定了判断标准、感知能力和说真话的勇气。我并不想排斥什么,而只想以札记的方式,平淡地说说自己的阅读印象与原始判断。

　　二十世纪晚期最重要的小说主脉是什么?批判现实主义小说。这一点恐怕没有太大的疑义。这一支小说,或者说这种思潮因其浓重的民族忧患意识和犀利的剖析锋芒,而时常遭到主流意识的戒备、压制与狙击。亲历这段历史的人们都熟知,从七十年代末思想解放运动为开端,到八十年代末,批判思潮与压制力量经过三个回合的激烈碰撞,终成浩荡漫漶之势,而后于八十年代末蒙受重创。九十年代的前五六年,表面上水波不兴,学术界与文艺界的学究气、商人气与柔靡之风大盛。批判思潮或者潜入历史领域,以咀嚼历史、暗示现实的面貌出现,譬如文坛曾一度出现意味深长的"魏晋热"和历史文学热,或者另辟蹊径,寻求突破,出现了以个人主义为价值核心的新思潮,其代表作品是相关的学术著作与"私人化"小说。大约是从九十年代中期开始,随着大环境的趋于温和,批判思潮重新涌出地表。在学术思想界,最鲜明的标志是鲁迅精神旗帜的再度高扬,顾准、李学勤、摩罗等人著作的出版。小说界则有《白鹿原》、《苍天在上》、《黑界地》、《北方城郭》、《突出重围》、《抉择》、《寂寞歌唱》、《呼吸》、《权力场》、《超导》、《今夕何夕》、《十面埋伏》、《国画》、《独白与手势》等一批痛析现实的长、中篇小说陆续问世。

这是一批珍贵的小说。这些小说在二十世纪末人们对小说深表失望、已经失去兴趣的时候的联袂登场,也许标志着,像 X 光透视镜一样看穿中国五脏六腑的洞察力,像外科医生一样揭肤破腹直取病瘤的笔力,又回到了文学身上。这样的作品重新赢得了读者的信赖。文学在平民百姓们的心目中,重新恢复了值得珍视的价值。

中华民族是一个身患多种沉疴的病人。走到现在,她身上潜伏的许多慢性病正在恶性发作。这些小说的笔锋各自指向了不同的病状与病根。在这篇稿子中,我想先梳理出其中的一条脉络。

熟悉八十年代小说的人,大概都还记得王兆军的《拂晓前的葬礼》、张炜的《古船》、朱晓平的桑树坪系列小说、贾平凹的《浮躁》、陆天明的《桑那高地的太阳》和《泥日》。如果我们权且把这几部小说当作描写一地一时生活的纪实小说来读,那么它们竟有某种不约而同性——它们不约而同地描写了同一种社会现象:无论是在农耕文化的腹地山东、陕西,还是远在汉族农耕文化圈外的新疆,无论是在一个村子里、一个农场内部,还是在一个镇子上、一个地区,都有一个盘根错节的、以铁的手腕统治该地盘的政治团伙,有些地方还有另一个不堪忍受家长式统治、代表了某些民意的造反团伙,企图推翻前者,取而代之。这些小说的基本内容,就是执权者压制和庇护治下的民众,消灭异己,或者是两个政治团伙之间明争暗斗、展开一场旷日持久的激烈较量。不管谁胜谁负,谁成为新一轮的统治者,都无一例外地以与前任相同的模式统治治下的民众。老百姓依旧在碾盘底下艰难地存活、屈从、呻吟。这个村子或镇子的面貌基本上没有什么实质性改观。这些相似的故事,出乎不同作家的笔下,莫非是一种偶然的巧合?抑或是一种相与沿袭的小说故事模式?还是另有深意?

如果我们暂时撇开小说,来看看中国的历史与现实,就会对此有所了悟。华夏民族以聚族定居、耕作、纳皇粮、受统治和庇护的方式,在这块内陆上存活了五千多年。中国人漫长的历史经历,一言以蔽之,其实就是此家族与彼家族争夺一地统治权、争夺天下的历史。所谓分(地方小朝廷或藩镇割据时代),其实就是由一些强悍的家族瓜分天下。所谓合,就是由一个更强大的家族集团征服诸多割据家族,收拢地盘,一统天下,独家占有。庞大的文臣武将队伍的功用,就是帮助此家族保天下(所谓维护正统),或者帮助彼家族夺取天下。这种大家族集团之间争天下的现象,不仅表现在各个王朝之间,也表现在一个王朝内部。

天下者,一大块肥肉片,群狼逐之。一个省、一个县镇、一个村子,则是大小不一的一些肥肉,也必有强人争夺与占有之。譬如民国时代拥兵自重、占省为王、划地而治的各地军阀,就无不具有浓烈的家族统治味道。而在一个村子里,生产队长、村长的职位,也是人们拼死争夺的对象。级别不在高低,在乎一旦为王,利莫大焉。地方上的情形,大率如此,与朝廷内外的情况约相类似。

从这些历史现象中可以品味出,中国人在现代以前的基本观念,是家族本位观。家族本位的实质是,以血缘关系为纽带,团结族人,谋求本家族的利益。特定的农耕生产方式与家族生活形态,使得中国人从来没有滋生过国家观念,大民族观(即华夏民族观)在不遭受外族侵略时通常也很淡漠,从而形成了各个家族非常团结、齐心、坚硬,整个民族却十分松散的状况。同样的原因,中国人也从来没有西方人式的个人本位观。在中国人心目中,家族的利益高于一切,个人只是家族之树上的一片树叶,完全依附家族而存在而盛衰,没有独立价值可言。

到了现代,情况发生了变化。以一个家族占有天下或占有一隅的统治方式,遭到大势的否定,民国时期各地军阀划地而治,与中央政权保持若即若离的暧昧状态,也许是家族统治的最后一点孑遗。再往后,乡镇里虽然还顽强地保留着宗族半隐蔽地执掌地方大权的形态,城市里的大家族却已渐次消失,家族本位观失去了土壤,也就日渐淡化了。但是,中国人非常懂得,一个人单枪匹马在社会上厮混闯荡,决无出路;一个人的富贵显达,必须与一伙人联系在一起,借群体之力谋取权利,分取一杯羹。也就是说,失去了家族群体依托的个人,必须找到一个新的"靠山"、一个可以依靠的群体。一个什么样的群体呢?它仍然不是民族、国家,也不是一个集体,而是一个由分散在许多行业里的、占据着一定要津的人们自动组合成的、彼此有着某种特殊关系的更小的团伙。这个团伙是血缘关系的向外扩散。表面上,他们是亲戚、同乡、上下级、朋友、同学、战友、老熟人关系,是某种"自己人"式的私人感情关系,但组成这个团伙的每一个人,从一开始就是为了相互利用、谋求个人利益而走到一起来的,故其骨子里是共同的利益关系,所谓"一荣俱荣,一损俱损"。这种以一两个权要人物为核心组成的小团伙,遍布于中国的几乎每一个地区、每一个城市、每一个社会单位,密密麻麻,疙疙瘩瘩,无以计数。如果冠之以一个学术名词,它可以叫作"私人利益共同体"。它是传统的"家族利益共同体"在现代环境下的变体。从前者到后者,联结人们的表层纽带虽然由纯粹的血缘关系演变成了驳杂的社交关系,但共同的利害关系这一实质却贯穿始终,没有发生丝毫的变更。

说起来,这两个利益共同体早已为中国人司空见惯,算不得什么新发现。但是,人们却未必都意识到了,这是隐藏在中国肌体内的最关键的毒瘤。它对中华民族生命活力的杀伤、毒害与消耗,简直无法估量。事情很明显,既然是为小团伙的利益而存在,为谋求独占独吞而存在,那么此利益团伙与彼利益团伙之间,就必然发生一场场无所不用其极的争抢恶斗。争夺统治权的故事也就毫不走样地从远古一直延续到了当下。无休止的争抢与你方唱罢我登台,受害者必然是平民百姓,必然是由民众组成的一个集体、一个民族。一个村镇的面貌始终不能改观,一个民族的步履始终沉重缓慢,历史几乎永远在原地踏步,盖源于此。这就是中国历史的某种真相。

《拂晓前的葬礼》、《古船》、《浮躁》们的象征意蕴,即在于此。无论是大苇塘村,还是洼狸镇,所谓造反、革命的真实内容,不过是两派势力争夺统治权而已。李金斗、赵多多、老爷子们,是坐稳了王位、恣意横行、玩弄民众于股掌之上的代表人物。无须多说,这几位作家在八十年代,就摸到了中国历史的关键脉络。正因为如此,我才认定,这是八十年代中国小说中最值得重视的一支主脉。

九十年代的前半期,这支小说若断若续。我们只是在《白鹿原》、《苍天在上》等屈指可数的几部小说中,嗅到了相似的气息。到了二十世纪的最后几年,这支小说的河床里才忽然涌来了大股的水流。其中最具分量的小说,当数柳建伟的《北方城郭》、王跃文的《国画》、张平的《抉择》和《十面埋伏》。这批小说接续八十年代小说先驱们的思绪,紧紧追踪中国社会生活中这种特殊的政治文化现象,对新形势下这种政治肿瘤恶性膨胀的情形,作了极为准确、深刻的描写。

《葬礼》、《古船》乃至《浮躁》中,我们看到的是两个家族势力为夺取当地统治权而发生的拉锯式较量。《北方城郭》与《国画》中,我们则清晰地看见了具有现代社会特征的、某个政治团伙对一块地域的政治命脉实行铁腕控制,以及两个帮派之间的明争暗斗、殊死搏杀。《北方城郭》描写的是豫西地区一个名叫龙泉的县里的政治情形。县委副书记李金堂就像一只巨大的黑蜘蛛,在这块地盘上苦心经营几十年,培植亲信,剪除异己,钩织出了一张庞大严密的政治关系网,将龙泉县牢牢控制在自己的蛛网之下。用副县长庞秋雁的话来说:"李金堂是把龙泉当自己的王国治理享受的,将来就是退了,基础还在。"李金堂的确很像古代的一个小诸侯,虽然是副书记,但龙泉的事只有他说了才算。他是龙泉的"慈禧太后",龙泉是他的私人领地。不能说当政几十年,他没有为龙泉办过好事,但他在龙泉恣意横行、为所欲为,这一点是有目共睹的。他和他的党羽们层层剥皮,将数额惊人的水灾救济款装入私囊。他把不听话的书生林苟生送入监狱。他先后霸占龙泉县的绝代才女欧阳洪梅母女俩几十年,把洪梅的父亲逼上绝路,把几个情敌送入监狱、发配到山村或逼其自尽。吴玉芳被杀的冤案被他压死。刑警队长赵春山和新华社记者白剑的义举遭到暗算……整个龙泉县,被压在一块铁盖子底下,所有的反抗、寻求公理的行动,都变成了秘密的地下活动。龙泉人几十年来始终生活在晦暗、畸形、压抑的政治氛围之中。龙泉的问题,上面不是没有察觉,不是没有采取过措施,但三十二年间,李金堂凭借深厚的政治基础和过人的手腕,先后挤走了八任书记。他是怎样挤走许多前任书记,牢牢控制龙泉大权的?他究竟是一个怎样厉害的角色?小说叙述了新任县委书记刘清松试图撕开这张网、扳倒李金堂、对方反复较量的故事。刘清松联合副县长庞秋雁、记者白剑、刑警队长赵春山、珠宝商人林苟生以及李金堂的情敌加造反的奴才申玉豹、李金堂的情妇欧阳洪梅等一干人,明察暗访,里应外合,来势相当凶猛。李金堂则从容镇定,成竹在胸,只是小施手段,刘清松的阵营便损兵折将,屡屡陷入困境。庞秋雁稍一不慎,便中了圈套,被撤职。白剑受到暗中拉拢,拉拢不成,即遭殴打、逼迫,只好落荒而走。刘清松本人也差一点被赶出龙泉县……在企图置对手于死地的时候,刘清松与李金堂这两位主帅人物的政治哲学惊人地相似。刘清松曾对庞秋雁说:"政治该有政治的评判标准,政治无道德。"他对付政敌时的手段往往也很阴暗。李金堂则认为:"政治家羊肠小路照面了,万不得已斗一场,不关是非,只涉利害。"这两支政治力量的殊死搏杀,构成了龙泉政治的全部内容。所谓改革、建设,反倒成了可有可无的事,统统成了政治斗争的牺牲品。这才是比贪污受贿更为深刻的政治腐败!李金堂这只老谋深算的杂色蜘蛛,简直被作者写绝了!他临危时的不动声色,他对付政敌、情敌时的心计、气度、胆魄,他的料事如神、出手时的稳准狠辣,他先后追求慕慧娟、欧阳洪梅母女时的坚忍不拔,他的柔肠与冷酷、轻财与贪婪、坚强与虚弱、野心与悲观、宏远与狭隘,真是几句话难以说清。他是迄今为止小说中出现的最为复杂、鲜活的一个官场人物。

柳建伟描写这么一场发生在幕后的官场厮杀,刻画这么一个官场人物,其用意显然不是讲一段豫西地区的秘闻轶事给人听。故事即将终了的时候,他借记者白剑的口说:"这能说明什么问题?只能说明龙泉政治生活的畸形。大家都习以为常了、习惯了,也就麻木了。可怜他们没有用。让他们醒来,认清自己面对的现实才重要。这已经不是暴露一段历史真相的问题,不仅仅是李金堂的问题了。"这分明是作家的点睛之笔,弦外之音,清晰可闻。

也许还有必要提到柳建伟的另一部长篇小说《突出重围》。在黄兴安这个人物身上,我隐隐嗅到了李金堂的气息。正是黄兴安与简凡等人结纳成某种特殊关系,心怀私念,抓住权力不放,时时掣肘,才造成了A师的连连失败。虽然在描写军队内部的此类现象时,作者身为军人,不能不有所顾忌,不敢痛下针砭、揭开烂疮,但这点描写仍然使人意识到,龙泉县的病症,同样潜伏在军队肌体内。军队所面临的第一层包围,就来自黄兴安、简凡这种私人关系网身上。在一向高扬英雄主义与崇高旗帜、回避病症的军旅文学中,这样的笔墨、这样的忧患意识,仍然是罕见的、殊为珍贵的。说明现实主义已经蔓延进了军旅文学营地,它也许预示着军旅文学的一种重大转折。

与李金堂这只占据中心、控制全网的老蜘蛛有所不同,朱怀镜是一只处在中间偏外位置上的小蜘蛛。《国画》最醒目的内容,就是十分精细地描写了这只年轻的蜘蛛织网并攀缘而上的过程。朱怀镜新到荆都官场的最初几年,是一个孤零零的局外人,故而遭人轻视、冷落、斥责,十分落魄。这个已经有了一些官场经验的精明的年轻人,立即意识到了问题的症结。他曾对好友曾理流露过心里话:"如今在官场上要想有所作为,靠你一个人埋头奋斗、苦干傻干肯定不行,得编织一张互利互惠的关系网。"朱怀镜的精明之处在于:他对主要进攻目标看得很准。要找背景,就得找大背景。他牢牢地瞄上了柳秘书长特别是皮市长。此其一。其二,他非常善于巧妙地借势、借力。所谓借势,就是原本赤手空拳的他,在关键时刻总把自己装扮成皮市长身边的亲随、红人,借皮市长之势唬人、诱人。借力,就是看准了皮、柳们的嗜好、胃口,借助李明溪的真作,张天奇送来的漂亮保姆,从龙头大酒店、四毛手里骗来的钞票,乃至圆真的佛家魅力,袁小奇的魔术、赌局,来投其所好,对症下药,攻占目标,取得皮市长们的私心喜欢,从而升官晋级,又借助皮、柳们的权势,赚取张天奇、宋达清、裴大年、韩长兴、袁小奇、圆真们的巴结攀附和物质好处。在上至皮、柳,下至张天奇、宋达清、袁小奇、裴大年、圆真、陈雁们组成的这张大网上,朱怀镜是一个中间人、一个皮条客、一个位于中部的网扣。正是出色地利用了这个特殊位置,朱怀镜的上下其手,才往往一箭双雕,里外得利。几年下来,他成功地钻进了这张大网,或者说织成了自己的一张"互利互惠的关系网",成了荆都官场上的一个显要人物,如鱼入水,混得好不风光。这就是显微镜下放大了的一个官场赌徒的钻营史、发迹史。

事实上,不光是朱怀镜,乌县县委书记张天奇,江桥派出所所长宋达清,江湖混子袁小奇,荆山寺主持圆真,雷佛尘、裴大年等一拨商人,电视编导陈雁、黄达洪、小熊、四毛、夏娃……哪一个不是在千方百计地钻缝隙、拉关系,编织自己的关系网!又有哪一只蜘蛛不是在这张关系网中谋得了好处!几年之后,他们哪一个不是升了官、出了名、赚了大钱!而皮市长、柳秘书长,甚至秘书方明远、皮公子皮杰、公安厅长严尚明,又何尝不是在精心地编织自己手中的关系网,他们又有哪一个不是从这张网中各取所需,赚取了钞票、情妇、亲信和政治势力!整个荆都市,就是被这么一张巨大的私人关系网密密笼罩。这张网之外,还有司马市长手下的另一张巨网。他们撒开网,套住了皮市长和朱怀镜们。荆都市的明天,不过是换了一张政治关系网而已……这就是荆都市政治状况的全景图。

在这种网络的秘密运作之下,龙兴大酒店的一千万国有资金落入皮杰私人腰包;民主选举被人操纵;张天奇们的渎职、贪污被掩盖,有人当了替死鬼;曾理们正义的声音被扼住咽喉,甚至被迫出走;邓才刚这样的正直人士被挤出政治机器……如此深入骨缝的腐败,岂止贪污受贿所能了得!

县、市的情况如此,国有企业内的情况又如何呢?描写改革年代国企状况的小说不少,譬如谈歌的"大厂"系列、长篇《城市守望》,李肇正的《无言的结局》,肖克凡的《原址》,关仁山的《福镇》,等等,但真正剖出真相、切中要害的,也就只有刘醒龙的《寂寞歌唱》、张平的《抉择》两部。

华中某县一个小小的国有农机厂里,居然也有一个私有利益团伙。厂长林茂手下有一帮子亲信,上边挂着罗县长,外边勾着黑道商人。这伙人上挂下连,里外勾结,狠挖农机厂的墙脚。林茂钻改革的空子钻得很巧妙。他利用农机厂的牌子、资金,办起了一个实际上属于他自己的三产公司。仅购买金属材料一笔生意,他就从农机厂账户上拿走了十万元,外加买了罗县长的人情。他这种干法,就连奸商肖老板也不由得啧啧称赞:"你比别人高明就在这里,牌子和资金都是国家的,赚的钱却是私人的。正大光明得让人不敢乱想。""这是现今最理想的生意人。这样的生意才做得舒服,钱赚得再多,手法使得再过,仍然能高枕无忧。"到后来,林茂索性将八达公司倒腾成了外贸公司,使它变成了名正言顺的私人资产。在《寂寞歌唱》之前,还没有人这么深入地研究、透视和描写过改革年代的这种特殊现象。此外,《寂寞歌唱》也描写了江书记与罗县长两伙人的明争暗斗,副厂长何友谅与林茂两班人的捉对厮杀。有人从内部挖墙脚,还有人为整倒林茂从内部插刀子,农机厂一下子就垮了。受害者自然又是国家和贫苦的职工们。

如果华中地区这个小农机厂的情况还不够触目惊心,那么我们再来看看华北地区某国企航空母舰的情形。曾经辉煌一时的中阳纺织集团,在改革的年代中就像泰坦尼克号,濒临下沉,情势危急……数万工人陷入赤贫境地。何以如此?原来这家国企航母内部,也有一个庞大的蛀虫团伙。这个蛀虫团伙之所以恣意侵吞公产、大胆胡作非为,而能够稳坐领导交椅,是因为外面有省委常务副书记严阵的保护。这伙人里外勾结,沆瀣一气,在省会城市形成了一个笼盖一方的关系网。以至于市委书记杨诚和市长李高成试图动手解决中阳集团的问题时,竟遇到集团欺骗、上峰威吓、调查组作假,难度远超乎想象。更有甚者,为了防备关键人物李高成向中阳集团动手术,这伙人事先将李的妻子、反贪局长吴爱珍拉入团伙,暗中为李的升迁和子女的入学大肆花钱,使李高成在不明不白之中间接地变成了腐败分子。李高成即将动手之时,他们又送上贿款,暗中录音,既收买,又陷害,手段之狡猾、用心之险恶,令人叹为观止。他们在李高成周围布下了天罗地网,"这张处心积虑、小心翼翼地在你这儿设下的网罗,要把你给稳住。因为稳住你也就稳住了一切,得到你也就得到了一切"。李高成面对物质利诱、人情陷害,既有提拔重用自己的老上司严阵的拉拢与威胁,又有恩爱至深的妻子的要挟逼迫和一对儿女的惊恐哀求,的确是陷入了纵横交错、密不透风的大网深处。一面是个人的身家性命、利害前程,一面是数万工人的啼饥号寒、国家的亿万财产,正义与良知,你叫他如何"抉择"。中阳集团内外的这一幅阴森可怖、邪气弥漫的政治图景,真是令人触目惊心。

《抉择》在描写了严阵集团的计划周密、用心险恶、手段高超,腐败集团分子们的真实心态,斗争的复杂性、艰难度方面,的确比《寂寞歌唱》显得更有深度,称得上是鞭辟入里、入木三分。这两部小说揭开了某些国企改革的真相:表面上大张旗鼓、风起云涌、凯歌频传,潜伏在企业内部的政治毒瘤,却丝毫未受触动。不仅未受触动,这种癌细胞甚至借改革之风,因势而动,大肆扩散,疯狂地吞食全民的血肉。改革成了这群官仓硕鼠们大捞一把的一次绝佳机会、国企和工人们的一场灭顶之灾。改革正在被利用,被引向悬崖绝壁。

《抉择》的故事结局,也许能使读者长出一口气。李高成以董存瑞舍身炸碉堡的方式,协助省委市委一举端掉了以严阵为首的腐败团伙,中阳集团重新起步,该省市局面重新阳光朗照,干干净净,河清海晏,令读者人心大快。然而揆诸现实,我以为这种毕其功于一役的结局,是有点简单了。反不如《拂晓前的葬礼》、《古船》、《国画》们的结局来得意味深长,更接近现实。这不是一个封闭式结尾或开放式结尾的技术问题,而是一个如何认识现实的问题。事实的真相是,取胜者同样是为谋取权位、使该地盘变为本集团的私人领地而来。他们绝不是正义与良知的化身。即使是有所改动,那改动也极其微小、短暂,基本的政治局面还将延续。老百姓们仍将在这些团伙的争抢、绞杀与掠夺中痛苦呻吟、忍气吞声、艰难苟活……中国历史进步缓慢的原因,就在这里。这就是现实。中国人须臾不能忘记自己的国情。批判现实主义的文学,尤其不能忘记这一点。细究起来,《抉择》的缺陷也许在于,人物的黑白过于分明了,李市长、杨书记们有点理想化了,他们几乎成了正义与良知的化身。李市长的单纯、率真、心口一致、言行一致、不谙世情、不懂官场规矩,实在不太像官。既然如此,他们也就不会成为与前任们本质相近的新的政治团伙。之所以设定这样一种人物、这么一种结局,也许与张平执信"只要是人类社会,毕竟还是正气在主导着一切"这一信条有关。历史是不是如此?此事说来话长,留待来日吧。

但张平毕竟是一个目光严峻的作家。他不可能真的忘记中国的现实。《十面埋伏》掉转镜头,描写了司法、公安、党政、基层乡镇的情况。一个在押囚犯,牵出了四条射线。这个犯人居然与古城监狱领导层,与公安分局局长姚哉利一伙,与东关镇镇长龚跃进治下的黑暗王国,与省人大副主任仇一平、省城市委书记周涛、某市主管政法的市委副书记等一伙政界权要,有着非同寻常的关系。

这四个政治团伙,又通过千丝万缕的利益关系,扭结在一起,构成了一个更为厉害的大关系网。监狱、司法、公安、人大、政法委、镇子、村子的相当一部分权力,已经掌握在这个黑网手中。他们利用职权,大做权钱交易,公然掩盖重大抢劫杀人案,保护和纵容罪犯,监视和迫害办案人员,迫使何波、罗维民等公安、侦查人员的破案行动变成了到处布满电网、地雷、冷枪的秘密地下斗争。许多优秀的公安干警因此付出了生命。这部情节异常紧张的小说,使人们看见了更为惊人的现实:私人利益集团的势力,已经渗透到了社会各个要害部位的深处,达到了敢藐视一切、与整个政权分庭抗礼的地步!

可以收拢起来说一说了。这一支小说,从横向来看,描写到了中国塔形社会的各个层面、各个部位。从山东的大苇塘村、洼狸镇到新疆的建设兵团农场,从河南的龙泉县到湖南的荆都市,从湖北的某县农机厂到山西的中阳集团,从军队、监狱、公安到企业、政界、基层……仅从写实的角度去理解,癌细胞确已遍布中国的全身。中华民族的每一块肌肤下面,都在发生严重的溃烂——血管阻塞,软组织坏死,骨髓发黑,红细胞几乎被悉数吞食……这情形,的确令人不寒而栗。

这些作家们是仅仅看见了自己周围的政治团伙与争斗么?是,也不是。说其是,是因为他们不管写得像《抉择》、《十面埋伏》一样拍案而起、痛愤激烈,还是写得像《国画》、《北方城郭》一样含蓄冷静、不动声色,却无一不是对身边现实的直面写照,而绝非逞文人之一时偏激义愤,随意虚构。就具象而言,这些小说确实达到了精镂细刻、异常准确的程度,写透了一块地域、一个社会细胞的真相,活画出了一系列官场人物的灵魂。说其不是,是这些小说每一部都具有象征意味。作家们从一个社会细胞,无不意识到了中国社会的整体通病,支支笔锋不约而同地指向了隐藏在我们这个民族肌体内的根本通病、最关键的阴性文化脉络。他们不约而同地揭示出私人利益集团的肆虐、无休止地再生,确已从根子上,瓦解了中国社会的许多组织结构,耗尽了中华民族的活力,扼住了中华民族的咽喉,成了当今中国最为致命的心腹大患。

这支小说的特殊价值是显而易见的。无论是从目光的深邃,解剖现实症结的勇气与胆量,笔力的老辣、冷静、准确等哪一方面来掂量,都可以说,在当今中国冠以现实主义的形形色色的小说中,唯有它们,才真正具备了现实主义品格。我把这支小说视作现实主义文学最重要的一支主脉,根据就在这里。

原载《小说评论》2000年第4期

《突出重围》论略

徐亚东

　　根据柳建伟长篇军旅小说《突出重围》(以下简称《突》)改编的电视连续剧在央视播映,柳建伟一夜蹿红,成为家喻户晓的人物。这一切固然在于大众传媒的强力效应。然而,最为根本的要素当属《突》本身的价值及对诸阶层读者的征服。《突》也为世纪末较为沉寂、暗淡的军旅文坛涂抹一道亮丽的色彩。

　　论及军旅小说,80年代的辉煌与荣光总给我们以无限的追忆、怀想。"两代作家三条战线作战的基本格局"①中,军旅文学获得较为长足的发展。大约80年代中后期,随着这一格局的破解,"它作为自成一体的一个群落和显赫一时的一个运动似乎一夜间销声匿迹了"。自此,军旅文学处于一种相对沉寂的状态。在90年代多元文化共处并存,各自获得合法性地位的文化语境中,有着特定内涵和浓厚意识形态色彩的军旅文学,开始走上了较为艰难的嬗变之路。于观念的蜕变中,一些军旅作家逾越特定题材划分与界定的规范,"移情别恋"其他题材域。这固然丰富了当代小说创作,为之平添了别样的色彩,但也不能不说这是军旅小说创作的流失。然而,另一部分军旅作家一如既往地钟情军旅题材,又不拘泥于此,而是辐射、连结更为宽广的社会生活内涵,使军旅小说创作呈现出包容性、开放性的品格。仅就反映和平时期军队生活的长篇小说而言,90年代初朱苏进的《炮群》,稍后的《醉太平》等,便是这方面较为成功的探索之作。他们在其营构的艺术世界里,为当代军人画像,追问军人价值,关注和平时期军队与军人自身建设和完善……然而,这样的作家和作品在90年代毕竟为数不多。在稀疏而又执着的军旅作家探索队伍中,柳建伟是后来者,于柳建伟而言,启示与借鉴、负累与挑战是必然的。拓宽已有的题材域是必要的,但立足其上的超越,似乎更有意义。

　　《突》的成功,从某种意义上说,在于它主题的深刻性和强烈的现实意义。中国军队和军人,在昔日的革命历史进程中,在腥风血雨、如火如荼的历史风云里,为中国革命的胜利作出了不可磨灭的贡献,在政治思想、军事观念诸方面积累了许多宝贵的优良传统,对我军新时期的军队建设仍然具有决定性的指导意

---

①朱向前:《军旅文学史论》,东方出版社,1998年,第106页。

义。然而,当历史的脚步行至 90 年代,面对冷战结束后新的世界格局和风云变幻的国际局势,尤其是现代战争局部性、高科技性的特点(如海湾战争、科索沃战争),中国军队如何更新军事观念、战争观念,提高整体现代化水平,以适应新形势,无疑是新时期军队建设首要突出的问题。于军旅小说,这既是一个不容忽视的题材,又是一个颇具魅力的题材域。而对这一题材域进行开掘,目前还不多见,真正进行全面深刻探索更是凤毛麟角。

而柳建伟,这位毕业于军事院校,成长于绿色军营的青年作家,以军人的挚情深情真情和高度的使命感、责任感切入这一领域,进行探索。

在《突》中,柳建伟于某大军区甲种师 A 师与二线师 C 师进行三个阶段对抗性演习,一败再败,深陷重围的叙事中,探寻 A 师失败的原因。A 师战败,一方面由于以黄兴安为代表的传统力量恪守 A 师奉为经典的地面进攻、死打硬拼等传统军事观念,因而忽视现代战争特点,轻视电子战、信息战等现代战争手段的运用;另一方面是对以范英明、唐龙为代表的注重战争观念更新、重视现代战争手段运用的新生力量,或出于旧有情感的羁绊,或出于个人目的,处处牵制、压制,甚或排挤。而 C 师的胜利恰恰在于常少乐重用朱海鹏、江月蓉,注重战争观念的更新及现代战争手段的合理运用。第三阶段演习中,A 师正是因以范英明为代表的新生力量持守传统而又不拘泥于传统,最终取胜,突出重围。在这一正一反一对比的艺术描写中,我们不难发现,柳建伟在一场虚拟的战争中,在两军对垒中,形象地诠释了战争观念更新、现代战争手段的运用之于战争的重要性。不仅如此,他还逼视、追问军队现代化进程中人的现代化这一严峻的问题,因而更深层次地提出了军队现代化建设的必要性和紧迫性。从而《突》逾越了同类题材的窠臼,显示出题材新颖性、前瞻性特征,获得较强的现实意义,带有鲜明的时代特点。不仅如此,柳建伟还把艺术笔触辐射到军内腐败、军队生活与经济大潮的律动、军人爱情生活诸层面,使《突》显现出较宏阔的艺术视域。

文学是人学,这是文学的永恒命题。即便是最具前卫、反叛姿态的先锋小说,它们可以淡化故事、情节,但始终没有放弃对人的关注,没有放弃描写人的承诺,甚至更注重人的开掘。长篇小说创作更是以刻画性格成长发展为能事。这也是长篇小说一个重要的审美特征。过往的军旅长篇小说为我们塑造出众多血肉丰满,至今还为我们津津乐道的军人形象。仅就新时期而言,为和平时期军人画像,透视其价值,是由两类军旅作家在不同的方向上共同完成的。出身于农村的军旅作家如李存葆、周大新、陈怀国等,他们更多地发掘军人身上"勤劳、朴实、坚韧、顽强、忠心奉献却不计报酬"的传统美德及其负面的"劣根性";朱苏进、刘亚洲等出身军营的作家则更钟情于塑造"职业军人"形象。他们无一不以军职作为终生追求,视战争使命高于一切,为战争的到来和最终消灭战争枕戈待旦①。然而,战争始终游弋在遥远的天际,在"引而不发"的状态中,他们默默地恪守军人的使命与天职,岁岁年年。

柳建伟在《突》中,精心塑造了我军一批高中级指挥员——某大区中将副司令方英达,师团级军官常少乐、黄兴安、范英明、朱海鹏等,这在当代小说中是不多见的(除却朱苏进的《炮群》),也正是这些鲜活艺术形象的塑造,《突》因之也成为反映和平时期军队生活的一部力作。柳建伟笔下的这些军人,其性格内涵基本属于"职业军人"的范畴。他们无不把军职作为自己的使命和事业追求,他们身上无不承载着当代军人强烈的使命感,无不包蕴着对军队前途、命运及军队现代化建设的强烈关注。常少乐,一个随时将被裁掉的二线师师长,不等不靠不要,利用部队养猪、种菜赚下的辛苦钱,开发现代化的战场电子监护系统。朱海鹏,面对昌达公司董事长方怡把母亲及女儿户口办到 G 市,脱下军装,年薪不少于 10 万的优厚允诺,忠于自己当初的人生理想和人生选择,痴情不改,不为所动。这些无疑是他们忠于自己使命的写真。方英达更是柳建伟着墨最多、刻画最为成功的我军高级指挥员形象。他出生于军人家庭,4 岁时起随父母辗转于炮火硝烟中,十几岁参军,跟随粟裕将军参加孟良崮恶战。随后,淮海大战、渡江战役、无名川拉锯战……成为他生命交响乐中的华丽乐章。一生的戎马生涯,孕育出他军人的使命与责任。军人的天职及使命意识贯注、流淌、澎湃于他的精神躯体。面对没有儿子,不能承继他献身的军职的遗憾,他愣让三个女儿全都嫁给军人以弥补人生的缺憾。即便是即将离职,且是肝癌晚期,他仍然关注着 A 师,关注着中国军队的现代化建设,关注着中国军队的未来。当 A 师陷入重围、一败再败,他坦言"死不瞑目"。当 A 师终于突出重围,他喃喃道:"可以瞑目了,可以瞑目了,戎马一生,痛快,真痛快!"寥寥几笔,一个军人的情怀、一个老将军对军队建设的关注便跃然纸上,鲜明异常。如果说这一切是方英达作为军人"兵味"、刚性的体现,那么,柳建伟还借方英达对妻子的无限深情与爱恋,对女儿包括女婿的关爱,刻画出他柔性的一面。"无情未必真豪杰",正是刚柔相济,才使方英达这一形象有血有肉、鲜活丰润。方英达的形象在新时期的军旅小说创作中,在我军高级指挥员的形象塑造上,是不可多得的一个形象。

在论及《突》的军人形象塑造时,黄兴安是不得不提及的一个军人形象。可以说,他是军队现代化进程中的一个落伍者,深陷传统的规范而不能超越,缺乏现代军人应具备的素质,甚至我军的一些优良传统在他身上也日渐被磨蚀掉了。这一形象创造,提升了《突》的现实主义力度,也从另一向度上丰富了新的

---

① 参见朱向前:《红黄绿》,解放军出版社,1989 年。

历史时期军队现代化进程中军人形象的内涵。

柳建伟在塑造"职业军人"形象时,绕开了朱苏进们惯常的道路——在军队日常生活描绘中,在军人理想与军队窘迫的现实巨大落差下,凸现其军人理想,开掘其价值,且略带有悲凉的况味;而是在虚拟的战争——对抗性军事演习中,让军人回到他们固有的人生舞台,尽情地挥洒他们的才情、胆略、气魄及指挥方略,高扬其军人理想。因此他们少了些悲凉而多了些乐观明朗的色彩。这不仅在于作家个人的审美追求,而且与时代也不无关系。他们毕竟是 20 世纪末的中国军人。

解读柳建伟的《突》,我们应该摒弃文学批评中"小红吹箫我低音"的捧式批评的不良倾向。解读《突》,我们不难发现它的美中不足之处。这主要表现在以下两个方面。

其一,一些形象略有单薄之嫌。范英明作为书中一个主要艺术形象,作者集中笔墨,描绘范英明坚定、坚毅、强悍、冷峻等所谓职业军人的素质或气质。这种兵味十足、阳刚有余的性格正是以其他方面的缺失为代价。并且,范英明的性格缺乏变动、发展,从而影响其美学意蕴的丰厚。另外,《突》中的几位女性如方怡、邱洁茹、江月蓉、秦亚男等无一不略显单薄、苍白,不够丰润,显现出军旅作家似乎都不善于刻画女性的通病(朱苏进等莫不如此)。《突》中某些形象单薄的原因大概在于作者在情节、事件的铺陈描述上用墨太多,或多或少地影响到人物形象的刻画。

其二,艺术创新的不足。"90 年代军旅小说所取得的成就与历史提供给它的各种机遇或者历史的必然要求来比,还有相当大的差距……而且在思想深度和艺术技巧的创新方面所取得的成就也远无法与同时代其他题材作品相比,出现了相对的滞后状态。"①具体对柳建伟而言,也许太执着于现实主义的文学传统,导致艺术创新的不足。在结构上与手法上,《突》平实有余,缺乏跌宕多姿之势,缺乏写意与表现,作家太倚重故事情节的展现。在叙事技巧上,采取第三人称的全知全能叙事视角,缺乏多视角的叙事。这种单一叙事视角的运用恐怕也是导致某些形象单薄、苍白的直接原因之一吧,因为它不能多侧面、多层次地烛照人物。人物丰富性缺失也是必然的。如若柳建伟在艺术的创新上更加注意,那么《突》将是思想性与艺术性结合得较为完善的一部反映新时期部队生活的杰作。尽管如此,《突》仍不失为 90 年代一部优秀的军旅长篇小说。

原载《南都学坛》2000 年第 5 期

---

① 张鹰:《论九十年代军旅小说》,《小说评论》2000 年第 1 期。

用小说沉淀"危机"记忆,即将诞生的一部长篇
——柳建伟创作《萨斯危机》

溟 北

作家柳建伟要创作一部反映非典时期社会生活的长篇小说《萨斯危机》,我得知这一消息并不吃惊。因为以对社会变化发展异常敏感而著称的作家此前的四部长篇小说,包括"时代三部曲"(《北方城郭》、《突出重围》、《英雄时代》)和《惊涛骇浪》都是紧扣时代脉搏的优秀之作。柳建伟为什么对这次"非典"事件作出如此迅急的反应?近日他和笔者作了一次畅谈。

性格特征:"杞人忧天"多忧患

这么快就想到用文学形式表现这一特殊社会事件绝非偶然,柳建伟坦陈他的写作动机:"我一直是个'杞人忧天'的作家。"

"杞人忧天"一词历来都有所贬,但柳建伟却不这样认为。他说:"'生于忧患,死于安乐',但中国人历来缺乏危机意识和忧患意识,我写的东西就是要有助于给我们民族带来这种意识,从已完成的'时代三部曲'到现在还未完成的《萨斯危机》,都是这样。"谈到这场目前已趋于平稳的"萨斯危机",柳建伟说,虽然"萨斯"已经过去,但无论是政府管理体制、公共道德良知,还是民众生活方式暴露出的很多社会问题,都值得我们好好反思。前些天,他在报纸上看到长春有一家人感染了"非典",但是拒绝收治隔离,造成7人患病3人死亡。"这非常具有典型性,可能会在我的小说中有所体现。"柳建伟说,"当然,这要用小说的方式对其进行处理,比如设置一个特别固执的老人形象。"

突如其来、不可控制、普遍发生和强传染性引发人与人之间的信任危机和灵魂深处的触动,使这次"非典"事件具备了产生经典作品的要素。从加缪的《鼠疫》、马尔克斯的《霍乱时期的爱情》到科斯马图斯执导的电影《卡桑德拉大桥》,这些经典作品的诞生都由一个突发事件引起,从而揭示出其后蕴藏着的深刻社会背景。柳建伟也决心记录下整个事件的转变发展过程,特别是医护人员灵魂的冲突和医患之间的深层关系,给读者提供一个面对危机的态度。"这是

一个出大作品的时代,能不能写出经典作品就看能力了。"当笔者问他有没有为此写一部"经典"之作的信心时,他笑着这样回答。

创作原则:"有备而来"早酝酿

柳建伟介绍说,《萨斯危机》将以"非典"时期中国的社会生活为背景,以三个家庭为主要线索,主要人物有政府官员、科学家、医务工作者、新闻记者,还囊括了囤积居奇者、造谣者等众生相,展现中国人在危机中的整个心路历程。柳建伟还透露了一些具体细节:第一男主角是一个临危受命的省会的代市长,他的全部工作都围绕抗"非典"进行。其妻是一个对社会学感兴趣的作家,两个人经常争论当下利益与永恒价值之间的矛盾以致分手。他的女友则是一个电视台节目的主持人。第一女主角与代市长有血缘关系,作为医生,她身上有钟南山、姜素椿、叶欣等人的影子,并与"毒王"有几次生死"较量"。

不过,网上有人认为文学创作有自己的生产周期,柳建伟在只有写作意图的情况下就开始叫卖自己的作品涉嫌炒作,甚至有人说这跟利用"非典"时期哄抬物价没什么区别。笔者把这些负面批评告诉他时,柳建伟显得挺平静。对批评者,他表示完全理解,他说:"创作这部作品绝不是心血来潮、仓促上阵,我是有备而来的。"

柳建伟从开始关注"萨斯危机"到付诸行动前后经历了两三个月的时间。早在今年2月,他在海南时就亲历过抢购风潮——板蓝根价格暴涨、100多元钱一瓶白醋等等,恐慌情绪弥漫。柳建伟打听得知这是一种以往没有出现过的新疾,他意识到这可能是一个不同寻常事件的开始。他觉得中国人缺乏应付突发事件的心理承受力。随着3月下旬"非典"在香港大规模爆发和世界卫生组织对中国发出警告,柳建伟觉得作为一个作家,应该为这件事写点什么了。他开始广为搜集资料,甚至买了《传染病学》等专业书籍在家里研究。

4月中旬,局势的不断严峻迫使他下决心创作一部关于"非典"题材的长篇小说。虽然他远离"非典"前线,不能"亲身体验",但柳建伟自有"法宝",那就是充分挖掘报纸、电视、网络等媒体资源。他从4月中旬开始剪报,每天除了看地方报纸,还翻阅《人民日报》、《参考消息》、《解放军报》、《南方周末》、《新闻周刊》、《生活周刊》等10多种报纸杂志;到了晚上,中央电视台和凤凰卫视的新闻专题也是必看的节目。柳建伟称赞这次新闻报道帮了自己的大忙,他说他即使能进入"隔离病房"也可能会受到很大局限,可是通过全方位的新闻报道,他可以搜集到更多更有价值的资料。此外,他还经常给身在疫区的朋友打电话询问情况。柳建伟说，华北几个疫区的情况差不多他都了解了。与一些作家写作方式不同，柳建伟很愿意在构思中与人交流。他说："一个作家的创作方式与性格、经历有很大关系，作家深入生活的方式也应该改变啦！我以前写的四个长篇都是这样创作出来的。"

职业理想：社会效应"最大化"

至于对有人指责他的"炒作"，他并不认同，但觉得善意的"炒作"也有其价值。他说，自己提前披露写作意图和内容至少有一个好处，就是让读者知道作家作为社会的一分子，在危机面前也在进行思考和写作，为战胜"非典"、建构社会理性框架体系尽责任。这些内容肯定有读者看了之后有认同感，没看作品就已经对现实问题开始反思，这对民众克服恐惧心理也是有帮助的。

柳建伟现在已经写了四五万字，但他说写作的速度还不够快，多家媒体的采访也牵扯了一部分精力。他希望在今年7—8月完工，与这次"萨斯"危机被彻底控制同步。刚开始动笔，已有11家出版社与他联系出版这部小说。柳建伟希望自己的作品能得到大多数读者和观众的认可，引起更多人的思考，并与影视联姻，以达到理想效果。在这之前他的《突出重围》已被改编成电视剧，播出后反响很大，而《英雄时代》也即将搬上荧屏与观众见面。作为一个与影视关系密切的作家，这部《萨斯危机》会不会很快也被改编成剧本，柳建伟说，也有几家影视公司想找他合作，但他不想草草下决定，"还是把小说写好以后再说吧"。柳建伟显得很谨慎。他希望自己的作品成为具有较强生命力的警世之作，而不是"急就章"。"一切等待两个月后读者的检验。"

原载《文化交流》2003 年第 4 期。

论柳建伟的时代三部曲
——兼谈主流意识形态文学的生态学意义

丁丽燕

在评论界众语喧哗的当下,有一块创作领域的上空却异常寂静。虽然这里产量颇丰且频频获奖,但是鲜有评论家驻足于此,更不用说在这里构建他们的理论之屋了。这就是主流意识形态文学领域。

说起来这也难怪,因为人们对一体化的社会文化机制是怎样导致某种文艺作品成为霸权话语的情况还记忆犹新。一体化的文化体制导致众多知识分子的异化,使他们不由自主地成为主流话语的生产者。在那种特定的社会政治条件下,"文学为政治服务"进一步演化为"文学是阶级斗争的工具",不仅文学的审美本性被扭曲,文学的社会本性也被扭曲,从而造成了文学的泛政治化和文学本体的失落。因此一涉及文学的意识形态属性问题,就难免使人产生一种本能的厌烦,这主要是源于对极"左"路线支配下的那种僵化的、绝对化的"意识形态"的一种逆反心理。但本能的厌烦毕竟不是理智的态度,因为文学作品作为一种人类对世界的掌握方式,从本质意义上说终究是以意识形态为主的个人化的精神活动,其实质在于它通过某种带有倾向性的方式来对人类历史、对人类的外在环境作出审美反映。置身于一个文化现象彼此兼容又互相克制的新时期,任何一种意识形态话语试图起到绝对的一统作用都是不可能的,也是社会发展所不允许的。我们所注重的是主流意识形态文学在和而不同、多元共存格局中的"生态学"意义。从这种意义上来说,我们的评论家们用沉默来忽视这一园地或对此妄加菲薄,不能不说是源于一种政治的情绪化与思维的简单化。当然我们也无须附和媒体唱空洞的赞歌,"隔靴搔痒赞何益,入木三分骂亦精"。我们需要的是一种严肃认真的品评,这是提高主流意识形态文学品位,促使意识形态话语与审美话语互相渗透的重要条件之一。

行伍出身的河南籍作家柳建伟自1997年以来发表的系列长篇,均有强烈的时代精神及迅捷地反映现实生活的流向。"时代三部曲"是他历时十三载,精心创作的全景式描写当代中国现实生活的长篇力作,由《北方城郭》、《突出重围》、《英雄时代》三部长篇组成,从政治、军事、经济领域,大规模地描画巨变时代的风情画,提出一系列富有挑战性的社会难题。《北方城郭》获1997年优秀长篇小说奖,《突出重围》获中宣部"五个一工程"奖,《英雄时代》入选"向建党八十周年献礼"十部文学作品。柳建伟无疑是主流意识形态文学的代表作家之一,剖析这样一个个体,对审视主流意识形态文学来说应该是有一定意义的。

一

　　柳建伟是一位两栖作家,在创作与批评领域均有拿得出手的作品。十几年前,他在一篇文论中提出这样的观点:文学的形态与社会的形态存在着深层的对应关系,相似的社会形态,其文学形态内在精神也必然相似。他认为改革开放后的中国,与大革命后的法国和废除农奴制后的俄国在深层结构上有惊人的相似之处。政治形态都有从专制走向民主、从人治走向法治的诸多表征,经济形态都处在革命性的转型期,文化形态都属多元并存,即政治的开明、经济的发展、文化的多元、人的价值取向和行为准则都有注重个体选择的趋势。这两个时期、两个民族的文学先后出现批判现实主义的创作思潮,他认为中国新时期批判现实主义思潮决不会消退。当然这种比较有失之简单之处,由于时代、民族、文化背景的不同,表面相似的社会形态往往包含着深刻的内在差异。但从中我们可以看出,现实主义创作方法的确立,是作者理性思考的结果。1997年,柳建伟的第一部长篇小说《北方城郭》问世,它以一个京城记者回乡调查为线索,展示了具有现代社会特征的以李金堂为首的政治集团对龙泉县的政治命脉实行的铁腕控制以及政治帮派之间的多方面的较量,构建了一个全方位、大纵深、多维度的当下中国的时空实体。小说采用散点透视与焦点透视相结合的手法(即在全知全能的叙事角度中引进人物有限叙事角度),塑造了一系列血肉丰满的人物。所刻画的人物分属于三教九流、五行八方,有名有姓、登台亮相表演者近一百四十人。其主要人物李金堂、欧阳红梅乃黑洞一般深不可测之人,读者很难简单概括他们的性格特征。身为龙泉县委副书记十多年的李金堂是英雄还是枭雄?是割据一方的诸侯,还是仕途不很顺畅的能人?欧阳红梅前后与七八个男人有过性关系,但又不失人之为人的意识,内心常常能保持一份尊严与高贵。珠宝商林苟生与三妞之间的关系是嫖客与风尘女子的关系,还是蕴含着人间的至情至爱?无论是人物还是主题或是题材类型均难以一言以蔽之。这部作品充分显示了生活及人性的丰富与斑驳,因此有评论家以"混沌感"形容之①。阅读《北方城郭》,如同登一座大山,虽不会有平原走马般的顺畅,却能时

---

① 朱向前:《是大作,但不是精品——三谈〈北方城郭〉及其它》,《当代》1999年第2期。

时在途中觅见绝妙风景,如三姐的家庭故事看似闲笔,但其蕴含的社会容量与人性深度却是那样具有震撼力。整部作品虽有局部裁剪不很妥当、语言耐品度稍低、略显粗糙的缺陷,但给人的感觉却很有质感。

1998年,柳建伟推出他的第二部长篇《突出重围》,在更大的范围内引起了反响。毋庸讳言,柳建伟是很善于捕捉有亮点的题材的。虽然我们不能说题材的拓宽对作品的突破具有终极的意义,但从创作的实际来看,追求题材的独特性和新鲜感确实是某些作品取得成功的很重要的因素。《突出重围》开拓了一个全新的题材领域,描写了一场模拟高科技下的局部战争的部队大演习,既有对军队整体建设的思考,也有对武器与人的关系的理解观念上的突破。作品所阐释的新的历史时期必须以科技强军的理论命题,以及部队在迈向现代化过程中所面临的各种内在矛盾让人耳目一新。在军事文学较为冷寂的状况下,《突出重围》显示了对军事生活的正面突进。金戈铁马的军事场景,激烈的战术对抗,电子战、信息战、数字化战场等高科技战争因素的展现,给读者带来全新的阅读感受。充满阳刚之气的主人公及宏大的叙事范式,对"儿女情长,英雄气短"的文坛产生了巨大的冲击力。质朴大气的标题,给人们留下了无限想象的空间,刺激我们反思:"重围"从何而来?如何从更大的范围与领域中突围?小说不仅写了军中之魂方英达,还刻画了范英明、朱海鹏、唐龙等一大批中坚人物。范英明是一个正在裂变的人物,他做事稳健务实,但又善于接受新事物,在他身上所体现出的是新一代军人在屡遭挫折时那种难言的苦闷与非凡的定力;朱海鹏不乏大胆前瞻的思想,敢于冒天下之大不韪导演一次演习场上的"政变",在他和江月蓉的感情纠葛中,我们看到的还有传统军人对待儿女私情的那份执着与含蓄;唐龙才思敏捷,又带有年轻人特有的狂气。他们是一批富有时代特征和个人魅力的军人。黄兴安、简凡属于军中的另类人物,在他们身上,我们似乎闻到了某种与李金堂相似的气息。黄兴安、简凡等人结成某种特殊关系,心怀私念抓住权力不放,是导致A师连连失败的原因之一。来自黄、简的这种私人关系网,可以说是军队面临的第一层包围。不过作者在此采用的是一种温和的笔调,尤其是对黄兴安,作者既写他的偏执与缺陷,同时又赋予军人的耿直,给这个人物平添了一抹亮色。

出版于2002年以后的《英雄时代》、《惊涛骇浪》、《SARS危机》,可以看作作者第二阶段的作品。"随着务实时代的到来,英雄主义这个词似乎悄然退出了我们的话语中心……几年前是出现过一个只身勇斗歹徒的徐洪刚,可是当他捧着肠子倒下时,身后50米的空间竟然没有一个同道。我知道很多善良却又很务实的人被前面歹徒匕首的寒光止住了脚步。徐洪刚身后那段刺目的空白,我一直都看作一段提不起劲的现实的象征。我感到悲哀,悲哀这个民族修正不良时尚的不及时;我感到愤懑,历史怎么能对此抱以持久的沉默?"①在英雄主义遭遇到前所未有的挑战,英雄文化严重缺失的状况下,柳建伟带着这样一种焦虑,带着这样一份期盼,决心用自己的笔为这个时代塑造系列当代英雄。《英雄时代》继续用一种宏观视角广阔地再现中国在向社会主义市场体制转型过程中的艰难历程。写一个"红色家族"的第二代中的两个人物陆承伟和史天雄,以及他们所代表的两种精神信仰与价值观念的碰撞,意在刻画转型期经济领域的一代英雄。和平环境下的英雄人物,没有太多传奇性的人生经历,也少有慷慨悲壮的可供渲染的献身场景,但柳建伟以他的作品显示了他那丰富的英雄观。在他的笔下,既有那种将人生理想与改造社会相结合,愿为社会理想的实现而奋斗,乃至献出生命也在所不惜的悲壮而惨烈的传统意义上的英雄,如陆承业;也有能在困境与挫折中挑战自我、超越自我的当代意义上的英雄,如史天雄。

综观柳建伟的"时代三部曲",我们不难发现作家对社会对人生的责任感、使命感和忧患意识,也能感受到作家驾驭重大题材、构建长篇框架的能力和较强的叙事能力。作者对时代的感知与把握无疑是敏锐而准确的,但在将这种感知转化为艺术形象方面,还存在着明显的不足。呼唤英雄主义的回归,塑造系列当代英雄,是柳建伟文学上的一大追求,《英雄时代》中的史天雄,无疑是作者精心打造的当代英雄之一。在作者看来,这是一个既有崇高理想,又不乏资本运作能力,愿"舍身"为政权的稳固探索新的可能性的人,他从副司长的位置进入商海,并非追求个人的财富,而是希望能在迅速发展的个体经济中掺入更多对政权有利的因素,但这一人物却无法以其自身的魅力打动人。作为一个副厅级干部,要弃政从商,他首先经历的是一番"惨烈"的自我心灵和世俗压力的拼搏,纵然史天雄有着"我不下地狱谁下地狱"的舍身情怀,那个"红色家庭"的其他成员也不会意识不到史天雄这一社会角色的转换所导致的结果,不同的价值观念必定要发生强烈的碰撞。此时,若能将史天雄放在各种矛盾的中心,让他与妻子弟妹岳父等等人物发生冲突或调和(陆震天此时若以阻挠者的面目出现,不光其本身的性格更为丰富,同时又可避免小说人物设置的雷同,这部作品中的陆震天与《突出重围》中的方英达何其类似),这不但能强化史天雄本人的内心世界和生命个性,还可以触及人们的不同观念背后的文化和人性深处,折射出作为社会人、文化人、生命人之间的无法调和的伤痛,这一场场心灵的搏击决不会逊色于刀光剑影的战场。但作者未能在这本可以大展身手的人性领域泼墨挥毫,而是匆匆忙忙地将他的人物拉到经济生活的场景中,让其充当一颗小小的棋子。尽管作者也用了大量的笔墨写史天雄与金月兰的感情纠葛,但这

---

① 柳建伟:《英雄主义应是我们永远高扬的主旋律》,《森林与人类》1998 年第 5 期。

成了作者强加给他的艺术形象的一点小小的装饰,无法从根本上改变人物的内涵。作者抽空了社会与文化造成的人物心理障碍,也抽空了这一人物的血肉。小说中的另一人物陆承业,一位"常在河边走,就是不湿鞋"的人物,在市场经济大潮中为国有企业的发展费尽心机,也立下过汗马功劳,但最终未能挽回颓势的企业家,最后悲壮地以死谢罪。他的所作所为不可谓不壮烈,因为中国转型期社会中多少国有企业在市场经济中消亡,可又有谁为此承担过责任?但在陆承业身上读者感受到的是作者迫切地想以这个人物的行为来表达一种意识到的观念的欲望,这种观念却未能内化为某种具体的感受潜入人们的心底。也许正是这种过于强烈的"粗糙"的理性意识,才使他笔下人物的言行受制于作者对他灌注的理性意识而缺乏一种心灵的撞击力。

二

柳建伟是一位很有潜力的作家,他不乏长篇小说家的情致与才华,从他的系列文论中我们发现,他对西方世界曾经出现过的小说艺术手段并不陌生,长篇小说技巧上应该不会存在太多的障碍,但他的小说目前还未能进入精品的行列,柳建伟要写出经得起时间考验的精品,要使自己的作品能如一头巨兽踞蹲于当代文学的通衢上,还任重而道远。原因何在?是像人们所说的那样,文学一旦与政治及当下的现实结合就不足观,还是另有原因?事实上,文学审美话语并不先在地排斥意识形态,相反,它们总是积极地相互渗透。按照西方马克思主义理论家伊格尔顿不断重申的观点:意识形态几乎在任何作品中都控制着小说人物的性格设置、故事情节走向、叙事角度等等,文学不可能与意识形态无关。在创作实践中,文学与政治的关系只是一种视角,文学作为人类对于世界的解释,不管作家选择怎样的角度,只要他始终如一地用心去守望、去体验,都一样能深刻地反映这个世界。前提是长篇小说家除了要有统摄广阔社会生活的能力,还要有感悟社会情绪的能力。这就需要作家不但要熟悉自己所写的生活,还要在其中获得前所未有的体验。陀思妥耶夫斯基在阐释他自己的现实主义为何不属肤浅的现实主义时说:"我描写一切文学的底蕴。"当然不必将陀思妥耶夫斯基视为现实主义唯一的典范,但尽可能丰富地揭示人类灵魂的深度,却是文学作品尤其是现实主义文学作品所应该追求的。

柳建伟入伍前一直生活在河南镇平县,入伍后没过多少军营生活便上了军校,此后蛰居四川大邑工作读书写作。再后辗转北京几所学校继续读书,在写《北方城郭》前没有跟中国任何一个县级官员有过接触。《北方城郭》发表后,有评论家对此作品给予很高的评价并据此对"深入生活说"提出质疑①。柳建伟显然也以此自得并欣然接纳了这一观点。既没有抗洪的经历,也未曾生活在疫区,但《惊涛骇浪》出来了,《SARS危机》也出来了。他认为时代变了,作家与世界发生关系的渠道也发生了根本的变化,文学创作的方法也应与时俱进。固然,中外文学史上,有一部分作家可能因为某种因素未能体验过笔下的生活(有的生活也确实不能去体验),但这不该是创作应倡导的一种方向。直面现实、反映当下社会生活的现实主义创作尤其如此。尽可能地深入生活,对熟悉正在发生的变化以及可靠而又本质的前沿真实——无论观念还是眼光或审美意识,均大有裨益。深入生活不是为了突破题材选择,不是为了生活发生什么就写什么,而是为了去收获一种崭新的体验。身处这个伟大的时代,面对波澜壮阔的社会变革,是当今作家的幸运,是当今文学的幸运。对于这份历史的馈赠,柳建伟似乎还未能珍惜。

如果深入到创作主体能动性上分析,作品的水准还与作家的创作心态息息相关。主流意识形态文学是占主流地位的国家意识形态的审美表意形式,拥有由于体制原因所带来的得天独厚的优势。文艺政策的制定,各种专业性文学组织的创作生产经历,文学消费市场的规划与调控,以及对文学创作起着推动倡导作用的各种奖项评比,等等,主流意识形态文学必定是其中主要或重要的被扶植、被奖掖的对象。主流意识形态文学的创作者在各种奖项面前要有足够的定力,要清醒地意识到:评奖是领导者的方略,决不能成为创作者的追求。可以说,一种创作心态或基本文学精神的选择,牵涉这类文学的命运,如果作家有了某种靠时代政治的推动显示作品生命力的创作潜意识,是不可能有真正意义上的佳作的。"作者产生一部长篇小说的构思,要动用几乎全部的生活积累,如果注入催生素,写的东西肯定先天不足。"②柳建伟曾在一篇创作谈中质疑那些认为自己的作品会一部比一部伟大的作家说:"大多数中国作家写长篇小说,都是一部不如一部,是才力不足呢,还是定力不够?"③近年来柳建伟的小说经与影视结合,影响颇广,赞颂之声时有所闻,柳建伟是否具备了他自己所言的这种应有的定力?他的作品近年来在一定范围内产生了影响,除作品本身原因之外,应该还包括一些其他的因素。如果作者对自身的分量或位置定位不准,缺少任重

---

① 朱向前:《突出重围的"文学推土机"——柳建伟创作道路的回溯与前瞻》,《当代作家评论》1999年第1期。
② 何启治、柳建伟:《五十年光荣与梦想——关于编辑、出版者与长篇小说创作关系的对话》,《当代作家评论》1998年第1期。
③ 何启治、柳建伟:《五十年光荣与梦想——关于编辑、出版者与长篇小说创作关系的对话》,《当代作家评论》1998年第1期。

道远的自觉意识,那结局可能是一种创作品格的跌落或消解。

可以这么说,当下主流意识形态文学的凸现,是文学传统发展的必然,也是文学生态平衡的必需。80年代以来,文学从单一的"为政治服务"的框架中解放出来,主张"向内转"、"返回自身",重视文学自身的审美特征,这原本是一个极好的现象,是一种正常的回归。但好走极端、矫枉过正是许多人易犯的常见病。为避免文学再次成为政治的工具与传声筒,作家们有意无意地疏远社会、淡化现实,刻意追求淡远空灵的审美境界,关注的是"怎么写"而不是"写什么",专注于各种文本形式的实验,导致文学作品虽丰富庞杂、光怪陆离,但却回避宏大叙事,钻进小型叙述和个人化的絮语,片面强调封闭的主体性及个人的抽象的自由。似乎作者越远离现实生活、越能回避现实生活中的复杂的矛盾冲突,就越能处于绝对自由的创作心境中。在这种思潮与心态的挟携下,作品鲜有表现时代、民族命运的大主题,鲜有对民生疾苦的深切关注,文坛上激情消退、崇高消解,作家们似乎集体患了"恐高症"。精英文学由此削弱了自身的影响力,整个社会思想的中心价值观念不再具有支配性,传统的人文思想在这一时代失去往日的神圣光彩,思想领域一度出现空白。这时,鲜有政治色彩的、集中突出娱乐功能的大众文学乘虚而入,以出其不意的方式迅速登场。大众文学肯定人的感官需要,极力为公众提供一种情感宣泄和精神慰藉的途径。虽然它的崛起对满足不同群体的文化需求、缓解紧张生活造成的心理压力、张扬个性价值等起了积极的作用,但它的扩张往往通过"媚俗"的方式表现,往往无原则地迁就大众的感性需要和审美情趣,除听命于市场规律外,没有一贯坚守的价值立场,因此不可避免地给人们的思想观念带来迷茫和困惑。在这种困境中人们才发现:文学虽有其自身的属性及内涵,但又注定要与其所处的时代社会的文化、政治、自然的环境等密切相关。文学的历史也证明,一个时代的文学倘若不能触及该时代最重大、最根本的社会问题和精神问题,就不可能是可与时代相匹配的文学。而一个社会的内在矛盾冲突及问题淤积到不得不喷发时,它就要选择各种方式包括文学的方式来表现,从某种意义来说,这也是不以人的意志为转移的。作家们逐渐意识到"文学还是要关注生活——文学没了对时代的关注,作家的灵魂就要受到奴役"[1],"对身处千年之大变局的中国作家来说,我们能够找到的兴奋点太多了"[2]。于是一批近距离反映当下急速变化的、尚未定型的、广阔而繁复的社会生活的作品相继问世,作家们将时代课题、民族忧患与个人经验融于笔端,在大变革的时代承担起书记官的角色。何申的《年前年后》,谈歌的《大

---

[1] 谈歌:《坚守自己》,《小说月报》1995年第8期。
[2] 周梅森:《周梅森偏从大处"说"》,《文艺报》2003年11月6日。

厂》、《城市守望》,刘醒龙的《分享艰难》,关仁山的《大雪无乡》,周梅森的《中国制造》,张平的《抉择》,陆天明的《苍天在上》,王跃文的《国画》,柳建伟的《北方城郭》、《突出重围》,朱苏进的《炮群》等作品,构成了20世纪90年代以来一道独特的文学景观。这些作家面对正在运行的现实生活,或毫不掩饰地、尖锐而真实地揭示以改革中的经济问题为核心的矛盾,并写出艰难中的突围;或针砭邪恶,伸张正义,反腐倡廉,或高扬理想主义、英雄主义的旗帜,追求崇高与壮美;或倡导以集体主义为核心的价值取向。他们在写作中倾注了激情,也不乏理性的思考,大部分作品引起社会的广泛关注和积极评价。毋庸讳言,个别作家创作上的缺失也是很明显的,他们有的囿于生活的体验而缺少形而上的提升,有的则是理性意识过强而人性开掘不足。但我们不能就此而否定主流意识形态文学的价值,在价值多元纷呈甚至彼此冲突对立的情况下,社会需要一种能为绝大多数成员普遍认同的价值观来协调彼此间的行为,从而维护社会的稳定与发展。况且任何事物均有其普遍性与特殊性,除要有审美内涵这一普遍性要求之外,主流意识形态文学、精英文学、大众文学还有各自目标诉求上的差异——主流意识形态文学注重社会共同理想和精神支柱的构筑,精英文学追求思想的前瞻性、批评性和艺术的独创性,大众文学则看重其娱乐宣泄功能。社会的进步及良好人性的生成需要一种文化合力,需要一种良好的文化生态环境。而在大众文化凭借媒体的力量有可能形成其庞大的势力和空前的垄断地位时,主流意识形态文学的凸显,正是保持文化生态平衡的必需。但是主流意识形态文学长期以来的"左"的倾向,依然困扰着当前的创作,使受众对其形成一种淡漠的心理,削弱了它对大众价值选择的实际支配力。在新的现实社会里,如何以自身的魅力去赢得读者,占有自己的一方天空,是摆在众多作家面前的一个时代课题。

原载《当代文坛》2004年第5期

主流文学的话语空间与文化生态的合理构建
——以第六届茅盾文学奖获奖文本《英雄时代》为例

丁丽燕

第六届茅盾文学奖在一片争议声中落下帷幕,其中最受非议的当属柳建伟的《英雄时代》。但在这片喧哗声中,既少有对获奖作品的具体分析和批判,也鲜见宏观理论背景上的论述。这种争议无论是对当代文学的发展还是对作家本人的创作都难以产生积极的效应。因此本文试图从文化生态的视角审视《英雄时代》的获奖,同时对这一获奖文本的艺术形态作些探讨。

一

健康和谐的文化生态是文学繁荣、社会进步的基础。在一个和谐的文化生态系统中,虽然不同形态的文学有各自目标诉求上的差异,如主流文学注重社会共同理想和精神支柱的构筑,精英文学在意思想的前瞻性、批评性和艺术的独创性,大众文学则张扬其娱乐宣泄功能,但任何一类形态的文学都不应起到绝对的一统作用,时代所需的是各类文学既相互砥砺,又相互激励,既保持自身足够的话语空间,又不构成对其他文学的凌越和排斥的真正意义上的融通互动的格局。

但自20世纪80年代以来,复苏中的中国文学由于迫切希望从政治强权的束缚中摆脱出来,急迫之中一头扎进西方后现代的颠覆理论中寻求独立性的思想通道,有意无意地疏远社会、淡化现实,刻意追求淡远空灵的审美境界。结果导致文坛上激情淡出、崇高消解,精英文学由此削弱了自身的凝聚力和影响力,而鲜有政治色彩的、集中突出娱乐功能的大众文学则伴随着市场经济的大潮乘虚而入。商业竞争机制使作家们难以坚守自己的操守,即便是比较严肃的成功作家也不能无视读者的阅读兴趣与心理,他们纷纷在原本严肃的情节中糅进众多的性描写刺激人的感官欲望,借此吸引读者。一些出版商则利用读者的猎奇心理,对美女作家及低龄作家进行商业包装,以对主流意识形态的嘲弄、调侃来标榜自己的新潮,以对传统道德观进行彻底颠覆的叛逆倾向博取大众的欢心,制造市场卖点。许多作者在下笔之前先考虑的是成书之后的市场。王朔在总结《空中小姐》的成功经验时曾说:虽然我经商没有成功,但经商的经历给我留下一种经验,使我养成了一种商人的眼光,知道什么东西好卖。为使作品更具商业煽动性,许多作者与书商一起从事炒作,将大众文学纳入投资、大规模生产和赚取利润的轨道。大众文学凭借商业化运作与媚俗这两大法宝,不断开拓着自己的疆域。

在大众文学的畸形扩张和精英文学凋敝的困境中人们也曾一度领悟到:"一个时代的文学如果不能触及该时代的最重大、最根本的社会问题和精神问题,就不可能是可与时代相匹配的文学。"①因而也有许多作家欲自觉承担大变革时代的书记员角色,关注正在运行的现行制度,将时代课题、民族忧患融于笔端,并创作了相当数量的反映这个巨变时代的作品。如何申的《年前年后》,谈歌的《大厂》、《城市守望》,刘醒龙的《分享艰难》,关仁山的《大雪无乡》,周梅森的《中国制造》,张平的《抉择》、《国家干部》,柳建伟的"时代三部曲"等。这些作品或毫不掩饰地揭示改革中以经济问题为中心的矛盾,写出艰难中的突围;或针砭邪恶,伸张正义,反腐倡廉;或高扬理想主义、英雄主义的旗帜,追求崇高与壮美,成为主流文学的重要组成部分,引发了社会一定程度的关注。但由于种种原因,总体上依然未能真正获得自身足够的话语空间,主流文学未能作为文学生态中的一环,发挥它应有的作用。

二

主流文学话语空间的不足首先源于自身创作的不足。

毋庸讳言,上述作品有的囿于生活的体验而缺少形而上的提升,有的则理性意识过强而人性开掘不够。柳建伟的《英雄时代》可说是主流文学的代表作品之一。这一作品中的主要人物史天雄无疑是作者精心打造的当代英雄。在作者看来,这是一个既有崇高理想,又不乏资本运作能力,愿舍身为政权的稳固探索新的可能性的人。他舍弃副司长的位置进入商海,并非追求个人财富,而是希望能在迅速发展的个体经济中掺入更多对政权有利的因素。但这一作家倾心塑造的人物却无法以其自身的魅力打动人。不错,作者赋予其塑造的人物许多英雄行为,但英雄行为不等于英雄。小说写史天雄怀着"我不下地狱谁下地狱"的壮烈情怀弃政从商,但却舍弃了他所经历的惨烈的自我心灵与世俗压

---

① 雷达:《思潮与文体——对近年小说创作流向的一种考察》,《小说选刊》2001年第7期。

力拼搏的过程。其实,史天雄纵然有"我不下地狱谁下地狱"的舍身情怀,他所生活的那个"红色家族"的其他成员不可能意识不到史天雄社会角色变换将带来的心理落差。在主人公角色转换的过程中,家族成员之间不同的价值观念必定要发生强烈的碰撞,这场心灵的搏击绝不会逊色于刀光剑影的战场。但作者却未能在这些本可以大显身手的人性领域泼墨挥毫,去强化史天雄的内心世界和生命个体,去触及不同观念背后的文化,而是匆匆忙忙将他的人物拉到经济生活的场景中充当一颗小小的棋子。作者抽空了社会与文化造成的人物心理障碍,也就抽空了这一人物的血肉。小说的另一人物陆承业,一位在市场经济的大潮中为国有企业的发展费尽心机立下汗马功劳但最终未能挽回颓势的企业家,最后悲壮地以死谢罪,所作所为不可谓不悲壮。但读者在陆承业身上感受到的是作者迫切地想以这一人物来表达一种意识到的观念的欲望,这种观念却未能内化为某种具体的感受潜入人们的心底。小说的人物也许正是受制于这么一种过于强烈的粗糙的理性意识而缺乏心灵的撞击力。

在同类作家的不少作品中,诸如此类的不足显而易见。

对极"左"路线支配下的那种僵化的、绝对化的"意识形态"的一种逆反心理而导致的批评的缺席,也是导致主流文学话语空间不足的原因之一。主流文学是表达国家主流意识形态的文学,而人们对"文革"十年中一体化的文化机制是怎样导致这类文艺作品成为霸权话语的情形还记忆犹新。评论家们往往以矫枉过正的心态带着某种情绪固执地拒绝将主流意识形态文学作品纳入研究视野,文学批评纷纷从政治、思想、社会批判领域大幅度撤退。许多人未能充分认识到中国知识分子独立品格的缺失并不在于对政治的热情投入,他们在认同知识分子的独立品格的同时,也抽去了知识分子社会职责中的政治内涵。

主流文学话语空间不足的另一个原因是感性娱悦人人必需,青睐大众文化是人的自然天性,日益扩张的娱乐性文学不断消解了人们对主流文学的关注与向往。曾有批评家说:这个世界需要的绝不是思想的精英,而是追踪公众趣味与理念的猎狗。话虽偏激,但也体现了某种人性的真实。作为反映国家的根本意志、文化取向和价值观念的主流文学,它着眼于整个国家整体的、长远的根本利益,偏重于教育、认知方面的功能。而大众文学关注的则是个人眼前的利益,以满足大众日常生活需求为己任,有些大众文学作品中所透析出的享乐主义和个人主义的气息,对主流意识形态所维护的道德秩序显然是种挑战,特别是大众文学中的一些庸俗部分,在相当程度上消解了主流文化的权威性,使主流文学在文学市场的竞争中未能处于优势。

三

　　20世纪30年代,茅盾以令人注目的系列力作,建构了一个体现自己鲜明创作个性的较为完备的创作体系,使创作在紧贴时代脉动和"大规模描写中国社会现象"两个方面充分显示出文学的"时代性"和"社会化"特点。但这一创作传统的继承与发扬对创作主体的要求是很高的。它不但要求作家艺术视野要相对开阔,能广角度地观照社会,具有"当代意识"①,同时还要求创作主体兼具较高的艺术修养。"艺术的生命力和艺术作为政治社会历史价值的实现,是建立在审美创造的基础之上的。审美创造是艺术多种价值中的母元素,是根本性的元素。艺术的政治功用、历史功用要像盐在水中,无痕有味。"②人们不会为了聆听严肃的教诲而走向文学,人们希望的是能在轻松的步伐中拓宽精神视野,获取审美享受。历代文学经典作品不少就是当时的主流文学,但当代文坛目前还缺乏这方面的扛鼎之作。其实当代作家身处这个伟大的时代,面对波澜壮阔的社会变革,又有借鉴西方各种文学流派的机会,已经具备了产生伟大作品的客观条件,现在最需要的是创作主体的主观修炼。丰富的生活体验是不可缺的,正如王夫之所说:"目之所见,身之所历,是铁门限。"虽然随着时代的变化,作家与世界发生关系的渠道也发生了变化,但尽可能地深入生活、卷入生活,对熟悉正在发生的变化以及可靠而又本质的前沿真实——无论观念还是眼光或是审美意识,均大有裨益。作家们除要有深刻的洞察力和统摄社会生活的能力之外,还要有感悟社会情绪的能力。不仅要理解自己所写的生活,还要在其中获得前所未有的体验。直面现实、反映当下社会生活的现实主义创作尤为如此。陀思妥耶夫斯基在阐释他自己的现实主义为何不属肤浅的现实主义时说:"我描写一切的文学底蕴。"我们无须将陀思妥耶夫斯基视为现实主义的唯一典范,但尽可能丰富地揭示人类灵魂的深度,却是所有文学作品所应追求的境界。

　　提高主流文学的艺术品位,促使意识形态话语与审美话语相互渗透,除创作主体自身需要努力之外,也离不开阅读主体的反馈及评论家的严肃认真的品

---

① 恩格斯说:"每一个时代的理论思维,从而我们时代的理论思维,都是一种历史的产物,它在不同的时代具有完全不同的形式,同时具有完全不同的内容。"(《马克思恩格斯全集》第3卷第465页)当代意识只能是人类生活及周围现实世界变化的结果,不同时代、不同民族、不同国家有不同的当代意识。

② 徐怀谦:《文学的轰动与沉寂——访学者敏泽》,《人民日报》2002年8月29日。

评与引导。多年来围绕着茅盾文学奖所产生的矛盾非常耐人寻味:茅盾文学奖不能进入大学学术传播渠道,获茅盾文学奖的作品在高校的文学教材中很少被提到或根本不被提到。文学评论界的缺席、作为承担思想文化和文学典籍传递任务的大学课堂的拒绝,让获奖作家及评委都心存尴尬。评奖机构所看好的,专家们颇多不屑;专家们推崇的,评奖机构通不过。每一届评奖均能让人感受到两股力量的抗衡,无形中降低了奖励机制的作用。其实,文化秩序的建立、文化生态的平衡,虽离不开各种文化之间的竞争博弈,但是由于各种文化与市场机制的吻合程度不同,合理的文化秩序不可能完全通过自发的市场机制来实现。在一定的历史阶段政府的宏观调控是必要的。我们的许多评论家不愿涉足主流文学的研究与探讨,某种程度上是源于一种政治的情绪化和思维的简单化,是由于缺乏一种全局观念。当然我们并非要求评论家们唱空洞的颂歌,"隔靴搔痒赞何益,入木三分骂亦精"。我们需要的是一种严肃认真的品评,其中包括对具体文本的深入分析和对文学创作过程的研究探讨。目前许多接近现实的作品,面临模式化、平面化、缺乏新思想和新形式的困扰。为摆脱困境,当代主流文学作家已经在这些方面进行各种尝试。如张平在《十面埋伏》、《天网》等小说中,有意识地将侦探小说的写法带到现实创作中来以增加可读性;而在《国家干部》中,人物心理动机的剖析成了小说的主体,而且这种动机的剖析带有某种艺术的铺张和非现实性的因素,这对他本人来说是一种独特的尝试。柳建伟工科出身的知识背景使他未能在细节描写上达到某种高度,但在长篇小说的框架构建方面自有他的优势,所以他的长篇通常采用全景式的描写,追求史诗品格。今后如何在人性的深邃表达和小说语言的丰满方面有所突破?却很少有人论及,很少有人关注他们创作过程中的焦虑与尝试,即使是热情肯定的人们,也只是看到作品的社会性和鲜明的现实针对性。主流文学作品面世后面对的通常是媒体带有吹捧性的宣传和文评家冷漠又略带不屑的眼神。目前中国缺少像19世纪俄国的别林斯基、车尔尼雪夫斯基、杜勃罗留波夫那样的大批评家,能及时指出作品的本真内涵,拂去覆盖其上的种种迷雾和掺杂其中的斑驳杂质。一些评论家往往不是从作品里发现思想,而是将作品作为自己构筑批评理论体系的材料;不是从扶植的角度去捕捉作家作品所体现和负载的崭新的创作品质,给予理性的梳理、归纳和提升,而是常常以某种过激的心态对不符合自己口味的作品或创作方式加以冷嘲热讽。中国当代文学急需那种站得比作家高、看得比作家远的批评家,需要那种能够为探索中的作家指明方向、澄清模糊认识的文学批评。

不同形态的文学,有不同的社会作用及存在价值,提供适当的条件让它们共生竞长,是文学的需求,也是社会的要求。因为文化生态如果失衡,社会的精神生态也难以正常,国家、民族会因为国民精神呈病态而问题成堆。因此新时期良好文化生态的构建是一个时代的课题,同时也是一项系统工程。就目前情境而言,它的实施既需要政府适度的调控及创作主体的自我修炼,也离不开评论界严肃认真的品评与引导。

原载《学术界》2006 年第 2 期

论《英雄时代》
——"茅盾文学奖"丛论之一

廖四平

一

《英雄时代》是柳建伟的系列长篇小说"时代三部曲"中的第三部,获第六届"茅盾文学奖"。从表面上来看,它是一部歌颂时代英雄、弘扬时代主旋律的小说——陈建功曾直言道:"茅盾文学奖的评判标准是'弘扬主旋律、提倡多样化'"①,"柳建伟的《英雄时代》毫无疑问是主旋律作品"②;但实为一部"盛世危言"——小说全方位、深层次地描写了"盛世"时代所隐伏着的危机。

(一)政治危机

在小说中,政治危机主要表现为官场腐败。具体地说,一是搞特权。退休多年的中央领导故地重游时"走到哪儿,都是三步一岗、五步一哨",当年"毛主席出外巡视,也没有这种排场"。省委书记喜欢在"有天然猎场、高尔夫球场、温泉、保龄球馆等娱乐消闲场所,网球场、夜总会、游泳池、麻将室这些大众化的设施更是一应俱全"的温泉山庄度周末③。二是贪污受贿。副省长与一千八百万元的贪污案"有关系";省会城市常务副市长的经济后盾为私营企业家和大贪污犯;省证券管理办公室主任仅从一家上市公司就索贿"四万美金";国企总裁打四个小时的麻将就净赚八万八千元,收购一个上市公司就渔利一千二百万港币;"省政府处长、副处长家里的孩子有一半已经在国外读中学";镇党委书记"受贿三百多万";"街道办事处一般干部,管一条三里长的菜市街,一年的灰色收入",也能顶一个上校团长二十年的军饷;银行信贷科长贪污"一千八百多万";市场管理员上任半年就能吃上仅四个菜就值三千元的免费"百家饭",上任

---

① 《新闻晚报》2005 年 8 月 2 日。
② 中国作协首次回应《檀香刑》落选争议,http://book.sina.com.cn/maodun/news/c/2005-07-26/0943187215.shtml。
③ 柳建伟:《英雄时代》,人民文学出版社,2001 年,第 110、298、297、296、58、458、569、33 页。

一年就买得起三室一厅的房子……三是卖官鬻爵。"三年一届村支书,一万元;副支书,八千;村支委,三千。计划生育专干,干一年要两千。"谋取一个市场管理员的职位要花三万多元,"转业干部想谋个好位置,不出三五万血,也办不到"……四是"一人得道,鸡犬升天"。陆震天曾是"刘、邓手下的儒将,后来成为中国改革开放总设计师邓小平的忠实追随者和得力助手",于是,大儿子做常务副部长,侄子做正司局级总裁,养子兼女婿做副司长,小儿子做亿万富翁,"从陆府出去的人,在副省级以上位置上的,有十二个人"……

除官场腐败外,政治危机还有其他一些表现,如政府机构臃肿、人浮于事——一个电子工业部就有"近九百名""上班"人员,一个副司长整个上午没做一件正事;政府官员不想作为,只求自保或升迁——省长的心思是如何登上和坐稳省委书记的宝座,省会市长甘当"维持会长",县委书记和县长都主要为晋升而忙乎,企业总裁不是刚愎自用就是贪权贪财贪色……

(二)道德危机

在小说中,道德沦丧是全方位的。

首先,上层社会成员其身不正。

陆震天表面上来看一身正气,堪称社会楷模,但实际上并非如此——将女秘书据为己有,这至少有假公济私或"吃窝边草"之嫌;女秘书比自己小二十多岁,这至少有"老牛吃嫩草"之嫌;从前妻身边强行带走儿子且长达数十年不允许儿子去见生母,这至少有无情无义之嫌……史天雄表面上来看也是一身正气,堪称社会楷模,而实际上并非如此——年仅十五岁时就偷窥女性,这至少不能说是一个好孩子;在新婚不久就动过见异思迁之念,这至少不能说是一个好丈夫;对从年龄上来说可以做自己孩子的女性有过非分之想,这至少不能说是一个好长辈;再婚之前就和女友发生性关系,这至少不能说是一个好公民……

其次,中层社会成员生活糜烂。

陆承伟玩弄过的女性可以组成一个交响乐队;李长柱不仅自己上夜总会玩女人,而且还把坐了十年牢的把兄弟带去享受远胜"一对二的小皇帝、一对四的大皇帝"的"联合国"服务①;陆小艺为满足肉欲先是暗度陈仓、红杏出墙,后是在公众场合与戏子调情,再后是与戏子苟合,遭弟弟指责时,竟恬不知耻地说"只准你们男人放火,不许我们女人点灯,什么逻辑?混账逻辑!"②;江才媛走马灯一样地换丈夫,双管齐下地找情人;江才荣直接涉足色情服务行当;乔妮为了一辆宝马就出卖身子;许萍为了六百万而甘愿被人包养三年;钱林像土狼猎食一

---

① 柳建伟:《英雄时代》,人民文学出版社,2001年,第298页。
② 柳建伟:《英雄时代》,人民文学出版社,2001年,第298、201、352、271、57、416、626页。

样追逐女人、吸毒;丁显华包养六个情妇……

再次,下层社会成员寡廉鲜耻。

下岗女工逼女儿傍大款,女儿当众对母亲说要与情人在简陋的房间里做爱;女中学生还没毕业就关注母亲的再婚问题,约见母亲的情敌,或者琢磨将配偶的年龄放宽到五十五岁,"想在高中找个模样不错的处女,已经很困难了";男人不仅吃喝嫖赌,而且还骗妻子女儿;文学青年处境稍有起色就淫心荡漾,以至于聚众嫖妓;城市大街上到处都是卖春的场所,深夜里拉皮条的人像夜莺一样叫个不停……

(三)精神危机

社会"已经很难找到一个对现实十分满意、一句牢骚都没有的幸福的人",出现了严重的精神危机。

身为上层社会成员,陆震天和史天雄所看到的都是社会出现了前所未见的信仰危机——在前者看来,"我们现在遇上了前所未有的信仰危机。这种危机,在政治局势混乱、社会严重动荡、经济面临崩溃的'文化大革命'中,也不曾出现过","城乡储蓄超过六万亿,银行几次降息,储蓄反倒增加了"是百姓对政权的信任程度低的表现,"不少人手里有几个护照、几个绿卡。他们做这些,证明他们并不完全信任我们……信仰危机问题仍然很尖锐"[①];在后者看来,"一个理想主义时代终结了",中国在经历过二十年的改革开放后,未必还会有像当年那样"心甘情愿留在奶头山打阻击……执行额外的任务"的青年人了,官场人浮于事,"再在官场行走""无法不悲观"。

身为中层社会成员,陆承伟和陆小艺在内心深处是随时可能会"变天"——在前者看来,陆家需要准备"应急应变的人民币";在后者看来,哪家都在"处心积虑想后事"。

身为下层社会成员,成人、孩子都精神消沉——在李佩芝的心目中,中国是"十二亿人八亿赌,还有两亿在跳舞,剩下两亿二百五";在梅兰的心目中,毛主席、政府、大企业都不可信,只有神可信,自己一直被国家抛弃着,"一次不行,还来第二次、第三次"。孩子们津津乐道的是"一年级的小偷,二年级的贼,三年级的美女没人追,四年级的色狼一大堆,五年级的情书满天飞,六年级的鸳鸯成双对。现在上学真呀真没味,捧着课本打呀打瞌睡,等呀等到放学铃声响,卡通游戏才对我的味","太阳当头照,骷髅对我笑。死人说,早早早,你为什么背着炸药包。我去炸学校,老师不知道。一拉弦,我就跑,轰隆一声学校没有了"……

[①] 柳建伟:《英雄时代》,人民文学出版社,2001 年,第 348、92、107、115、17、190、580、557、131、572、573 页。

二

二十世纪九十年代中期以来，具备"盛世危言"品格的小说不少，如谈歌的《大厂》、《乡关何处》，关仁山的《大雪无乡》、《破产》，张平的《抉择》、《国家干部》，陆天明的《苍天在上》、《大雪无痕》，周梅森的《人间正道》、《中国制造》，阿宁的《天平谣》，贾兴安的《黄土青天》，阎真的《沧浪之水》，王跃文的《国画》、《梅次的故事》，张者的《桃李》，史生荣的《所谓教授》，浮石的《青瓷》，王晓方的《驻京办主任》、《秘书长》等皆是，但很少或者说几乎没有具有《英雄时代》那种品格的作品。

第一，《大厂》等小说所描写的危机多属局部性、浅层次的。它们大多侧重于描写某一个方面的危机：或官场危机，如张平的《国家干部》，陆天明的《大雪无痕》、《省委书记》，王跃文的《国画》、《梅次的故事》，王晓方的《驻京办主任》、《秘书长》等；或工界危机，如谈歌的《大厂》、《车间主任》，张平的《抉择》，隆振彪的《卖厂》，关仁山的《破产》等；或农界危机，如谈歌的《乡关何处》，关仁山的《大雪无乡》、《伤心粮食》，何申的《村民组长》等；或学界危机，如张者的《桃李》，史生荣的《所谓教授》……且基本上都是一些能直感到的危机，如关仁山《九月还乡》中的村长横行霸道，谈歌《天下大事》中厂长"只许州官放火，不许百姓点灯"，《抉择》中"集团腐败"等，人们稍加思索，就会发现作品中的事和自己身边的事非常类似甚至两者可以一一对应起来。

而《英雄时代》所描写的则如上所说是一种全方位的、深层次的危机——有的能让人直感到，有的则需要人通过理性思考才能感觉到，这种危机给时代和社会的危害是致命的——因为任何时代、任何社会都存在着危机，但危机如果是全方位的、深层次的，那么，那个时代、那个社会就面临着出现混乱、动荡的危险。

第二，《大厂》等小说大多只揭示了危机产生的表层根源——《腐败分子潘长水》中的潘长水之所以腐败，是因为见自己的上级吃喝嫖赌而没有受到任何惩处，而且此类现象很普遍；《国画》中的朱怀镜规规矩矩、老老实实地工作，但在单位上时时处处受压制，老婆连个满意的工作也找不到，表弟更是含冤抱屈，于是，便玩弄起权术来；《驻京办主任》中的肖鸿林之所以要给"王老"送田黄石，是因为自己的对手贾朝轩给"王老"送了"永子"棋子；《抉择》中的郭中姚之所以腐败，是因为被一个以省委副书记严阵为首的腐败集团包围着……也就是说，潘长水等坏人之所以变坏，纯粹是社会大环境使然。但社会大环境又是何以形成的呢？作品并没有揭示出来。

而《英雄时代》揭示了危机产生的深层根源——社会体制不健全。具体地说：一是社会缺乏民主机制。陆震天虽已退休且半身不遂，但家事国事大事小事均得他定夺或不得忤其意，亲属部下都唯唯诺诺甚或盲目崇拜、丑态可掬，如江丰年接到其来信后，居然退席后躲在卧室里寻找信中之微言大义；陆承业专横跋扈——在单位，反对自己的儿子都挨耳光，其他反对者就可想而知了；王传志在天宇搞"家天下"……二是计划经济根深蒂固。陆川的工厂虽已资不抵债，但仍得强撑下去；红太阳因资不抵债而动议破产之事就招致上级的直接干预；天宇虽实行股份制，可其总裁也没有把握拿到应得的股份，自身危机重重可还得按政府的旨意直接兼并红太阳；市长直接干预国有商场与私营零售商的竞争；企业上市与否不取决于自身的实力而取决于主管部门的负责人……

第三，《大厂》等小说对所描写的社会丑恶现象往往缺乏应有的批判精神，甚至还有认同之嫌，如《国画》、《驻京办主任》等对朱怀镜、丁能通、肖鸿林、贾朝轩等人玩弄权术或跑官要官或贪污受贿的描写，《分享艰难》对孔太平为解决镇里经济上的贫困与老百姓的温饱而保护腐败分子的描写，《大厂》对吕建国为"厂里两千多口子"的生计问题而想方设法把因嫖娼而被抓的郑主任放出来的描写……

而《英雄时代》对所描写的社会丑恶现象则予以了谴责，如借史天雄之口谴责陆承伟钻政策法律的空子、道德败坏、行为龌龊等，借钱林、顾双凤之口谴责陆承伟在政治、经济、道德上的恣意妄为，借梅兰之口谴责不顾人民死活的政府官员，借红太阳职工之口谴责"穷庙富方丈"、易地做官等丑恶现象……

第四，《大厂》等小说没有与生活拉开一定的审美距离，有的甚至还把小说与生活画等号，导致艺术形式粗糙：或语言太直、太满、太露、太浅、太滞；或叙述方式"流水账"化，即小说中的主人公走到哪里，叙述就跟到哪里；或人物形象"扁平化"，即人物类型化、人物性格简单化。

而《英雄时代》则既直面现实、贴近生活，又能抓住人性的主题，把笔触深入到人的生活的各个方面，写出社会转型在人性层面造成的震撼，如金钱对人性的扭曲等；艺术形式大气而又典雅，显得"粗"而不"糙"。其具体表现：

一是语言俗雅兼具。总的来看，小说语言很"俗"——平实、直白，但细看则又很"雅"：其一，生动、传神而又内蕴丰富。如"后院真要着火，我有什么办法？我总不能整天拿着灭火器守在家里吧"①，"都是下地狱，九层和十八层，没有什么区别"，"顾双凤……把两道冰柱子一样的寒光，射在陆承伟身上"，"陆震天蹲

---

① 柳建伟：《英雄时代》，人民文学出版社，2001年，第167、302、398、611、630、636页。

着火苗的眼睛直灼陆承伟","人呀,要么求个做得最好,就是杀猪,也要杀到屠宰一条街的状元;要么求个做得最早,最早染上艾滋病,也是这一行的鼻祖","她就是一块鹅卵石,我也要让它孵出小鸡来"。其二,人物语言个性化。人物基本上是一人一腔一调,其语言与其性格身份十分吻合,如陆震天说话时总含"训诫"或"命令"味,史天雄多豪言壮语,陆承伟的语言或阴沉或不可一世,陆小艺说话时多带"支配"味……

二是结构宏大而又严谨。小说以史天雄和陆承伟因人生观不同而产生的矛盾冲突为主线,展开了多种矛盾冲突:史天雄、陆承伟各自与梅红雨、王传志、田清廉、秦思民等人之间的矛盾冲突,史天雄与陆小艺、金月兰、李佩芝、刁明生、兰平章等人之间的矛盾冲突,金月兰与刁明生、李佩芝、陆小艺等人之间的矛盾冲突……从而形成了多条线索。但各条线索都围绕主线交错向前推进,做到主次分明、条理清晰,在各条线索的展开中穿插描写了政府官员、国企总裁、军人、民营企业家、金融家、外资老板、影视明星、教授、工人、律师、大学生、中学生等各类人物,形成了一个庞大而复杂的"网状结构"。第一章借陆震天的生日,把全书主要人物和主要情节线索作了初步描写和交代,以后的各章线索交错发展。结尾处写到史天雄出任合并后的天宇集团公司和红太阳电子集团公司的总裁、陆承伟在经历了严重的精神危机之后幡然悔悟,预示了中国社会主义市场经济的形成虽遭遇困难,但在共产党的正确领导之下最终必然能走出困境;在市场经济的大潮中,人民虽会出现思想矛盾甚至迷失自我,但最终必定能克服矛盾、回归自我。

三是情节营构匠心独运。小说的情节由史天雄提出天宇和红太阳合并的建议始、史天雄任天宇和红太阳合并之后的总裁终,其间,穿插着陆震天过生日,史天雄离开公职搞零售业,陆小艺投资拍电视剧,陆承伟经办陆川实业、与顾双凤反目成仇、穷追梅红雨、设陷阱套王传志,这些事件犬牙交错、彼此推进,从不同方面、不同角度推动着情节的发展。

四是人物形象典型化和塑造人物的手法多样化。小说不仅人物形象众多,而且不少人物都是按各自阶层的个性,以其特有的方式活动着。如陆震天人老智不衰、身退心不退、忧国忧民、鞠躬尽瘁,史天雄的困惑、思索、行动、奋斗、功败垂成、反败为胜,陆承伟的预谋、引诱、步步为营、得寸进尺、取胜、虽胜犹败……不论是进还是退、是动还是静、是成功还是失败,既是其个人的,又是其所属阶层的,颇为典型。

在塑造人物时,小说或是在广阔的社会背景上,通过错综复杂的人物关系和矛盾冲突来刻画其性格,如对陆承伟,描写他和田清廉、秦思民之间的纠葛,表现其善于运筹帷幄、偷梁换柱、瞒天过海、金蝉脱壳的特点;描写他和史天雄之间关系的纠葛,表现其争强好胜而又色厉内荏的特点;描写他和梅红雨之间关系的纠葛,表现其处心积虑、不择手段的特点;描写他和齐怀仲之间关系的纠葛,表现其胆识过人但时有千虑一失的特点……或将人物放在各种境遇中进行描写,如史天雄,身处顺境居安思危,身处逆境又刚毅果敢、百折不挠;陆承伟,他在决意追取物质财富和女人时踌躇满志、志在必得,在无法使得敌手心悦诚服或赢得倾心之人的芳心时又惘然若失、意志消沉……或注重描写人物的心理,在尖锐的矛盾冲突中、在复杂的场面描写中,结合人物的动作神态,描写人物一刹那的心理,如有关梅红雨被金晶晶约见之后的心理描写、陆承伟将顾双凤送给乔本之后的心理描写、陆承伟在"征服"梅红雨后见到其胴体的心理描写等;通过人物语言来刻画其心理,如陆承伟在因性心理障碍而萎顿时对史天雄的坦陈之言、金月兰遭李佩芝冷遇后对史天雄的坦陈之言……或直接描写人物的潜意识、非理性行为、变态心理等,如史天雄与陆承伟潜意识里的袁慧(梅红雨)之争、梅红雨对史天雄"恋父情结"式的心理……

五是场面描写生动。如陆承伟在酒店宴请陆川高层一班人和会见电视剧组人员、李长柱兴师动众地闯入交警大院、周小全送礼及宴请邻居和搬家、"都得利"门前的退货、陆震天在前妻的坟头见情敌、燕平凉做考官、天宇开董事会时与会人员的就座状况、陆承业临终遗言播放时不同人的反映、大杂院里毛小妹等下层人的日常生活……这些场面描写都很生动,它们对刻画人物、渲染气氛、营构情节均起到了必不可少的作用。

六是文化色彩浓郁。小说除直接涉笔了马克思、毛泽东、邓小平、莎士比亚、但丁、普希金、萨特、聂鲁达、鲁迅等名人,《资本论》、《李尔王》、《雅典的泰门》、《堂吉诃德》、《阿信》、《红楼梦》、《阿Q正传》、《日出》等名著之外,还有明显的学习、借鉴之处。其一,化用或借用经典名著的语言。例如,"第一届全国优秀企业家,升迁的升迁,离退休的离退休,栽跟头的栽跟头"①、"曾经戴过红花的企业家,升的升、退的退、死的死、抓的抓"等,实际上是对鲁迅《南腔北调集·〈自选集〉自序》中的"后来《新青年》的团体散掉了,有的高升,有的退隐,有的前进"的化用;"会心的笑,暧昧的笑,开心的笑,响成一团"、"几个大人听得一脸肃穆,一脸希冀,一脸茫然,都沉默着"等,实际上是对巴金《家》中的"到处都是人,都是吵闹的声音,都是不自然的笑脸"的化用;"生活……不是什么一低头的温柔",明显是对徐志摩《沙扬娜拉——赠日本女郎》中诗句的化用;陆承伟与史天雄在餐馆"叙旧"时借用了莎士比亚《雅典的泰门》的原文。其二,借陆震天的生日引出人物和情节显然是对茅盾《子夜》借吴老太爷的丧事引出人物和情

---

① 柳建伟:《英雄时代》,人民文学出版社,2001年,第63、237、177、460、142页。

节的摹写。其三,有关陆承伟在酒店宴请陆川高层一班人和周小全宴请邻居的场面描写有摹写巴金《家》中有关六十六岁寿庆场面描写的痕迹。其四,有关大杂院里下层人日常生活的描写有老舍《骆驼祥子》中有关大杂院里下层人的日常生活描写的影子。其五,周小全与张天翼《华威先生》里的华威和叶圣陶《潘先生在难中》里的潘先生"神似"……对中外名家名著的学习、借鉴,使得作品呈现出浓郁的文化色彩。

从以上这些可以看出,《英雄时代》比《大厂》等小说更具思想性和艺术性,因而,更能振聋发聩,也更具感染力。

当然,《英雄时代》也非十全十美:其一,有多方讨好之嫌;其二,人物形象有"失真"之处,如对史天雄、金月兰、毛小妹、王小丽等人均有拔高之嫌;其三,情节有些过于巧合,如史天雄与秦思民、金月兰、梅红雨等人的际逢,陆承伟与梅兰、梅红雨等人的际逢等;其四,语言欠打磨之处时有可见,如"陆承伟……把棱角分明的、简直可以看成罗丹《思想者》原型的脸,整个沐浴在漫过东方的朝霞里"[①],"可给以背叛有产阶级作为革命道路开端的职业政治家的父亲送这样一份生日礼物","这样的时代已经变成纷沓而至的各类突发性事件和他们紧紧拥抱了";其五,"硬伤"不少,如西平的人口时而为四百多万人,时而为一千万人,说梅红雨是梅丰的外甥女,把史天雄在"文革"中自杀的父母说成是"烈士"……

三

作为一部盛世危言,《英雄时代》不仅具有与众不同的品格,而且具有与众不同的价值。

第一,以文学标准来看,《英雄时代》主要价值在于为中国文学画廊增添了史天雄、陆承伟、陆小艺等新型典型。

《大厂》等小说由于人物形象"扁平化",其人物便多为这一类型:腐败分子往往是吃喝嫖赌贪五毒俱全,如《国画》中的皮德求、《梅次的故事》中的王莽之、《驻京办主任》中的肖鸿林和贾朝轩;基层领导干部往往是左右为难,如《分享艰难》中的西河镇党支书孔太平、《大厂》、《大厂续篇》以及《年底》中的国有企业的厂长书记们;普通群众往往是安分守己、深明大义、任劳任怨,如《分享艰难》中孔太平的舅舅、《大厂》中的章荣、《抉择》中的夏玉莲。

而《英雄时代》由于人物形象典型化和塑造人物的手法多样化,其人物便多

[①] 柳建伟:《英雄时代》,人民文学出版社,2001年,第1、3、23、122、153、440页。

个性鲜明,其中,史天雄、陆承伟、陆小艺等堪称典型。

史天雄为主流社会的中坚人物,理想高远,信念坚定——在他看来,"生命诚可贵,爱情价更高,若为理想故,二者皆可抛"①,为探索中国市场经济的真正内涵而不惜舍弃一切。忧患意识强烈——为杜勒斯的预言而忧心忡忡。有强烈的责任感和正义感——抱着黄继光堵枪眼董存瑞炸碉堡的心态到天宇就职,对情同手足的陆承伟不姑息迁就。自主意识强烈——不为形势所迫而做造反派,不为权势和情感所牵而与陆小艺凑合。意志坚强,百折不挠——面对六大国有商场与陆承伟合力制造的麻烦和员工的误解、红颜知己的猜疑,仍毫不气馁,也毫不畏惧。显然,史天雄是一个"高大全"的人物形象。但他虽理想崇高,却连自主经营超市的理想也不能实现;虽有很强的忧患意识,但又"阻挡不了千千万万的陈白露这样吟唱太阳:太阳出来了,太阳不属于我们,我们该睡觉了";虽品行端正、有强烈的自主意识,但又众叛亲离;虽意志坚强,但最终还是接受陆承伟做自己上司的现实;其辞官"下海"之举不具真实性——现实生活中辞职"下海"的高官基本没有,即使有,也不会是出于巩固政权的目的……由此可见,"高大全"只是史天雄的表象,没有筋骨、没有力量才是其本质,也就是,作为一个人物形象,史天雄是带有很强的"虚幻性"、"虚假性"的。不过,如果从一个人物化的组织形象来看,史天雄又是真实的——其特点实际上是中国共产党的特点,其所作所为实际上是中国共产党的所作所为,他给人的感觉实际上就是中国共产党给人的感觉,也就是说,他与中国共产党为一体两面,即一种另类人物形象。从这一方面来看,他不仅没有"虚幻性"、"虚假性",相反,还逼近本真,堪称典型。这一形象将成为后世人们研究中国共产党的一份珍贵材料。

陆承伟为主流社会的边缘人物。陆承伟,从政治上来看属于"太子党",从经济上来看为资本家,显然属于主流社会,但他的所作所为又与主流社会相悖;具有相当丰富、扎实的经济知识,但既没将之用于文化建设,又没将之用于经济建设,而仅用于聚敛财富;有敏锐的经济眼光——能看准投资方向,能看准中国现行经济生活中的症结所在,能看准解决经济问题的途径,但没将之用于化解社会经济风险或促进社会经济发展上,而是只用于投机;属于共产党改革开放政策的最大受益者——在共产党让一部分人先富起来号召下,"用不足二十年时间,由不名一文的穷留学生""变成一个亿万富翁"②,但所做的又尽是挖共产党政权的墙脚甚至有可能导致共产党政权坍塌的事;有魄力,能大胆投资于自己看准的项目,而且投资愈来愈大,以至于后来千万元以下的投资不再过问,纯

---

① 柳建伟:《英雄时代》,人民文学出版社,2001年,第108、313页。
② 柳建伟:《英雄时代》,人民文学出版社,2001年,第21页。

利润不足百分之五十的项目不做,但其投资行为又往往带着相当浓厚的赌博性;有手腕,能让下至黎民百姓上至政府高级官员以及纨绔子弟、诗人、学者、企业总裁、跨国公司的要员等都服务于自己,但高妙之中又不乏卑劣、冷酷、歹毒,如耍手腕时连自己的父亲、姐姐、姐夫、情人也不放过;看似有情有义,但实际上又无情无义——将女友扶上马后还要送一程,对异姓兄弟兼姐夫敬爱有加,但在为了自己的利益时又不惜牺牲对方;看似一个纯情主义者——爱袁慧从青少年到中年,从中国到美国,并由爱她本人到爱堪称为其克隆的姨侄女梅红雨,但实际上又生活腐化,堪称一个典型的肉欲主义者——从美国的妓女到银屏明星乔妮一个都不放过,完全认同美国的性解放观,并以之开导他人……不过,他也不是反主流社会——多次表白自己爱共产党;虽是为了使自己或自己的家族人员避免在共产党政权出现危机时流落街头而敛财,但在客观上又延缓或减弱了国有资产流入一些与共产党不相干的人之手,从而,在客观上加固共产党的政权基础;所作所为在主观上是为了挣钱,但在客观上又推动了社会的发展,如让一个赤贫县的九十万人在两年之内脱贫致富;此外,还为一个遭遇车祸却又无可奈何的修理工讨回了公道,让一个平常连药也吃不起的下岗女工住进了高干病房……显然,陆承伟是一个正邪交织、好坏难定的人物形象,因而,也是一个难以阐说穷尽的哈姆雷特式的人物形象。他实为社会转型期一个新兴阶层的真实写照——改革开放后,很多下海经商的"太子党"成员便是像陆承伟那样"红道、黄道、白道、黑道"道道都有人,"不是保护伞、代言人,就是走狗、打手"[1],像陆承伟那样靠国家机器暴富起来成为新型资本家,像陆承伟那样坏事做了许多好事也做了不少……他们实际上是一群另类官僚买办资本家,而陆承伟则是其代表。这一形象将成为后世人们研究时代变迁、社会力量分化组合、金钱对人的异化等问题的一份珍贵材料。

  陆小艺是一个主流社会的"中间"人物——介于"中坚"与"边缘"之间的人物。她既热衷于政治,但又没有直接走上政治舞台;虽没直接走上政治舞台,但又以血肉之躯参与政治。这种对政治怪异的情结使她最终沦为一个怪异的女人——另类"女权主义者"。其一,权的彻悟者。她深知"在中国,没有政治支撑的钱,只能是废纸"[2],深知史天雄"离开官场""将一无所有",深知只有"在政治上能够出将入相的男人"才是陆家未来的保障。其二,权的极端崇拜者。她可以和母亲顶嘴,可以指责哥哥、呵斥弟弟,可以和丈夫大动干戈,但对父亲却是言听计从。为何如此?从根本上来看实为其父亲虽退到二线三线了,但仍能左

---

[1] 柳建伟:《英雄时代》,人民文学出版社,2001年,第553页。
[2] 柳建伟:《英雄时代》,人民文学出版社,2001年,第68、109、559页。

右一名省部级官员的行政决策、升降沉浮;虽然坐在家里,但其声音仍可传到中南海的红墙之内。她相信权能解决一切问题,以至于对自己情感方面的事也求诸权。其三,权的狂热追求者。对史天雄,她从十五岁时就处心积虑,后又围追堵截穷追不舍。为什么?从根本上来说,是因为在其心目中史天雄是一位前途无量的官员。其四,权令智昏者。从对权的认识和态度来看,她绝对是一个清醒者、聪明人;从对丈夫的威逼利诱、围追堵截来看,她又绝对是一个糊涂蛋、愚蠢者。何以至此?权令智昏——由于在其心目中,丈夫是物化了的权而不是人,所以,就不假思索、不择手段地抓,而从未考虑那么做是否得当。

陆小艺沦为一个另类"女权主义者"的主要原因是权力化生活环境的影响。她在一个权力场生活,亲身感受到了权的威力——父亲有权时福及一家、一族甚至一个阶层的人,父亲无权时自身难保;亲身体验到了权的魅力——由于有权做后盾,她便无论是在副省长家里还是在市长办公室里都被奉为上宾,便能为所欲为。于是,便形成了对权的独特认识,产生了对权的独特情结,从而成为一个另类"女权主义者"。这一形象既为当下人们认识"现代公主"提供一个有效的参照,又为人们研究政治是如何异化人的提供了一份珍贵的材料。

第二,以非文学标准来看,《英雄时代》的主要价值在于对中国经济发展模式予以了形象化的探索。

恩格斯曾称赞巴尔扎克的作品"汇集了法国社会的全部历史",从其作品中,"甚至在经济细节方面(如革命以后动产和不动产的重新分配)所学到的东西,也要比当时所有职业的历史学家、经济学家和统计学家那里学到的全部东西还要多"①。柳建伟曾经声称要像巴尔扎克那样做时代的书记员,并且付诸行动,写出了一大批作品,这些作品虽不能说"汇集了中国社会的全部历史",但也在经济细节方面让人学到不少东西——《英雄时代》即如此。

《英雄时代》在经济细节方面最有价值的东西是其所蕴涵的中国式市场经济理论。但对这一理论的阐发,小说不是像历史学、经济学和统计学著作那样倚重陈述事实或罗列数据或逻辑演绎,而是倚重对人物的描写,尤其是对陆承伟、史天雄、陆承业、王传志等人的描写。

陆承伟是一个商人,经商时完全遵循市场经济理论。他先研究"市场行情"——中国的国情。其研究结论一是"政治话语在经济生活中依然起着举足轻重的作用……陆震天三个字蕴藏的巨大能量"②;二是官本位、诸侯思想"于今

---

① 恩格斯:《致玛·哈克奈斯》,《马克思恩格斯选集》(第四卷),人民出版社,1988年,第463页。
② 柳建伟:《英雄时代》,人民文学出版社,2001年,第65、671页。

为烈";三是崇洋媚外……然后,对症下药——对关注千秋大业的陆震天诱之以千秋大业之事,对有望"更上一层楼"的田青廉、秦思民等诱之以官,对无望"更上一层楼"的王传志诱之以利,借洋人来压国人……让视域内的人都成为自己经济棋盘上的棋子,最后,赚得钵满盆满。

史天雄本是一位官员,因深感自己所在的部门人浮于事、不能大展宏图而辞职办超市,其"事业"虽屡遭挫折,但还是蒸蒸日上,以至于让陆承伟垂涎;虽不齿陆承伟的经济行为,但在经济大海里摸爬滚打后终于认识到应该"学会和陆承伟们处好关系。把陆承伟们当成敌人来看,同样危险"。

陆承业是红太阳的总裁,曾跻身于全国十大企业家的行列,可由于忽视市场规律而决策失误,使一个企业航母陷于资不抵债,自己则因上愧对国家下愧对职工而自杀。

王传志是天宇的总裁,用十五年的时间把一个只有三千万元左右固定资产的小电子管厂变成每年能上缴二十亿元利税的大企业。但由于在天宇内搞"家天下"、把天宇视为自己晋升的筹码和谋私利的资本,结果,踏上了步履维艰之途。

陆承伟、史天雄与陆承业、王传志对比性的活动和结果形象地表明:中国只能搞市场经济——而且是中国式市场经济,即"陆承伟"和"史天雄""携手合作"①的经济;否则,即使出现经济繁荣的景象,那也只是昙花一现。

《大厂》等小说也有一些触及了中国经济发展模式的问题,但没有一部能与《英雄时代》同日而语。艾略特曾说:"文学之伟大与否并不全然取决于文学标准,虽然我们必须记住是否成其为文学只能用文学标准加以判定。"②《英雄时代》无论是从文学标准来看还是从非文学标准来看都具有独特的价值,堪称一部"大作",获"茅盾文学奖"实为名至实归。

原载《长江师范学院学报》2009年第1期

---

① 柳建伟:《英雄时代》,人民文学出版社,2001年,第614页。
② 蓝棣之:《现代文学经典:症候式分析》,清华大学出版社,1998年,第153页。

我所知道的《狂欢的季节》和《英雄时代》

何启治

要说一说的内部有不同看法的书稿,是柳建伟著长篇小说《英雄时代》。由于我的推荐和支持而在《当代》和人文社连续发表出版作品的柳建伟,于1998年至2001年终于又完成了一部规模宏大、以西部某省会为中心舞台、在经济建设的矛盾纠葛中抒写人物命运的长篇小说《英雄时代》。这部长篇由于高唱主旋律又被某些同事所不认同。但我认为只要坚守文学的本分,唱响主旋律不一定就不好,何况此作歌颂了各种各样的时代英雄,而且又是柳建伟心血之作"时代三部曲"的最后一部(前两部是写当代农村生活的《北方城郭》和我军现代化建设的《突出重围》,都获得较高的评价),我们应该将柳建伟的"时代三部曲"完整地推出。虽然当时我已退休,但我的意见还是说服了其他同人。《英雄时代》于2001年3月出版后,我应约撰写了《谱写时代的英雄乐章》,发表在《人民日报(海外版)》上。而柳建伟则在送给我的样书上热情地题写了这样的话:"恩师何启治先生存念,经您培育的'时代三部曲'出齐,愿与您共赏这一阶段性成果……"下署:"学生柳建伟敬呈 2001年4月成都"

2005年4月11日,第六届茅盾文学奖终于评出,《英雄时代》榜上有名。这时候,一位同事回忆说,当年何老师就说过,《英雄时代》不但该出,说不定还会得个茅盾文学奖呢!可见,一个有眼光、有主见的编辑,该坚持时就得坚持,可不能人云亦云啊!

其实,公正地说,在柳建伟著"时代三部曲"中,论人性揭示的深度、反映时代生活的概括力、艺术形象塑造的成功和艺术魅力的长久,《北方城郭》都在《突出重围》和《英雄时代》之上。然而偏偏是《英雄时代》获得了长篇小说的最高荣誉"茅盾文学奖";《突出重围》也得了"五个一工程"奖,还拍了电影,印了几十万册;而《北方城郭》却只是"茅奖"入围,终未出线,市场销售也不见好。不久前,我问及柳建伟:为什么会这样?最好的作品为什么得不到应有的荣誉和经济效益?柳建伟略加思忖,便说:"何老师,我想只能说,人有人的命,书也有书的命吧!"脸上,却写满了无奈和遗憾。

再就是关于王蒙的长篇小说《狂欢的季节》。当时,我已经宣布退休,但按工作需要和惯例仍担任《当代》主编直到1999年底。《狂欢的季节》便成为我在

《当代》的主编位置上终审的最后一部重要的长篇小说。此前,王蒙已在人文社出版了《恋爱的季节》、《失态的季节》和《踌躇的季节》。《狂欢的季节》是他的"季节系列"长篇小说的最后一部。因为作品涉及"文革",不同的意见便凸显出来。争论的结果,是由新社长聂震宁召开一个小型的协调会。与会者除社长、总编辑、主编、副主编、责任编辑以外,还有已离退休的屠岸、王笠耘。相关的情况体现在我写于1999年10月25日的"终审意见"中:

这是纪实色彩比较浓的长篇小说。它以主人公钱文的生活轨迹为线索,对钱文夫妇离京到边疆锻炼,在边疆经历了整个"文革",直到"文革"结束返回北京的全过程都作了生动真实的描写,夹叙夹议,也多有王蒙式的调侃。熟悉文坛人物的读者不难从主人公钱文和张银波、黎原、赵青山的身上找到现实生活中真实人物的影子。

尽管没有正面描绘"文革"中心地带和高层的情状,但由边疆地区的"文革"生活也可以感受到整个中华大地的震动,而一个有较高思想层次被错划为右派的主人公的心灵震颤和思考就使作品具有了一定的思想深度。因此,我认为这种写法体现了王蒙的聪明和机智,并使作品在安全的前提下成为一部忠实记录那个畸形年代的、严肃而有价值的好小说。

自然,这又是那个年代的相当主观的记录。从主人公生活的经历(包括被视为"死老虎"没有戴高帽子游街),到心理活动乃至心灵深处的震动都是王蒙式的。这样不必着意去描写上层人物的活动(只是写了一小段江青的仅涉及一般人的日常生活情状),却由于真实地表现了主人公在"文革"中的狂喜、困惑、痛苦和觉醒过程,对有一定阅历的读者当会引起强烈的共鸣,而对不知"文革"为何事的年轻读者,也会有一定的认识、启迪的意义——但想从作品中猎奇的读者大概会望而却步。

因而,我认为这是一部写得机智、真实、严肃、有一定深度和认识价值的好作品。当然,受时代的局限,关于"文革"的生活目前大概只能写到这种程度——思想比较传统保守的人和思想很激进、很解放的人大概都不会满意这部作品。然而,我想强调的是:"文革"不能回避,要推出一部写"文革"生活而又在政治上没有多大风险的作品实在很难,而王蒙的《狂欢的季节》却正是这样的作品。因此,我们不但应该支持,而且应该感谢王蒙同志把这部长篇交给《当代》刊发并交由我社出版。

作品存在的问题是:对"文革"的发动者、主持者毛泽东有一定的理解、谅解,也多有讥讽、调侃、挖苦一类的语言。对此,通过10月18日的讨论已决定由责编摘出疑问较大者请作者考虑作一定的删改订正。我赞成这样做,但要从严挑选,避免过宽过滥。

之所以要在10月18日由新社长聂震宁召开协调会来解决《狂欢的季节》中的问题,是因为出版社和《当代》内部有的负责人认为小说这样讽刺、挖苦、调侃伟大领袖是不允许的,要公开发表、出版就必须先予以删除或上报送审,简单的删除和正式送审都是不可行的。这样,才由社长根据大多数人的意见做了决断。王蒙的"季节系列"的最后一部《狂欢的季节》最终只由作者做了小小的修订,便刊发于《当代》2000年第2期,并由人民文学出版社出版了单行本。

对刊发王蒙的《狂欢的季节》还有一种不同的声音,是担心读者不接受。周昌义说:"《当代》发过王老的前两部即《恋爱的季节》和《失态的季节》,读者反映不好,我们怕把读者得罪了。"(见《〈尘埃落定〉误会》,载《西湖》2008年第4期)我想,对王蒙的"季节系列"长篇小说,如我在审稿意见中已提到的,肯定会有人不喜欢(太保守或太激进的,当然还有嫌王蒙过于絮叨的,等等),但也一定会有人赞赏。一个编辑,如果站在历史的高度,对于涉及人民共和国几十年风云变幻的历史沧桑,特别是比较真切地表现了我国当代知识分子的人生感悟和心路历程的"季节系列",自当有足够的重视和评价。

和《狂欢的季节》有关的一件有趣的事是:王蒙交稿之前,我和高贤均、李昕等人去看望他。在他位于北小街住处那相当狭小的客厅里,他很自信地说:你们猜一猜,我这一部小说的书名该叫作什么季节呢?不开玩笑,猜中了我可以拿稿费一定的百分比提成作为奖励。这当然是玩笑,但也不妨一猜。对"文革"、对十年浩劫,一般人认为太疯狂,有的哲学家称之为"荒谬的时代"。我想,还是从俗吧,便说,也许该取"疯狂的季节"做书名吧。王蒙得意地笑着说,《狂欢的季节》,你呀,差了一个字,还是没法给你提成啊!大家跟着发出一片笑声。事后想想,我对王蒙式的幽默还是体会不深。大概也只有他能把大灾难、大痛苦、大悲剧视为"狂欢"吧。

这就是我退休后,在《当代》主编的位置上经手处理的最后一部书稿——《狂欢的季节》。

以上所述,是我亲历亲闻,知道相关情况的重要长篇作品的真相。我牢记并认同严文井老社长的话:"我仅存一个愿望,我要在到达我的终点前多懂得一些真相,多听见一些真诚的声音。"(见《他仍在路上——严文井纪念集》,人民文学出版社,2006年)因而,我力求做到言必有据,同时也就比较看重审稿意见、相关书信之类的原始资料。

原载《出版史料》2009年第4期

新型军人形象的塑造
——评柳建伟的长篇军事小说《突出重围》

艾 军

引言

军旅小说在上世纪八十年代初取得了辉煌的成就,在"两代作家三条战线作战的基本格局"①中,军旅文学获得较为长足的发展。但是到了八十年代中后期,随着这一格局的破解,"这作为自成一体的一个群落和显赫一时的一个运动似乎一夜间销声匿迹了"。自此,军旅文学处于一种相对沉寂的状态。在九十年代多元文化共处并存、各自获得合法地位的文化语境中,有着特定内涵和深厚意识形态色彩的军旅文学,开始走上了较为艰难的嬗变之路;一些军旅作家一如既往地钟情于军旅题材,但又不拘泥于此,而是辐射、连结更为宽广的社会生活内涵,使军旅小说创作呈现出包容性、开放性的品格。柳建伟及其创作的军事题材小说便属于后者。

进入上世纪九十年代,中国文坛长篇小说尤其是"文学豫军"小说创作群体的创作表现出了强劲的"现实主义的活力",成为一个"新文学的风向标",作家们逐渐意识到"文学还是要关注生活,文学没了对时代的关注,作家的灵魂就要受到奴役"②。身为"文学豫军"的柳建伟,其长篇军事题材小说《突出重围》正反映了这种现实主义的创作态度和倾向。

1998年,柳建伟写出了长篇军事题材小说《突出重围》,为世纪末较为沉寂、暗淡的军旅文坛增添了一道亮丽的色彩。《突出重围》开拓了一个全新的题材领域,描写了一场模拟高科技下的局部战争的部队大演习,既有对军队整体建设的思考,也有对武器与人的关系的理解观念上的突破。作品所阐释的新的历史时期必须以科技强军的理论命题,以及部队在迈向现代化过程中所面临的各

---

① 朱向前:《军旅文学史论》,东方出版社,1998年。
② 谈歌:《坚守自己》,《小说月报》1995年第8期。

种内在矛盾让人耳目一新。在军事文学较为冷寂的状况下,《突出重围》显示了对军事生活的正面突进。"[1]

本文仅从《突出重围》的人物塑造上来分析这部小说。

一、一系列新型军人形象的塑造

柳建伟是一位有过军旅生活体验的作家,十多年的军旅生涯对他创作《突出重围》这部军旅题材的小说不能不说是一种积淀。小说给我们刻画了一系列英雄的群像。作者笔下的范英明、朱海鹏等一批军旅人物形象读来真切、感人,这些栩栩如生、跃然纸上的人物形象的塑造正是作品成功的地方之一。

基于柳建伟创作的现实主义倾向和曾经的军旅生活体验,《突出重围》为我们刻画了一批活生生的军人英雄形象。

范英明,是一名干练、果断、具有各种综合指挥素质的团级年轻将才。他从一名普通的战士成长为一名团长,各方面都有过人的表现,是一名从基层逐渐上升上来的团长。在经历了和朱海鹏竞争后赢得了方恰的爱情,但最终由于种种原因还是和这位将军的女儿离婚。经历了几次演习的惨败后,仍然不屈不挠,凭着坚毅的性格,坚守在军队现代化建设的阵地毫不退缩,终于赢得了演习的最后胜利。范英明身上体现出了现代军人的那种执着、坚毅、有魄力以及任劳任怨终成大事的特点。在几次演习中,身为A师的一个团长,在面临自己的部队遭受一而再、再而三的失利后,他也想有所作为,可是受到A师长期以来形成的"习惯势力"的影响,他的部队还是败下阵来。经历了三次"战斗"的洗礼,最终范英明冲出了因急剧变化的形势而逐渐衰微的"习惯势力"的束缚,"突围"成功,走向了自己人生的辉煌。在感情方面,虽然他最初赢得了方恰的爱情,但是最终还是丧失了这份爱情。在人物的感情成长和发展的历程中,范英明表现最多的还是坚守,还是军人的那种朴实和真诚。小说从几个侧面烘托人物形象,使得人物的形象更加饱满、逼真。

朱海鹏,一位足智多谋、时刻关注军队现代化建设、时时注意国内外军事领域新动态、敢想敢干的教研室主任,在演习中敢于突破、挑战程式化的演习模式,努力促成相对真实的演习。他利用常少乐的信任和支持,组建数字化小分队并在演习中取得了巨大的成功,但是有时候也会因为他个人的轻狂和意气用事犯一些错误,在经历了和江月蓉的一段美好但最终不能成眷属的恋情后,受

---

[1] 丁丽燕:《论柳建伟的时代三部曲》,《当代文坛》2004年第5期。

到了沉痛的精神打击。他和范英明一样,属于军队中的少壮派将领,在和军队中的落后过时观念斗争的过程中,努力推动军队建设向着美好的明天前进。朱海鹏的形象更像是一位现代化条件下的"儒将",他的文雅气质、细密而周全的思维、处事不惊的镇定、决胜千里的气魄,以及有时候孩子般的颐指气使都给人留下了深刻的印象。

方英达,一位有着战争经历、饱经战火的老将军,他对军队现代化建设事业的一往情深,他的鞠躬尽瘁、老而弥坚的情操信念,他对 A 师、对朱海鹏和范英明爱之切、责之严的复杂心态,都有写得动人之处。正是由于这位老首长对朱、范的殷切期望,以人格魅力的感染,使得朱、范二人更加坚定了排除杂念、投身国防和军队建设事业的决心。方英达对女儿和妻子的深挚的爱,体现了这个硬汉子的柔情的一面,使得人物形象更加丰满、感人。

方怡,是一位活跃在军队和商场的女性。她有过从军的经历,率真、泼辣、能干,在商业化大潮席卷中国大地的时候下海经商。在身为军人的父亲、丈夫身边有她孝顺、善良的一面,但也有她为了达到目的而不择手段的阴险可怕的一面。

总之,柳建伟在《突出重围》中,精心塑造了我军一批高中级指挥员——某军区中将副司令方英达,师团级军官常少乐、黄兴安、范英明、朱海鹏等,这在当代小说中是不多见的(除却朱苏进的《炮群》)。他们无不把军职作为自己的使命和事业追求,他们身上无不承载着当代军人强烈的使命感,无不包蕴着对军队前途、命运及军队现代化建设的强烈关注。例如常少乐,一个随时将被裁掉的二线师师长,不等不靠不要,利用部队养猪、种菜赚下的辛苦钱,开发现代化的战场电子监护系统;朱海鹏,面对昌达公司董事长方怡把母亲及女儿户口办到 G 市,脱下军装,年薪不少于 10 万的优厚允诺,忠于自己当初的人生理想和人生选择,痴情不改,不为所动。这些无疑是他们忠于自己使命的写真。

二、人物形象塑造的成功与不足

柳建伟的小说《突出重围》反映了上世纪末中国军队建设的真实情况。通过刻画一系列生动的人物形象,揭示并回答了如何在和平条件下进行军队建设的问题。《突出重围》在社会上引起了强烈的反响和共鸣。总体来看这部小说是一部军旅文学的本色之作,是一部对军队前途深入思考的忧患之作,是一部深受广大群众欢迎的作品。

小说的现实主义特点值得关注,小说的成功和这一点密不可分。小说在选取题材上也抓住了当前时代最富有挑战性、人们最关注的问题展开；在塑造人物上，小说不断开掘人物与社会的联系，力求将人物写得生动、形象、丰满。

《突出重围》虽然取得了巨大的成功，塑造了一系列令人难忘的军旅人物形象，但是在人物形象塑造上仍然存在不足。

首先，一些人物形象略有单薄之嫌。例如，范英明作为书中一个主要艺术形象，作者集中笔墨，描绘了他坚定、坚毅、强悍、冷峻等所谓职业军人的素质或气质。这种兵味十足、阳刚有余的性格正是以其他方面的缺失为代价的。并且，范英明的性格缺乏变动、发展，这些都影响美学意蕴的丰厚。《突出重围》中的几位女性如方怡、邱洁茹、江月蓉、秦亚男等无一不略显单薄、苍白，不够丰润，显现出军旅作家似乎都不善于刻画女性的通病。究其原因在于作者在情节、事件的铺陈和描述上用墨太多，或多或少地影响到人物形象的刻画。

其次，在人物塑造上，小说描写的几个重要人物大都有点平面化，艺术刻画上的力度也各有不足。例如，因受到艺术结构等方面的限制，小说对于方英达这个富于历史生活积淀的老军人的刻画似乎并未到位，这个人物所应有的许多社会的、人性的内涵还没有展开描写，即便他在军旅生涯中的人生体验与感悟也未能得到深入揭示，这就势必影响到人物塑造的厚重程度。而朱海鹏和范英明这两个少壮派军人，尽管带着一些新鲜的时代性特征，但若从艺术效果上观之则不免有点类型化，他们之间的个性差异尚不能构成人物的性格与心灵的区别和对照，从而成为更具典型特征和生命存在方式的个体形象。

原载《青年文学家》2010 年第 5 期

改革开放前"社会主义现实主义"创作方法的流弊再现
——评柳建伟《英雄时代》的创作方法特征

姚晓雷

  这里的"社会主义现实主义"又称"革命现实主义",是新中国成立到"文革"结束前由国家主流意识形态所刻意建构的一种创作方法。众所周知,新中国成立后,随着社会整体进入一种政治文化一体化的迷狂状态,在国家主流意识形态的强力引导下,现代社会中文学的多元价值诉求被迫转型,"社会主义现实主义"这种旨在迎合国家主流意识形态需要的文学创作方法得以逐步确立。中国的"社会主义现实主义"或"革命现实主义"尽管有种种理论渊源,但其核心诉求无非是让文学变成直接为国家政策服务的工具。大致说来,不外有以下几个特点。

  第一,剥夺作家在创作中的思维主体地位,让他变成国家政治意识形态的工具或传声筒。本来在正常环境下,作家的创作应该服从于自己的独立观察和思索,作家自己是创作的主体,如古人所说的"我手写我口",不必屈从外来教条的束缚。现代文学中的一些著名大家如鲁迅、郁达夫、曹禺的优秀之作都是在自己独立观察思索的基础上提炼升华的结果。新中国成立后受政治意识形态挂帅以及战争文化思维的影响,为了最大限度地发挥文学对当下现实的功利作用,文学价值生成方式的私人属性被剥夺,被转化为革命事业这一宏大历史叙事中的"砖"或"螺丝钉",要无条件地接受来自国家意识形态的具体指令。这一过程其实就是作家写作立场从"立言"到"代言"的转化过程,经历了从自我主体到主流意识形态主体再到具体的政策路线主体步步狭隘化的过程。1949 年 7 月第一次文代会的召开意味着这种创作方法萌芽,毛泽东在大会上讲的"因为你们都是人民所需要的人,你们是人民的文学家、人民的艺术家,或者是人民的文学艺术工作的组织者。你们对于革命有好处,对于人民有好处。因为人民需要你们,我们就有理由欢迎你们"[1],虽然从整体战略高度上肯定了作家的作用,但无形中也传递出这样的信息:首先,你们获得认可的前提不是因为你们自身就是人民,表现自我就是表现人民的愿望和要求;而是你们在一定程度上代表

---

[1]《中华全国文学艺术工作者代表大会纪念文集》,新华书店,1950 年,第 3 页。

了人民的要求,人民在本质上是异己于作家自我的。其次,和人民一体的、对人民拥有充分话语解释权的,是"我们",即国家权力的拥有者。1953年9月召开的第二次文代会则是第一次文代会理论逻辑的进一步延伸,它明确规定,要沿着社会主义现实主义的方向前进。可社会主义现实主义并不意味着作者写自己感受到的真实,而是写"本质"和"规律","本质"和"规律"又在"辩证唯物主义"和"历史唯物主义"的幌子下被一元化的国家权力轻而易举地转换为自己具体的、阶段性的政治认定。在国家权力的强制规范造就的"领导出思想,群众出生活,作家出技巧"的结构模式中,作家的任务就完全变成了为特定政治乃至政策需要服务的工具。

第二,它制定了一系列特殊的审美规范。这一时期所谓的现实主义已经偏离了"写真实"的基石,成了一种"伪现实主义"。为了更好地完成服务于国家主流政治意识形态的任务,它对现实主义的一系列美学原则都进行了颠覆或重塑。例如关于"典型"的理解,它强调的不再是人物一般意义上的个性与共性关系,而是抽象出了一种"阶级性",一个阶级只能有一种最高典型。进一步地,无产阶级的典型因为代表着人类社会发展前进的方向自然而然成了"站在高山上,为我指方向"的正面人物,拥有符合主流意识形态需要的全部美德,发展到极致,便是"高大全"的英雄人物。除了典型人物特性的塑造,这种"伪现实主义"还逐渐形成了固定化的表现程式,如直接配合当下政治需要的"写中心"、"文革"时期"在所有人物中突出正面人物、在正面人物中突出英雄人物、在英雄人物中突出主要英雄人物"的"三突出"原则、"道路是曲折的、前途是光明的、阴暗面是微小的、阶级敌人是一击即倒的"等审美基调模式。

新中国成立以后到"文革"结束前由国家主流意识形态建构的这种"社会主义现实主义"创作方法对文学造成的负面影响是巨大的。正如有人指出的:"从新中国成立初期的'赶任务',到1958年以后的'写中心'、表现'尖端题材',外部环境要求作家强化自身的政治意识,过多地考虑迅速及时地配合现实斗争,阐释党的具体政策,宣传历次政治运动。这不仅设置了描写内容的禁区,限制了题材的多样化,而且影响了作家的创造精神,使他们不能独立地对生活进行深刻的思考,而往往急功近利,把关于历史和现实的现成的政治结论奉为创作宗旨,小说家的任务只是赋之以图像,故而许多作品缺乏来自生活的独到发现,缺乏经得起时间严格检验的思想深度。"①"社会主义现实主义"这种创作方法还由于对人从狭隘的政治性方面进行界定,塑造的人物也缺乏内在的深度。粉碎"四人帮"后,随着文艺界的拨乱反正,文学创作逐渐回到更开阔的、体现作家独

---

① 朱栋霖、丁帆:《中国现代文学史(下)》,高等教育出版社,1999年,第71页。

立思考的、能真正具有历史深度和人性深度的正常轨道上来,进入了一个百家争鸣的新时代。此前历史上不无畸形的、给文学带来极大弊端的"社会主义现实主义"创作方法也被绝大多数作家弃置。

然而,多年之后,我在仔细地阅读柳建伟这部曾获得了第六届茅盾文学奖的《英雄时代》时,愈来愈感到里边弥散着一种熟悉的东西。这种熟悉不是来自对生活经验的某种温馨的记忆,而是一种在文学正常发展过程中已经被拒斥的、流弊明显的东西。后来这种感觉一下子豁然开朗起来,我顿时明白了,这种熟悉的、流弊明显的东西,其实是一种改革开放前"社会主义现实主义"创作方法改头换面的劣质再现。

为狭隘的阶段性政策服务的"赶任务"、"写中心",即表达特定阶段主流意识形态所需要的"政治"主题,是《英雄时代》这部小说给人的第一印象,也是它作为过去"社会主义现实主义"创作流弊再现的一个明显主题表征。从故事内容来看,这部小说选取20世纪末的社会政治经济生活场景为背景,并企图进行正面突破。众所周知,由于体制的掣肘,20世纪90年代以来,中国的社会改革遇到了一个艰难的瓶颈,社会阶层断裂和固化,资本和权力沆瀣一气,大大小小的利益集团肆无忌惮地以各种方式瓜分和掠夺改革开放甚至是新中国成立以来普通人民辛苦集聚起来的社会财富,国家机构臃肿,人浮于事,国企效率低下,市场配置畸形,底层生存艰难。各种社会矛盾已经严重到了政府再也无法回避的时候,遂有了1998年党和政府在党的十五大上关于国企改革、发展民营经济、政府机关机构改革等一系列政策决议。很明显,这次体制内的自救式改革是不彻底的,由于在本质上是以尽可能地维护主要既得利益集团的根本利益为前提的,不可能触动社会矛盾的根本症结,不可能解决真正的问题。除了大量弱势群体通过下岗等方式再一次成了改革成本的承担者,此后利益集团瓜分社会财富如故,资本和权力联手肆掠如故,政府机构膨胀趋势如故。柳建伟的《英雄时代》则服务于十五大关于国企改革、发展民营经济、政府机关机构改革的政策。"过去某些现实主义作品的失误往往在于,作家的艺术假定性建立在某些政策之上,作家按照行政政策的需要来理解现实、表现生活。作品的成败实际上与政策的正确与否直接捆绑在一起。"[①]一位本来企图替柳建伟《英雄时代》辩护、认为它具有一种与那种现实主义不同的直面现实品格的批评家如是说。不能不说,这位研究者在对新中国成立后官方建构的现实主义弊病的判断上是清晰的,但对柳建伟《英雄时代》为一时性的政策写作的性质陷入了选择性盲视。小说所涉及的几个内容范畴和主题意向,其实都是党的十五大相关政策

---

① 冯宪光:《重铸直面现实的宏大叙事》,《当代文坛》2001年第4期。

精神的直接演绎,如十五大决议里关于机构改革有"推进机构改革。机构臃肿,人浮于事,政企不分,官僚主义严重,直接阻碍改革的深入和经济的发展,影响党和群众的关系。这个问题亟待解决,必须通盘考虑"的说法,落实在小说中马上成了人物行为的自觉出发点。里面的主人公史天雄主动由国家重要部门的副司长转到民营企业就职是因为这方面的自觉。里边的一个市政府工作人员江榕选择离职到一个民企求职时也是出于这样的动机:"现在,上面的工作安排很透明,朱总理政府工作报告讲得很清楚,今明后三年,中央、省、市三级政府机关工作人员要裁减百分之五十。早晚要走这一步,晚走不如早走,被动走不如主动走。反正我已经下了决心。"十五大决议里关于国有企业改革有建立现代企业制度的要求,提出"对国有大中型企业实行规范的公司制改革,使企业成为适应市场的法人实体和竞争主体",而这种国企的改革又是在政府主导下进行的,所以体现在小说情节设置里便是一群国家高层领导部门的人在怎么样为改革下属企业而殚精竭虑。十五大决议里提出要给民营经济一定的合法地位,小说中便阐释一个叫"都得利"的民营企业怎么作为共有制经济的补充在以自己的方式给国家作贡献。从小说所体现出的问题意识、所思索的解决问题的方法,都没有超出政策预设的范围和程度。也就是说,作者在这里不是以个人独立思想者和观察者的身份表达对这个时代的一种个人简介,而是自觉地充当特殊时期国家政策的代言人。

充当特定时期政策的文学代言者也就罢了,不是说这样的小说就一定惨不忍睹,毕竟很多情况下国家政策的制定也是集体智慧的一种结晶,体现着对现实生活的某些真知灼见,它其实也为作家的表现预留了很大的个人空间。作家如果能有效地利用这些空间,在生活和人性层面尽可能地做出符合文学规律的挖掘,也不失为一种权宜之计。问题是在这里,作者是以一种极端狭隘的方式来阐释政策主题的,像过去那些被我们摈弃的创作方法一样,其中代表着国家主流意识形态的"党思维"成了绝对控制小说叙述者艺术表达的唯一语言。里边的正面人物不管个人身份是什么,不管处在公众还是私下场合,都基本上看不到多少属于私人的、基于自己的真实生活经验生成的内在感受和理性认知,看不到正常的人性。大家似乎都在说同样的话,用同样的思维思考问题。里边退休的老干部、曾跻身党和国家领导人行列的陆震天,哪怕在家里私密场合对女婿谈论自己的儿子也充满了官腔:"大大小小的陆承伟,已经形成一个阶层了,他们的力量不能低估。他们当中有很多人,对我们党、对我们这个政权的态度,不是很清楚。我听说有不少人手里有几个护照、几个绿卡。他们做这些,证明他们并不完全信任我们。战胜百年不遇的大洪水,证明我们的力量还是很强大的。但我认为目前不能盲目乐观。信仰危机问题仍然很尖锐。"里边的主人公史天雄不管在任何时候的心理行为,都不脱离党和人民利益代言人的身份,即便已经选择辞职到民企去工作,他和他的商场资本运作的妻弟私下聚会时也依然以党的利益守护者自居:"承伟,我是你的兄弟、你的姐夫,同时,也自认为是一个有 26 年党龄的真正的党员。我也很感幸运,能在西平近距离欣赏你表演金融魔术。你现在手中掌握的巨额资本,是不是像你标榜的那样纯洁,我管不了。在西平,你玩魔术时可要拿出真功夫。我有可能会戳穿你骗人的把戏。"他主动辞去电子信息部组织计划司副司长的高位而选择到民企去应聘,是因为读毛泽东的《湖南农民运动考察报告》而激发出的为了党和国家利益的使命感,"中国不乏忠诚而称职的官员,最缺乏的是忠于政权的各种企业家","看到一个阵地吃紧,一个真正的战略家,是不能无动于衷的","党内再没有一批杰出的人才主动选择这种可能是殉道者的道路,恐怕就来不及了",总之一举一动完全是基于党的事业着想。甚至他到民企求职用来打动女老板的言辞,也充满了大公无私、忧国忧民的政治意识:"我一直认为,这二十年中国取得了很大的成绩,可也丢失了很多宝贵的东西。""如果我们不及时地把那些失去的东西寻找回来,中国肯定会出大问题。"对这些一本正经的话,假如我们不能说是矫情或矫揉造作的话,那至少说明他们的话语方式已经被全然异化,徒有"党思维"而非正常的"人思维"。

作家一旦放弃自己独立打量世界的精神眼睛而沦为一种主流意识形态话语的代言人,所要进一步考虑的必然不再是文学思想和艺术境界原创性问题,而成了如何最大限度地使主流意识形态话语借助文学的方式获得合法性的问题。于是乎,在柳建伟《英雄时代》这里,新中国成立后到改革开放前,服务于直接表现政治乃至于政策目的,在"社会主义现实主义"名义下所积淀的"写正面"、"三突出"、"高大全"等审美规范又流弊再现。"写正面"是过去"社会主义现实主义"审美诉求的必然产物,因为"社会主义现实主义"的理论目的是肯定社会主义的生活现实,用社会主义的理想信念来鼓舞人、感染人并起到引导人民和教育人民的作用,这就注定它的基调是乐观的。面对当下纷纭复杂的社会格局,它固然也写到了被抛到社会底层的下岗工人,可这些都是次要角色,被作者采取了轻描淡写的处理方式。例如对下了岗开"一元店"养家糊口的毛小妹,作者描写的重点不是底层的绝望感和痛苦感,而是其在代表党的救世主人物正确指点和引导下的起死回生,这就从另一个角度印证了新一轮国家政策的正确。作品也写到了利用政策漏洞或直接侵吞国家财产致富的新贵阶层,写到了体制内的蛀虫,可他们一旦遇到真正坚持理想、充满正气的共产党人,就无法堂堂正正地对阵。如小说中持有巨额来历不明的财富、擅长资本运作和钻政策空子的陆承伟,哪怕心底再骄傲,在史天雄这样义正词严的共产党人面前还不得不口头服软,"你别忘了我是共产党人的儿子。你别忘了是党给我创造了一切发财的条件。你别忘了我是党让一部分人先富起来的号召的热情响应人",真正共产党人的凛然正气绝对是作品里居于上风的东西。小说也涉及了官场权力经营的某些阴暗面,可这只是一些次要人物在阴暗角落左右不了大局的瞎折腾。所谓"三突出",即在所有人物中突出正面人物、在正面人物中突出正面英雄人物、在正面英雄人物中突出主要英雄人物,是一种要将符合它意识形态需求的东西凸显到文学艺术中心位置的特有技术范式,通过将符合自己意识形态需要的符号人物对文学艺术主体位置的绝对占有而向读者或观众反复灌注要表达的理念。这一规范在"文革"时期的样板戏里可以说被发挥到了登峰造极的地步。《英雄时代》这部作品里,舞台主体也是留给正面人物特别是正面英雄人物充分施展身手的。这里的正面英雄人物,有虽然已经退居二线但仍然心系党和国家、继续在幕后采取各种手段不遗余力地推动改革事业的老革命家陆震天,有虽下岗却不忘为国为党分忧、为解决下岗工人问题创办"都得利"民营公司的女企业家金月兰,有富有改革魄力的市长燕平凉,有因决策失误、跟不上时代变化导致自己一手发展起来的国企衰落并最终以死殉职的红太阳电子集团公司负责人陆承业,当然最主要的是从副司长的岗位上辞职、勇做时代弄潮儿的史天雄了。史天雄这个承载着新时代主流意识形态英雄形象的符号,其所作所为、所思所想是这部作品所浓笔渲染的东西。而史天雄这个人物又基本上是按照过去"高大全"那一套标准来塑造的,他是烈士后代、战斗英雄,在政治上根红苗正,对党的事业忠心耿耿;在专业上知识丰富,能滔滔不绝地谈论国外一些大的现代企业的兴亡史;在性格上勇于承担,敢作敢为;在品德上大公无私,一身正气。这样一个按照意识形态标准几乎没有任何道德瑕疵的人迎合着新时代的政策要求,主动转岗,勇吃第一只螃蟹。他在带领私企"都得利"的创业过程中,身上充分体现了新中国成立以后文学史上梁生宝、乔光朴那样的社会主义新人或改革者大公无私、勇往直前的素质。只是这种按照过去规范进行的艺术创造,在我们当下的时代是否还能有真正的深度和魅力?

毫无疑问,答案只能是否定的。前车之辙,未能有效地成为后车之鉴,后车也不可避免地要重蹈前车的悲剧。过去的"社会主义现实主义"的审美范式本来在文学史上就以艺术塑造的"假大空"而为人诟病,我们看到,《英雄时代》在这里又落入了同一个艺术陷阱中。首先这里所揭示的社会生活的矛盾是表面化的,所表现的社会生活内容在很大程度上也失之于虚假。在一群国家高级干部为党和国家的事业殚精竭虑地进行顶层设计和身体力行的改革实践表象下,整个体制内部极大妨碍社会发展的内在矛盾被轻描淡写了。在个别下岗工人迅速迎来新的生活春天的轻喜剧中,无数同样遭受下岗命运者辗转于生存重压下绝望无助的身影被遮蔽了。小说里许多有关人物形象塑造的情节描写简直沦为全然不顾生活自身逻辑的肥皂剧。例如小说里所写的史天雄和在自己的企业里建党支部、每天升党旗唱《国际歌》的民营企业家金月兰之间的爱情,让人感受到的就是极其造作和矫情。他们一开始是在英模报告团上认识,双方都是当时的先进模范,男的是战斗英雄,女的是捐献遗产给国家的优秀代表,女的对男的充满崇拜而男方也有所暧昧,因为男方已有家庭不了了之。这种二人相识的描写就让人没有感受到多少属于男女私人领域的相知相惜之爱,而是一种公众聚光灯下的"战友"式的缘分。20年后双方再相遇,再次激起他们彼此爱的火花的依然不是彼此的私人领域部分,而是大家在党的事业这条战壕里共同奋斗的战友之情。小说写他们的第一次亲密接触:"这次亲密接触来得太迟了,来得太不是时候了。开始的时候,两个人像同在一个战壕里的战友一样,在激烈战斗的间隙里,相互帮助着包扎伤口,相互交流着战斗经验,目的似乎只有一个:为了更多地消灭敌人。史天雄一边擦拭着,一边轻轻地说着:'太危险了。你什么时候落下了这个毛病?这种关键时期,你可不要病倒呵!这就像打仗打成了胶着状,谁能够顶住,谁就是胜利者。困难当然还会有很多,只要我和你没有倒下,都得利一定会有美好的未来。你听听那些孩子们唱的什么歌?我觉得我走这一步,还是走迟了。好在,我还是走了出来。现在做,还来得及。我越来越坚信我们现在做的一切,对于中国未来,是有价值的。'"在这种豪言壮语的说教下,"金月兰的两手热烫,双颊绯红,呼吸也有些急促,晶莹的泪珠儿,像清泉一样,从两只眼睛里汩汩流出"。对于两个四十多岁彼此有着不同生活经历的人,竟然没有更复杂的深层心理需求,彼此联系和催情的媒介竟然始终是关于党的事业和中国未来之类表面上的豪言壮语,以至于完全成了一种所谓的标准的革命战士之间大公无私到一尘不染的爱情,这种在革命样板戏里才可能会有的情节模式出现在这部小说里,实在有点雷人。史天雄、金月兰这些"高大全"的英雄们再度成为空洞的政治理念的传声筒自不必说,即便是一些负面人物或中间人物的塑造也经常由于过多的政治层面观念灌输而缺乏深度。

  尤为可怕的是,作者的叙事理念中,一种和现代人文理念格格不入的血统论、"家天下"和官本位意识还有意无意间被强化到了无以复加的地步。像史天雄、金月兰这样时代英雄人物的塑造,要父亲一代都是革命者,他们自己也以传承父辈的革命理想为己任,历史清白而无政治污点,这不是典型的"龙生龙,凤生凤"的血统论是什么?至于"家天下"意识,试看作者所叙述故事的人际关系图景,除电子工业部的极个别领导外,担任从上到下其他各级社会角色的大都是陆震天的家族及门生故吏。打江山的第一代人、85岁的陆震天居于这个家族世界的金字塔顶端,始终掌控着总方向;他的身居副部长高位的大儿子陆承志、身居一家国企领导人之位的二儿子陆承业、身居电子信息部组织计划司副司长之位的女婿史天雄构成了家族的第二代核心;居于外围的是分散于各地要害部门的陆震天的门生故吏。这是要写一个家族的故事吗?若如此倒简单了,可惜不是。作者要在这里呈现的是一种当下社会格局,要表达一种对20世纪末现实社会结构整体的认知,以突出由国家权力主导的社会变革的合理性。可是我们发现,不管是出于对党和国家事业负责的动机,还是其他一些目的,几乎里面所有的人际关系运作都被封闭在这个家族内部。如陆承业所掌控的红太阳电子集团公司面临的危机需要有人来帮助撑过难关时,他所唯一考虑的人选便是妻弟史天雄;甚至以资本掌控者身份出现的、扮演固有权力结构主要挑战者的陆承伟,也是这个家族的逆子。因而异常宏大的改革事业差不多变成了一个家族及相关的门生故吏组成的利益集团内部结构自我调整的事情,这种自我调整过程基本剥夺了外部异己力量直接表达自己诉求和决定结构重塑的可能性。其实,国家社会变革是一个全民族集体参与的事业,它需要的是打破包括家族在内的种种既得利益集团的束缚,不拘一格地接纳各种人才。把国家民族共同参与的事业封闭为一个家族集团内部的自我调整,在一定程度上是"家天下"思维的延续,是为"家天下"的合法性制造依据。此外,作者一方面强调建立现代企业制度,另一方面在情节安排上又让这种现代企业制度的建立最终不是依靠市场,而是依靠权力的安排解决的。小说中主人公史天雄在"都得利"公司遇到贷款问题是靠市长的权力来解决的;小说最后由组织出面安排有了创业经验的史天雄出来做新合并的超大国企的负责人,更是一种按照官场逻辑进行解决的办法。以副部长身份出现的大哥让史天雄出山时说道:"这艘大船能不能做环球航行,能不能和任何大船抗衡,甚至作战,关系重大。很多人都想做这艘船的船长。爸爸向我们推荐了一位船长,部党组也认为他是目前最合适的人选。这个人年富力强,对我们的事业忠心耿耿,有思想、有眼光、有在政府机关工作的经验,又有在市场经济第一线的丰富的实践经验,堪称德才兼备。"这番话对权力思维的痕迹毫不避讳。这种安排方式尽管看似照顾了各方面的利益诉求,比如执政党的利益诉求、家族的利益诉求、具体政府管理部门的利益诉求,但也让人难掩深深的疑惑:这其中有多少能充分满足社会体制现代性的进一步要求呢?

总之,柳建伟这部《英雄时代》在很多地方都落入了改革开放前"社会主义现实主义"创作窠臼。这不是说作者和前者相比全无创新,作者也尽可能地增加了一些时代流行元素,如对人物形象复杂性的认知度显然比过去有所深刻,对"性"元素的尺度也有所放宽等。但无论如何,这些主要是基于招徕消费者的商业策略,和对现实生活做尽可能真实的、全方位表现的史诗性要求实在相距甚远。作者也并不掩饰自己这种主流意识形态"代言"者的身份,为自己辩护说:"中外文学史上能流传下来的作品,90%都是各国的主旋律作品,传播的是各个国家的主流价值观。"①这种辩护只能是苍白无力的。因为整体文明精神层面的主旋律和某个时期政治政策的主旋律其实是两回事。鲁迅先生在《纪念刘和珍君》一文里曾经说过:"真的猛士,敢于直面惨淡的人生,敢于正视淋漓的鲜血。"从个人的真实生命体验出发,写出这个时代的血和肉,才是我们对现实主义文学创作的最大期盼。

原载《新文学评论》2013 年第 3 期

---

① 柳建伟:《我更愿意是主流作家》,《解放日报》2007 年 9 月 17 日。

走近柳建伟
——著名军旅作家柳建伟优秀作品浅析

钟　诚

《王金栓上校的婚姻》中的主题表现

　　柳建伟的中篇小说《王金栓上校的婚姻》，描写了一位军区上校屡次结婚、离婚的故事，在曲折的故事经历中，主人公王金栓上校由最初头戴光环似的荣耀感在结尾处陷入残酷现实的枷锁，从一个多次改变了别人命运的人转变为需要依靠曾经自己救助过的人。全文按照时间顺序发展故事，以小说惯有的第三人称叙述方式保持客观性，用较为轻松的语调和简洁的文字塑造出了王金栓上校这样一个悲剧性人物。他工作上兢兢业业、无可挑剔，而婚姻上却始终没有找到安定的归宿。

　　从王金栓的三次婚姻进行分析，可以看出他之所以屡次结婚离婚，其出发点并不是真正的爱情，因为生长在农村的他，面对强势欺负弱势的农村现实，在部队又受惯了城里女人或挑剔或世俗或刻薄的种种为难，一直单身为他帮助可怜而有潜质的农村女子逃离土地提供了个契机，也为自己逃离城市找到一种可能。而这种逃离既是他人的逃离，也是王金栓自身的写照，这种逃离随着王金栓转业时间的到来陷入最终的矛盾冲突：部队现代化强军的精兵简政与王金栓个人在婚姻上的慷慨解囊、扶贫济弱最终决裂了。逃离城市没有全面胜利，甚至王金栓本人落了个无家可归的结局，这就能够引申出王金栓其实要逃离的不是城市，因为最后他不愿意回到相比之下更难以生存的农村老家。所以，故事以王金栓的婚姻作为载体和切入口，在作者柳建伟略带夸张和故作轻松的描述中表达了严肃深沉的主题——在现代化强军过程中，农民可以通过部队政策逃离土地，而逃离土地本身到底是好是坏？逃离后的机缘巧合又不得不因人而异，前前后后更是祸福并存、世事难料。

　　那么，在《王金栓上校的婚姻》这部中篇小说中，显而易见主题不会是单纯表现王金栓上校混乱的婚姻，从而来讽刺些什么，而是农民逃离土地这一严肃而经久不衰的主题，早先就在前辈大作家（如陈怀国、阎连科）的作品中对此进行了真实写照和终结拷问，以寻求最接近出路的答案。而柳建伟的《王金栓上校的婚姻》这部作品中没有直面提到逃离土地这样的关键词，但无论是从男主人公个人的出身、奋斗史，还是从多个女主人公的出身、奋斗史，以及促使他们结婚、离婚的原因，都离不开农民逃离土地的主题。而王金栓为什么这么好心，去用没有爱情的婚姻换来别人可能美好的未来，而自己多次的婚姻也没有为自己找到最合适的归宿？驱使王金栓这种行为的动力是什么？从文章来看原因是多方面的，例如农村的父母需要人赡养，城里的女人太不简单，家乡的弱女子遭到恶霸欺负需要他的救助，带着孩子的寡妇忍气吞声默默地对他那么好，等等。这些因素是一种驱使力和束缚，驱使王金栓结婚又离婚，束缚着王金栓逃不出这片土地，讽刺的是，况且这片穷乡僻壤的土地盛产美女。于是，通过作品内容表现好这一深刻主题进而使得读者们进行思考和反省，成为《王金栓上校的婚姻》的文学价值所在。

《王金栓上校的婚姻》以王金栓上校与三个不同农村女性的婚姻作为主要内容，由浅入深地表现了主题思想。有意味的是，文中出现的几次部队机关党委会议记录侧面表现出王金栓婚姻产生出来的舆论效果，为故事发展本身提供了客观人物的态度看法，这些技巧既符合部队事实要求，又更进一步诱发、引导读者靠近主题思想而避免他们对作品内容产生过于夸张、不切实际的想法。

首次婚姻是他和村里的刘玲儿结婚，原因有三：一来是城里女人王金栓折磨不住，而且也嫌弃他毛病多；二来当时他刚好晋升为正连职干部，家属可以随军；三来家中的父母都希望他在故乡结婚，因为他的三个姐姐都远嫁他乡。就这样，先结婚后恋爱，成了很多农村军人所经历的事实。

而婚后三年，王家俩老人都双双带着遗憾去世，因为当时王金栓和刘玲儿还没有孩子，这时候刘玲儿才办了随军手续离开故乡。可是，王金栓和玲儿住到一起后他发现自己身体有了问题，不能让妻子生育，而且他认为与妻子之间并没有爱情，更不能让玲儿过不完整的人生，于是他铁了心离了婚，这就是他们的婚姻经过。王金栓与刘玲儿分开前，他脑海里有这样的想法：

自己硬要与玲儿离婚，到底是不是为了玲儿好，为了让玲儿享受完整的生活？这是大可怀疑的。实际上这么做，完全是为了避免今后和玲儿在一起生活时自己的尴尬……他决定娶一个村姑，与其说是对城市的逃避，倒不如说是一种抗争。

可见，王金栓完全是为了抗争城市的压迫以及顺应父母要求的情况下完成结婚，又因为没有爱情等原因他选择放弃这段婚姻，托人安排刘玲儿回老家县里的皮革厂工作。

于是，在第一次部队机关党委会议记录里有这样的讨论：

……

辛主任：他们是不是父母包办？

梁部长：是王金栓回去自己挑的，从认识到结婚，不足一个月时间。

林副主任：闪电式，这可能是根源，感情基础不牢嘛。

……

梁部长：正是这个女子。结婚四五年，也没生个孩子，问题可能出在这儿。

林副主任：月有阴晴圆缺，家家都有难念的经。夫妻俩结婚多年没个孩子确实也是个问题。

王处长：若真不会生，领养一个也行，这不是理由。

朱副部长：早计划生育了，再说这又是城市，领养一个谈何容易。

辛主任：改变旧观念，是个大工程。要搞改革开放了，思想政治工作更得抓紧，要不然会出大问题的。

林副主任：中原一带，多子多福的影响还是很大的。

梁部长：王金栓又是个独儿子。

……

读者可以从我引用的这些只言片语中看到机关党委会议记录包含着幽默的元素，而且也提示出当时的时间是改革开放前夕。领导们研究王金栓离婚的过程不论是否切中要害，实际上都是围绕着城乡地域文化、思想的差距进行分析讨论。

王金栓的第二次婚姻是在回老家探亲时遇到村上恶霸想强占一名叫春燕的姑娘，因为春燕他爹欠下高利贷无法偿还。上好的闺女怎么能落入恶人之手！王金栓是村里唯一的军官，良知与善行在单身的王金栓身上再次得到体现，而且春燕做得一手好衣服，他就这样娶了春燕，春燕随他进了城。王金栓就把老家的地产给了春燕他爹用来还债。

半年后，春燕的语言、兴趣、审美眼光都越来越靠近都市前沿，她设计的服装越来越性感前卫，夫妻生活也不尽如人意，王金栓顿时觉得他能为春燕做的事情已经完成了，婚姻这个契约似乎也该终止了。

这已经不是一个公平的契约了，如果说这个契约开始于一种不公平，那个时候他王金栓还能以一种高尚一种救苦救难悲天悯人的侠义情感进行补偿，那么现在出现的倾斜，王金栓就只能充任一个可怜的角色，接受春燕从报恩心情生出的怜悯。

于是，他索性上前线打仗逃避现实。八个月后他回家，发现春燕已经有了外遇，离婚不在话下。

接下来两年王金栓苍老了不少,本来已经与老家的王家湾中断了任何联系,但是有天亲戚二伯去世,他回到老家给他老人家下葬。二伯的长孙几年前就因车祸死去,长孙媳妇灵芝带着两个孩子辛苦勤劳地维持着这个家。早在王金栓第二次婚姻前灵芝就在内心爱上了这个男人。事到如今,王金栓没有女人料理的日子过得像小孩子,而灵芝带着两个孩子,未来的日子会越来越辛苦,母子三人在村里受人欺负需要他给予他们光明的未来。在这样的前提下,王金栓再次冒着困难做出决定,跟灵芝结婚。

这里文中已经描述得非常明白,王金栓与灵芝结婚并不是因为他爱灵芝。在文中有以下表述:

两次回家,他都感觉到了灵芝对于他的那份独特的情愫,但他从来没有把这看成男女之间产生的那种可以贴上专卖标签的感情。灵芝在生活上对他无微不至的关怀,他认为这是这个女人生活能力的表现。灵芝对他的尊重,以及表现出的对他有限的理解,王金栓把它归为家法家族观念的力量和灵芝善解人意的天性。这并不妨碍他下定带灵芝母子三人进大城市的决心。

帮助灵芝逃离农村土地的善行在她心里是爱情,她不会以为王金栓这样做的原因是对他们的怜悯。

未到六年,已经四十五岁的正团职干部王金栓感觉到自己走到了军旅生涯尾端,而灵芝母子三人也完成了身份、地位的转变,一个与爱、婚姻全无关系的使命终结了。当王金栓说出真相时,灵芝伤心至极,第三次离婚到来。

具有讽刺和悲剧意味的是,在王金栓那第三次离婚后,二十几岁名叫董小云的陌生女子几次写信给王金栓向他示好。王金栓在去与董小云约会的老家菜市街他看到了因为皮革厂快倒闭的刘玲儿在街上卖蘑菇。而董小云之所以向王金栓靠拢,是得知王金栓以前通过婚姻帮助贫苦女子脱离了农村,她也想和王金栓闪婚一次,得到城市户口后再与跟她一起在城里打工的农村未婚夫结婚。正当王金栓决定帮助董小云时他的转业命令下达了。在他们上街看时装表演时又看到自己的前妻春燕已经成为服装设计师,并且答应给董小云小两口找份好工作。王金栓感到茫然失措、伤心苦恼。

最后,王金栓不得不转业,而老家族谱已将他划去,回老家是不可能的,留在城里必须要有城市户口的老婆。王金栓最后又选择了灵芝收留了他,命运的捉弄使得物是人非,走进家属区大院,已是灵芝母子在前,王金栓低头在后。

由此可见,这辈子用心良苦的王金栓帮助三位女子以及两个孩子走出过农村,而刘玲儿最终还是回到了农村卖蘑菇,春燕有了翻天覆地的变化,带着孩子的灵芝最后反过来收留了无家可归的王金栓。世事难料,人生无常,而农民逃离土地作为军旅文学一个传统的主题也是随着时代的变化发展而非一语定论。

《王金栓上校的婚姻》就是通过军官的婚姻这个空间性、时间性非常巧妙的事件进行整合构思,表达出作者柳建伟当时深刻严肃的现实思考:随着改革开放的深入发展,在部队军官家属随军的政策下,在农民迫切跳出农门的希冀下,在现代化强军新老交替刻不容缓的现实下,王金栓上校的举止行为发于善心而终于未知与痛苦。因为婚姻应该建立在爱情的基础上,仅仅凭借善行短时间可以改变苦难之中人们的命运,但是不可能拥有真正的婚姻和真实的人生幸福。但是面对现实的束缚,王金栓的以上做法也不是不无道理,救人一命胜造七级浮屠,这也是不争的理由。

所以,王金栓的人物形象塑造是非常成功的,他不是没有爱而只顾寻求刺激见异思迁的人,而是坚定施行着自己人生观价值观的人,只是这种人生观价值观不是完全正确的。由此可见,《王金栓上校的婚姻》主题表现是明确的、成功的。农民逃离土地是一种历史必然性,而一味逃离的结果是不可预料的,王金栓的悲剧结局就是最好的例证,同时也带给读者足够深远的思考。这就是《王金栓上校的婚姻》这部中篇小说深刻的文学性之所在。

《天凉好个秋》的陌生化效果

柳建伟的中篇小说《天凉好个秋》,描写了抗日战争时期家乡涅阳县城的真实故事。小说以主人公闻兰的回忆为线索,按第三人称叙述视角,以灰色朦胧的语调和意境成功塑造了闻兰和彭秀清两位民间抗日战士的形象。小说情节周折穿插、跌宕起伏,丰富的故事建立在语言陌生化的基础上,使得这部作品拥有相当的审美价值。

借用军旅文学评论大家朱向前老师的观点,80年代莫言的《红高粱》真正打响了军旅文学"历史战争"战线的第一枪,开辟了人民群众内部抗日的故事题材。那么,作者柳建伟的《天凉好个秋》应该也是属于这个"历史战争"题材的,虽然文中多次提及共产党地下工作者的牺牲以及闻兰在丈夫的引导下加入了共产党,但是这部小说的主要内容并不是描写正面战场的,也不是描写共产党地下工作的,而是描写当地农村人民群众抗日以及他们之间爱恨情仇的故事。其中关于女主人公闻兰和男主人公彭秀清的描写,特别是在融情于景、心理、动作上的描写都注入了陌生化效果,成为《天凉好个秋》上乘的文学审美价值之所在。

闻兰十岁就嫁给了年长他十四岁的丈夫石芸生,闻兰不识字,而石芸生读过大学,是当地共产党地下工作领导者。她在与石芸生六年的婚姻生活中受到丈夫博学多闻的熏陶和抗战救国、创造新世界思想的影响,她不仅敬佩石芸生,而且用万般恩爱回报他,在石芸生因为革命工作撤离家乡前闻兰又有了身孕,她最终听了丈夫的话留了下来。《天凉好个秋》这样写道:

闻兰不觉得冷,身心都被烈火焚烧着,热汗湿透了她的衣裳,那烈火却不减弱。很久都没有经验过这种排山倒海一样的骚动了。六年了,他真的知足。芸生赐予她明亮的眼睛,芸生引导她走向一条明晃晃的光明之路。她沿着这条宽广的路,用那双如同再造的眼睛看到了一个光明的、平等的、富足的世界。当然她也忘不了那一个个忽生忽死、如醉如狂、神魂颠倒、昏昏欲睡、飘飘欲仙的瞬间,还有那磨砺她十六岁神经,把她由姑娘变成媳妇的创痛。

这段精练传神的语言描述了石芸生离开后闻兰的感受,她对六年的婚姻生活感到满足,丈夫的引导和帮助使她对未来新生活、新世界充满信心,而这些年来帮助过共产党地下工作者的经历使她难忘,对死亡、幸存、喜怒哀乐都算是见惯不惊,况且她已经有了个孩子,所以闻兰有理由坚定信念并执着地等着丈夫回来。

故事在这里有了戏剧性发展,为闻兰和石芸生的矛盾冲突埋下伏笔。石芸生领导的小组刚刚撤离涅阳,剿共就在涅阳展开,而其中一个曾经被闻兰救治过的地下工作者告了密,涅阳其余的20几个共产党员被残忍杀害。这里之所以具有戏剧性,是因为告密者出于良心底线的影响没有出卖闻兰夫妇,而当时身在他乡的石芸生听说涅阳的同行们遭到毁灭性打击以为闻兰也难以幸免,出于革命工作需要,石芸生不久后又结婚了。

闻兰却苦苦等着丈夫回来。有次她在一个汉子的帮助下才从土匪窝出来,并且土匪头子答应她往后有求必应。那汉子就是彭秀清,后来不当土匪了。他在涅阳县城被恶霸们陷害后闻兰出于感恩救了他,并让他到闻庄自家地里去当了长工。彭秀清去后自然干活卖力、妥帖,文中有这样一段隐晦的表述:

那汉子住在耳房,没事常到老槐树下坐,一坐半天。像是有满腹的心事,又像是在期待一个永远无法得到的东西。好像他也知道,仍很专心、很虔诚,像入了定,任凭滔滔的赵河水打着漩儿,劈开这座土岗,志得意满地加快脚步向那东南方泻去,他也浑然不觉。

这里汉子心中期待着的是一个看似永远无法得到的东西,这个东西首先就是惦记着闻兰母子。这段语言还运用了象征、拟人、对比的修辞手法,将波涛汹涌的赵河与平静的汉子作对比,而外在平静的汉子内心犹如赵河藏着忐忑,汉子惦记着闻兰母子说明他有爱。

一九四四年石芸生仓皇逃回家乡,发现妻子和孩子居然还活着,他瞒着又结婚的真相在涅阳家中住了几日后又投身到前线部队中去了。在当时那种历史时期也许石芸生并没有错,但是他内心的愧疚以及对闻兰母子幸免的怀疑,使得他面对闻兰时保持着一种距离感和防范,即便如此,闻兰还是顺着石芸生的脾气和决定,但这一切彭秀清看在眼里怒在胸中。石芸生第二次离开前出于生死难测的考虑,对彭秀清说了把闻兰和孩子托付给他的话。

石芸生走后生死未卜,彭秀清和闻兰母子的相处使得彭秀清产生那种自然而然的想法:

他感到零星的火苗在心中慢慢燃起来。他感到小腿肚子转筋。他知道人生太过于短暂。他知道世上有许多美好的东西逝去了不会再来。他听到了天际尽头隐隐轰鸣着的雷声。他看见了对岸一片柔和的橘黄色的火光。他梦见自己飘上了五彩缤纷的天国。他想看看地狱门口暗绿色的鬼火到底是个什么东西。

这段如梦如幻的语言表达了汉子彭秀清内心的复杂情绪,他的确爱着闻兰母子,假如石芸生真死了,他更不希望自己没有履行托付而留下遗憾。但是当他向闻兰展开行动时却遭到她的拒绝,在当时闻兰还是没有接受彭秀清。

闻兰与彭秀清之间拥有的更多是战斗关系,彭秀清杀了告密者,组建了民兵队伍,闻兰进山劝说土匪头子抗日。在经过艰苦卓绝的斗争后,一九四五年九月日本投降了,但石芸生没有回来。彭秀清和闻兰被汉奸出卖,在敌人到来前彭秀清把闻兰母子藏到青石磨下,自己惨烈牺牲了。对脑浆满地的彭秀清,有这样几句景物描写:

深远而浩茫的秋夜,没有丁点星光。热风叫那崩裂的脑浆黏滞住了,变成了很稠的液体,在空泛的夜空里来回流动。没有雾,或是有雾,已叫液体的热风撑到天际的尽头。没有生灵的聒噪,早已在肃杀的热风里窒息。莽莽的树林静静地伫立着,默不作语。

彭秀清惨烈而孤独地死去,他的死是庄严肃穆的,可以说是为爱情的大义赴死。而闻兰多年来为了丈夫回来而坚守着的妇道却成为日后的上天的嘲讽。在一九五三年闻兰才得知石芸生没有死,他在四三年就又结婚了,四四年冬天离开涅阳后就没打算再回来找自己。后来闻兰父亲去世,自己唯一的儿子为了受到教育也跟随了父亲。

作品结尾照应开头,回到现实当中,年老而依旧形单影只的闻兰看着报纸上石芸生逝世的遗照,心里有说不出的酸楚,回忆里又是恨又是悲伤,眼下又有何用。正如作品最后一句话:"闻兰不过是一个早年参加过革命的干巴老太太。"

可见,《天凉好个秋》的作品内容扎根于真实的农村,以抗日战争为背景,表现了那个战火纷飞、妻离子散年代里凄楚的革命故事。小说凭借语言的陌生化效果赋予故事内容艺术审美价值,读者在阅读之中可以体味到历史、民俗的浓烈气息。作者柳建伟为"历史战争"题材的军旅文学作品又增添了一抹亮丽的云彩。

《九哥是一片风景》中的典型人物塑造

中篇小说《九哥是一片风景》,是柳建伟描绘农村乡土生活的一篇作品。柳建伟的小说中,作者为了突出主题思想和人物塑造,往往会集中诸多典型的故事内容,特别是在深入认识现实、熟悉农村生活的作者心里,典型事例的递进性安排为作品完成主旨提供了很大的支撑,这也是柳建伟作品的一大特色。在小说《九哥是一片风景》中,对典型人物九哥形象的成功塑造,成为该篇作品文学价值的亮点。

除开题目和结尾,阅读这篇小说的过程,有种让人读余华的小说《活着》、《许三观卖血记》的感受。农民身份的主人公在面对生计、娶妻生子等必要事件时表现出来的本质特点和乡土情结,农村社会由旧转新迈向改革开放中出现的良莠不齐等现象,总是给社会来带许多思考与反省,并且希望能带着这些问题的解决方法返回到治根治本中去。

作者柳建伟无疑是位呕心沥血于现实题材的著名作家,尤其是他关于农村题材的小说,明显地将人生经验与现实思考包含在作品中。例如《九哥是一片风景》这篇小说,从评论的角度讲,即履行着"文学复原世界之躯"的使命,而且又从文本角度塑造出典型人物的艺术形象。而文学经验作为作者自身经验对读者的传达或者说是读者对作者经验的自觉感知,都是需要读者在阅读接受的过程中去体会和完成的。无论是从读者反映批评角度还是从接受美学角度讲,此过程都可以看作文学作品某种价值的存在和传播,对于不太熟悉农村生活的读者来说更是如此。所以,下面还是立足文本,就《九哥是一片风景》中的典型人物塑造分析解读一二。

九哥的形象开篇定性,因为他的父亲高富仁是村上多年的老支书,主宰寨子几千号人的生活。作为家中独子,九哥面对包办婚姻坚决反对的态度划定了他的人物性格——九哥虽是生活在父权下,但是绝不屈服于旧社会那套宗法制度,他立志要追求自己的心上人,他是个有志气的明白人。

于是,当主人公为了某目标开始行动时,故事中一系列的困难就降临了。首先是九哥父亲在他儿子娶媳妇之前就暴死,九哥心上人——同村的秀秀此时也出嫁远方,他没有去挽留,作威作福的父亲刚去世,九哥家遭了一场报复性的大火,家产毁尽,母亲也自杀追随亡夫去了,九哥只剩下一亩三分四厘责任田,而他当时还发誓要娶到超过秀秀的女人。

九哥在二十八岁那年,用全部准备修房子的家当六千多元在农村人贩子二哥家买了个媳妇——金莲。九哥攒钱娶媳妇这个事例说明了旧农村人的生活现象,在交通闭塞、物质贫乏的偏远农村,娶上个不错的媳妇是件极其重要的事情,在那里男人们的理想就是结婚娶妻生子。在敢于对包办婚姻说不的九哥身上,存在这样在当时不可能挣脱的世俗观点也是无可厚非的。九哥当年反对包办婚姻的原因不是对社会主义民主制度有深刻的认识,而仅仅是因为相亲时那个女子不符合农村人的审美——首先是结实、健康,其次才是美丽;同时也是因为天性中不屈服于命运的这一优点。但是不到一个月,金莲拿着几百元卖菜的钱跑了,村民们都为九哥鸣不平时,九哥想的是金莲之所以离开是因为他还是太穷。

九哥默默接受了金莲离开的事实就如当年接受家破人亡的事实一样,九哥按捺着一股劲,就是要证明自己能娶到满意的媳妇。而要致富就要有头脑和远见。接下来在作品中九哥自己承包了土地修建砖窑,好不容易挣了钱,在二哥的驱使下又花了两千元和几万块砖换取了第二个媳妇——珍珍。没想到珍珍却是被二哥骗到当地的,死活要寻路回家去,九哥的善良和朴实在珍珍这个人身上体现得淋漓尽致。作者在塑造九哥善良朴实的形象时,使用了对比手法,即通过村上另外一个男人——长生的故事来进行对比。同样都是娶妻,九哥为了珍珍能回家瞒着村上的人将她送走,自己甘心吃了哑巴亏;长生娶妻后有了孩子就经常打女人,打跑两个女人,但是由于亲儿子在村上,女人又不得不回来。长生与九哥的对比是鲜明的,九哥朴实善良、吃苦耐劳,长生好吃懒做、虚度光阴,但是九哥没女人,长生还能在女人中选择。可见,对比之后无疑形成了悖论和反讽。

但是好心总会有好报,作者给了读者一丝喘息的希望——珍珍想通了,愿意回来跟九哥过日子。九哥和珍珍短暂的幸福就是灾难的前兆。从这些情节设置可以看到作者柳建伟有意为主人公安排的一系列典型事例是接踵而至的,是清晰而递进的,读者在阅读过程中虽然会怀疑世界上真有这么倒霉的九哥吗,但是从典型性形象的塑造出发,为了集中素材,就不难理解了。

一场大雨导致洪水冲垮砖窑,外出的九哥回来后面对为了抢救砖窑已奄奄一息的珍珍以及本要顺产而被淹死的儿子,九哥意志垮了。如不是珍珍临死时的请求,九哥就寻死了。

原本贩人口的二哥在珍珍死前就被绳之以法了,村上未出嫁的女人更金贵了,此时四十来岁的九哥中年丧妻,在好长一段时间内精神不振。但是九哥却坚持着忠诚、正直的品行。对亡妻珍珍的缅怀促使着九哥好好活下去,面对村上破鞋的诱惑,他没有失去灵魂的自控,而是巧妙而光明地拒绝,让村上的人佩服之余更加热心于帮助他找到个合适的女人。

接下来作品中的九哥又经历了一次磨难:在村上好心人白三嫂的做媒下九哥娶了个自称逃荒而来的女人,二十多天后,女人骗了九哥家里卖牛的钱跑了,而且九哥被她染上了脏病。

善良轻信他人的九哥吃了这么多亏,但是他没有垮掉,他养好病就外出打工。在旧农村经历改革开放的潮流时期,许许多多农民进城打工,九哥成为他们的缩影。在广州打了一年工,攒了一万五千元的九哥风光地回来了。此时他的作风和形象在村上已经达到令人不得不尊敬佩服的地步,人们为这样一个打不垮累不死的九哥感染了,纷纷出门学手艺,为进入小康生活努力拼搏。

九哥本打算用来修砖窑修房的钱却再一次搭给了一个叫桂林的女人。由于桂林要卖身救母,村上人都认为只有九哥能救他,而且又能娶到个年轻的女人。九哥为了救人,去医院看了桂林的母亲后就把一万块交给了桂林。新婚第二天警察却因为非法同居罪名带走了桂林。不懂法的九哥没敢多问,他到了县公安局询问后才发现自己被一个有计划的诈骗团伙陷害了。村上的人都觉得对不起九哥,九哥不信命,自己去县城找人,却被打断了腿。九哥躺在床上有些后悔去县城找人,因为他想起了珍珍的话,答应她一定要好好活下去,虽然自己断了腿,以后还是要开砖窑,娶个好女人。

作品在这里对九哥悲剧形象的全部要义进行了间接性总结:

我们都听得鼻尖发酸,心里说:九哥,农民该受的罪你都受过了,你没有垮掉,用不着再说这些话撑面子了。其实,在我们心里,已经把九哥看成一个废人了。四十岁了,又断了腿,真该认命了。日子早就好过多了,高富仁做过的不仁不义事,我们早遗忘了,就是九哥什么活也干不动,高王寨肯定有他一碗饭吃,这话用不着对九哥说。

最后,作品的结尾符合主题思想,而不是悲剧性结局,九哥他站了起来,投入到兴修水利的工程中,再次征服了故事内外的人。

上述引言表达了作者通过村民的心理描写,道出九哥自他父亲死后在村上多年吃亏受罪的事实,村民们都心酸心痛。村民的心酸心痛就是九哥形象的成功塑造。九哥的父亲高富仁,村民当年是忌恨的,但是九哥失去双亲后自食其力,为了娶到媳妇的努力打动了所有人。由此旧农民身上的传统元素和新农民身上的现代元素在九哥身上发生了化学反应,因为从语义学上来说,娶媳妇是一个大目的,是确定的所指,甚至可以说是旧农村延续下来的固有风俗;而娶媳妇过程中却遭遇了种种不幸,主人公九哥在种种困难面前总是事与愿违的经历就是漂浮的能指,为了使能指无限靠近所指,就出现了九哥对命运的不断抗争。

于是,在九哥身上就集中了事例的典型性——旧农村到新农村、旧观念到新观念的发展过程,通过九哥娶媳妇这一条线索,结合责任田、土地承包、进城打工、自修水利等等农村发展过程中的典型事例,正视了部分旧农村人口贩卖、骗子猖獗的事实。作者在九哥身上集中表现了农民朴实、善良、不屈、忠诚、勤劳等优点,又通过其余次要人物表现了部分农民封建、懒惰、损人利己的不良素质。作者在完成人物典型形象塑造的同时也就完成了相应的农村发展过程的描摹,提出了现实问题,有助于社会的重视、反省、改良,从而真正达到作品文学价值的构建与传达。

所以,《九哥是一片风景》的确是一篇优秀的乡土中篇小说。

原载《剑南文学》2014 年第 2 期

编剧柳建伟畅谈《惊涛骇浪》

李勇智

正当八一电影制片厂的《惊涛骇浪》拍摄之际，笔者在成都访问了这部电影的编剧、青年军旅作家柳建伟。

谈及写作这部作品的初衷，柳建伟感慨很多。他说，反映'98抗洪的作品有很多，有的纪录片也拍得很不错，为什么还要搞这么个剧本呢？这要追溯到1998年抗洪，那时，他就有写一部反映抗洪历史故事片的冲动，后来看到有些纪录片、电视剧，这种冲动就更加强烈。他觉得，'98抗洪不是一两部或三四部作品能反映得了的，它完全可以成为一个母体，成为多部优秀作品的源泉。由于后来忙于其他事情，这种愿望就一直被搁置。直到前年9月，八一电影制片厂找他谈到拍故事片的事，又牵动了他这份情思。他一股脑讲出了自己心目中的'98抗洪，并很快拿出了7000多字的故事大纲，这个想法很快得到了八一厂的肯定。

剧本定名为《惊涛骇浪》有两层含义。柳建伟说，把我们在党的领导下战胜大自然的惊涛骇浪，放在弘扬民族品质的高度来展示，始终对我们民族的未来抱着忧患意识，这是每一位有良知的作家的崇高责任。如果说，写'98抗洪的现实意义，这恐怕是最重要的一点。这是第一层含义。"惊涛骇浪"的第二层含义是指当时中国社会刚刚开始政府机构改革和国有大中型企业扭亏，国企改革力度加大，下岗工人增多，亚洲金融危机对我国经济也产生了极大影响……我们在政治上同样面临着巨大的"惊涛骇浪"。柳建伟说，这样一来，这个抗洪的题材无论从艺术上，还是从思想上，都能达到一定的高度。这是他对'98抗洪理性的把握。

当然，'98抗洪更深层的意义还在于它给了我们战胜困难、取得胜利的信心和勇气。因为在中华民族复兴的伟大进程中，我们的路还很长，我们还会遇到很多这样那样的"惊涛骇浪"，有的度过了，有的还在度过中，而'98抗洪能给我们提供战胜这些困难的参照。这是我们获得的一笔无形财产。正像江泽民同志归纳的"24字"抗洪精神，它凝聚了我们'98抗洪全部精神的精髓。

柳建伟说，故事片是讲故事的，要靠故事情节和细节去打动观众。在这部作品里他以当时涌现出的英雄人物为原型，塑造了3个家庭、4组人物群像，仅有名有姓的人物就有40多人。有以李向群为原型的战士,有"红军团"的团长,有集团军的军长。主人公是"红军团"的团长和他的妻子——水利工程师韩梅。他们一直两地分居,韩梅30多岁了仍没孩子,他们的感情存在着一定的危机。团长再有一个月就要到国防大学去读书,突如其来的洪水使他们的感情经受了前所未有的洗礼,共同的抗洪斗争也使他们的爱情变得坚固。为消除丈夫去读书后留下的寂寞,韩梅想要一个孩子,可紧张的抗洪战斗,没给他们这样的机会。作品采用"平静生活——灾难来临——抗击灾难——更大灾难——治住灾难"的结构,把魏老兵、团长等人的牺牲,作为感情的冲击点,使人们的感情在他们悲壮的生命升华中得到升华。柳建伟说,这些人物在洪水到来前都在思考着自己的生活。可洪水到来后,他们有的以自己生命的牺牲使人生得到了升华;有的在这个过程中以他们悲欢离合的经历对自己的灵魂进行了洗礼,他们的灵魂更加纯洁了。围绕这些人物在大灾难到来时的不同态度、不同经历,展示了人们在和大自然搏斗中表现出的顽强精神,告诉人们经历了这个过程人们更团结了。作品对我们经济建设中的操之过急现象也有所提及,对我们怎样建设我们的国家有了更理性的思考。

原载《解放军报》2003年2月28日

史天雄:圣子式的英雄
——柳建伟的《英雄时代》人物丛论之一

廖四平

一

何谓"英雄"?不同时代、不同民族的人关于"英雄"的观点不尽相同,如三国时的刘劭认为:"夫草之精秀者为英,兽之特群者为雄,故人之文武茂异,取名于此。是故聪明秀出谓之英,胆力过人谓之雄,此其大体之别名也。若校其分数,则互相须。各以二分,取彼一分,然后乃成……故一人之身兼有英雄,乃能役英与雄。能役英与雄,故能成大业也。"①英格兰历史学家托马斯·卡莱尔认为:"英雄是一种生活在万物的内在领域,生活在真实、神圣和永恒中的人,而这些东西尽管一直存在,大多数生活在世俗和平凡环境中的人却是看不到的。英雄存在于其中,他靠可能的行动或言论到处表明他的态度,到处表明他自身。""根据英雄诞生于其中的那种世界,英雄可以是诗人、先知、帝王、教士,或你愿意称呼的东西……我的任何关于真正的伟人的概念都可以把各种英雄包括在内。"②马克思认为英雄是在社会发展中留下明显个人意志的人物;毛泽东认为历史上的秦皇汉武唐宗宋祖成吉思汗等都不是英雄,而当今的劳动人民才算是英雄……虽然不同时代、不同民族的人关于"英雄"的观点不尽相同,但其核心观点又是基本一致的,即大抵都认为英雄是某一人群中或某一类人群中的杰出人物。

何谓"圣子式的英雄"?弥尔顿在其《失乐园》中描写了一个与撒旦完全对立的英雄人物圣子。在作品中,他是仁慈和理性的化身,具有无限的力量,表现出比尚武好斗、驰骋沙场的古典史诗英雄更为高尚的英雄品质,即"坚忍不拔的性格和英勇壮烈的牺牲"精神。如在得知撒旦前往乐园妄图毁灭人类时,他便

---

① 刘劭:《人物志·英雄》。
② 卡莱尔:《英雄和英雄崇拜——卡莱尔讲演集》,上海三联书店,1988年,第225、126页。

决定用自己的生命拯救人类;撒旦妄图捞取"光荣",他则"身上充溢着慈爱胜过光荣"。

柳建伟的《英雄时代》塑造了各式各类的"英雄"形象。他们之中有宙斯式的"英雄"陆震天,有撒旦式的"英雄"陆承伟,有普罗米修斯式的"英雄"陆承业,有花木兰式的"英雄"金月兰,有桑丘·潘沙式的"英雄"杨世光,有徐九斤式的"英雄"秦思民,有雷锋式的"英雄"毛小妹,有安德洛玛刻式的"英雄"王小丽,有诸葛亮式的"英雄"齐怀仲,有王伦式的"英雄"王传志,有韦小宝式的"英雄"田青廉,有李香君式的"英雄"顾小凤,有太平公主式的"英雄"陆小艺,有佘太君式的"英雄"苏园,有十三妹式的"英雄"梅红雨,有赫卡柏式的"英雄"梅兰,有刘姥姥式的"英雄"李佩芝,有于连式的"英雄"古狼和周小全,有西门庆式的"英雄"钱林,有高衙内式的"英雄"江才荣,有潘金莲式的"英雄"江才媛……①在所有这些"英雄"形象中,作者用笔最多的是圣子式的"英雄"史天雄。

二

史天雄是小说的主人公之一,也是小说中着墨最多的正面人物。总的来看,他具有"高大全"的特点。他是一个理想主义者、一个"圣徒型的人物"②——在他看来,"生命诚可贵,爱情价更高,若为理想故,二者皆可抛",具有崇高的殉道精神。虽然中国已从精神狂欢的时代进入到了物质狂欢的时代,但他仍然固守着自己在精神狂欢的时代形成的理想——共产主义理想。在他看来:"一个理想主义时代终结了,可并非所有的理想主义者都改变了初衷。世界永远都需要理想主义者。"因而,在得知金月兰所主持的"都得利"超市定期发展党员、入党宣誓仪式要升党旗高唱《国际歌》后,他对她说:"形式有时候很重要,可惜我们总是做把孩子和洗澡水一起泼掉的傻事。走你现在这条路的人会越来越多,我不知道有多少人会坚持搞这种入党宣誓仪式。像你这样的私营业主实在太少了……"他本来有非常好的家庭背景、个人经历、家庭、工作单位、发展前景——父母为烈士,养父兼岳父当过政治局委员,有研究生学历,戍过边,为保卫国家领土完整打过仗、负过伤、立过一等功,当过年度十大新闻人物,工作单位为国家电子信息部,四十一岁当副司长,妻子姣好而又门第显赫,儿子身材魁梧、体格健壮、学习优秀,综合各方面条件考虑非常有可能在五十岁以前坐上部

---
① 柳建伟:《英雄时代》,人民文学出版社,2001年,第26页。
② 柳建伟:《英雄时代》,人民文学出版社,2001年,第92、94、108页。

长的宝座……但为了理想——弄清具有中国特色的社会主义市场经济的真正内涵及其具体的发展模式,他舍弃了一切而只身前往远离京城的西平市从事零售业。他到国有大型企业天宇集团任特派员遭到天宇方面的负责人王传志抵制时,为了不让"天宇全面滑坡",毅然弃职。虽然自己苦心经营的"都得利"超市也危机四伏,但为了扭转天宇"走下坡路"的格局,又抱着黄继光堵枪眼、董存瑞炸碉堡的心态毅然到天宇就职。他有很强的忧患意识——担心杜勒斯的预言在中国变成现实。在同金月兰谈到中国共产党的十五大之后经济发展趋势和国家的前途时,他说:"你父亲当过地下党,我父母亲都当过地下党,你我恐怕都不希望杜勒斯的预言在中国变成现实吧?"[①]认为"中国不缺乏忠诚而称职的官员,最缺乏的是忠于政权的各种企业家。十五大后,私营经济会进入一个大发展时期。这一领域,需要一大批政治上可靠的人"。对娱乐场所人满为患、小学生的思想品德所存在的问题等忧心忡忡。他有崇高的精神境界,始终把祖国和人民的利益看得高于一切,鄙视巧取豪夺国有资产的行为。虽然陆承伟既是自己的异姓兄弟又是自己的内弟,但当陆承伟利用国家政策的不完善之处和社会主义市场经济形成过程中不可避免的缺憾而大肆聚敛钱财时,他大为不满,并当面对之予以谴责。他品行端正,有强烈的自主意识——在"文革"中,毅然拒做造反派,同时也不盲从造反派,不参与打砸抢。虽然陆府对他情深爱重,但他并不因此而委屈自己、放弃自己的精神追求和独立人格,并毅然决然地与虽名为妻子但实际上与自己并无精神相通之处和真正的夫妻之爱的陆府千金陆小艺离婚,与一个既无政治背景又无煊赫家世更无强大经济实力但与自己情投意合心心相印的私营企业主金月兰结婚。他意志坚强,百折不挠——虽然他主持经营的"都得利"超市外有六大国有商场与陆承伟合力制造的巨大麻烦,内有"奸细"的出卖、员工的误解甚至自己的红颜知己的猜疑,但他毫不气馁,也毫不畏惧……通过对史天雄这些方面的描写,小说揭示了社会转型期的一代真正共产党人的精神世界,形象地告诉人们:在市场经济的大潮中,仍然不乏具有崇高理想和坚贞操守的"圣徒型的人物",共产党人仍然是时代和社会的中流砥柱,是社会主义这一"英雄时代"真正的"英雄人物"。

但史天雄也是一个普通的人,而且从某种程度上来说,作为一个普通人的史天雄对作为一个"圣徒型的人物"和"英雄人物"的史天雄的形成起着非常重要的作用。他虽有一个"圣徒型的人物"的思想境界,但也有一个普通人的喜怒哀乐——为妻子只关注他的前途而不关心当下的寒冷而愤怒,为妻子只顾自己说话尽兴却忽略他的感受而悲哀,因妻子带有侮辱性地约见金月兰而大发雷

[①] 柳建伟:《英雄时代》,人民文学出版社,2001年,第114、311、573、346页。

霆,为金月兰对他因照顾梅兰母女有想法而顾虑重重,怒斥在职工大会上无理取闹的李佩之,愤怒地痛打和斥责企图引诱他堕落的陆承伟,对陆承伟通过与天宇合作套取国有资产义愤填膺,对陆承伟移花接木地窃取"都得利"的董事长位置愤怒不已,看到陆承伟因精神危机而语无伦次、痛苦不堪时十分着急,对发生立地成佛式的转变后的陆承伟牵肠挂肚……他虽有一个"英雄人物"的高尚情怀,但也有一个普通人的七情六欲、一个普通人的生活烦恼——他在青少年时代对袁慧一见倾心,后又两情相悦,但最终有情人并未成眷属。异姓妹妹陆小艺先引诱后耍横,加上养父母的直接干预,他最后被迫接受了被强加的爱。无意间巧遇红颜知己,但因自己身已属他人而只得忍情割爱。出于道义、责任和良心,他对妻子的红杏出墙恬退隐忍,但最终还是未能换取妻子的珍惜:妻动辄对自己教训、支使、施压,连儿子都对此反感。当他从西平市回京与妻子办离婚手续时,儿子就直言道:"妈有一种支配男人的爱好,优秀的男人,都不愿意受女人的支配。"①可他又不得不与之同锅吃饭、同床睡觉……作为一个受过高层次教育有独立的思想品格和人格尊严的人,他不能不因此而苦恼。他辞职离开京城前往西平市经营"都得利"超市,虽然确有对自己生活现状的不满足和对崇高理想的追求,但在很大程度上可以说是为了摆脱缠绕自己并给自己带来心灵痛苦的妻子。在妻子对自己去红太阳的决定指手画脚喋喋不休时,"他脑子里突然闪出了这样一个念头:我真的没法离开这个家吗……"正是具有这些普通人的思想情感和行为追求,作为一个"圣徒型的人物"和"英雄人物"的史天雄才虽然具有较为明显的神话色彩和宗教色彩,但也能让人感到他也是一个活生生令人感到真实可信的人。

三

虽然作者在作品中努力把史天雄塑造成一个"高大全"的正面人物形象,但史天雄与其说是一个人物形象,倒不如说是一个组织或一种观念的体现或化身,即与其说是一个真正的共产党人形象,倒不如说是一个共产党或共产主义观念的化身——有崇高的理想、远大的目标、全局观念、忧患意识,克己奉公,关心社会的发展,关注社会的物质文明建设和精神文明建设,时时刻刻为他人着想……这些都是共产党或共产主义观念的具体表现,也就是说,他的所思所想所作所为实际上是共产党或共产主义观念的具体化或现实化,他自己则与共产

---

① 柳建伟:《英雄时代》,人民文学出版社,2001年,第54页。

党或共产主义观念合二为一。也就是说,在作品中,给人的感觉是"他就是共产党或共产党就是他";或者说,人们在读到这个人物时便想到共产党,在想到共产党时又会想起这一个人物。

由于他主要体现了一个组织或一种观念,因而,作为一个人,他是只有思想观念而没有肉体骨骼的;作为一个人物形象,他虽然面目清晰,但又只是一个面目清晰的幻象而已。也就是说,无论是作为人或人物形象,"史天雄"都是"虚假"的。

其一,他具有崇高的理想,但他的理想带有很大的空想成分,他的理想很难在现实中得到实现。比如,他看重形式,赞赏入党宣誓仪式上的升党旗唱《国际歌》,但他也知道:"这种仪式很多地方都不搞了,包括我们部里。"①他坚守理想,但也看到了如果国家利益需要他再次带着青年们在"奶头山"打阻击战时,青年们未必会俯首听命。他身居闹市一尘不染,但又形单影只孤家寡人。陆承伟曾明确地指出:"中共有六千万党员,像你这样圣徒级的,已经不多了。""都得利"是一个仅有92名员工的小超市,他却想把它发展成中国的"沃尔马"——在世界500强中名列前茅的大型连锁超市,要在世界各地都有它的连锁店。他试图代表共产党占领私营经济的主要阵地,但刚夺取一块阵地就被陆承伟据为己有。他义正词严地斥责陆承伟把陆川实业卖给天宇集团,但陆承伟稍动唇舌就把他驳得哑口无言。他敢于直面敌手,但无论和谁对敌都是大败而走——对养父陆震天,除了解释便是服从;对养母苏园,除了服从便是沉默;对妻子陆小艺,先是苟且顺从,然后是委曲求全,最后是落荒而逃;对内弟陆承伟,虽然看在眼里恨在心里,但始终束手无策;对妻堂兄陆承业,虽然看在眼里急在心里,但对他的拒斥无能为力;对天宇总裁王传志,除了躲避便是静观;对妻兄陆承志和自己的最高上司陈东阳,他连自己的独立意志都不能保住;甚至对李佩芝这一员工也只能听之任之……他是一个理想的巨人、行动的侏儒。

其二,他有很强的忧患意识,但他的忧患意识改变不了现实,该发生的照样发生——陆承业所主持的红太阳照样走向绝境;国有企业照样亏损,而且还愈演愈烈,"八年前我刚来时,企业亏损面积只有百分之十五点三,今年三季度亏损面积高达百分之三十五点八了"②;世风照样日下,在深夜里大街两旁"美容美发店、盲人按摩店、酒吧和茶房开着门。摇滚乐声、洗麻将声、发廊妹和按摩女的拉客声,填满了夜的空寂";小学生"用稚嫩悠扬的童声一起吟唱着:'一年级的小偷,二年级的贼,三年级的美女没人追,四年级的色狼一大堆,五年级的情

---

① 柳建伟:《英雄时代》,人民文学出版社,2001年,第92、107、123页。
② 柳建伟:《英雄时代》,人民文学出版社,2001年,第41、311、573页。

书满天飞,六年级的鸳鸯成双对……'";王传志还是变成了一个褚时健,陆承伟还是迫使梅红雨束手就范。

其三,他品行端正,有强烈的自主意识,但其周围的人要么是左道旁门而又无所不用其极之徒,如陆承伟;要么是连贞操都不保的人,如陆小艺;要么是随声附和者,如陆承志、杨世光、金月兰等;要么是权力意志的体现者,如陆震天、陈东阳、燕平凉等。因此,他若要在他那种生活环境下有所作为甚至是生存,他的那种"品行端正"和"强烈的自主意识"是根本不可能存在或长期存在的——他的结局要么是为其环境所同化,改变品行,去掉自己的自主意识;要么是脱离其生活环境。而他的共产党员的身份和共产党人的使命感又不允许他随意脱离生活环境,如他要辞职,组织上就可以不准许他辞职;他因自己的"都得利"事业未竟而不愿就任天宇集团总裁,但最后还是不得不接受组织的安排;再说,他如果要有所作为,也根本不能脱离其生活环境,如他要扩大"都得利"的经营就得要有足够的资金、就得贷款,而如果没有市长燕平凉,他跑贷款即使把腿跑断求人把舌头说掉也是无济于事的。而一旦无法有所作为时,他的"品行端正"和"强烈的自主意识"也就无从保全了。

其四,他意志坚强,百折不挠,但又底气不足,并且往往在关键的时刻屈从环境。他清醒地意识到个人的力量的渺小,所以在贷款不顺时便去找燕平凉;知道仅凭个人的力量是无法治理锦江的;当"都得利"情报被盗后,他本指望公安局能查个水落石出,但当燕平凉决定不再查时他也只好讨个说法自我安慰一下而已;尽管知道陆承伟把陆川实业卖给天宇集团肯定有问题而试图阻止,但当意识到自己力所不及时只好听任自流;尽管宁愿"都得利"破产也不愿意接受陆承伟参股,但最后不仅自己接受了陆承伟就任"都得利"董事长的现实,而且还劝自己的追随者接受这一现实。

其五,他的理想在现实存在的可能性很小。现实生活中辞职"下海"的高官基本没有,即使有,也不会是或可能不会是出于为探索巩固共产党政权的新途径而"下海"的;即使确有实例,也是微乎其微,决不具有普遍性。相反,更多的高官则是贪污腐化、损公肥私,挖空心思地挖共产党的墙脚,如胡长清、褚时健以及作品中的江才媛的几任前夫等之流;即使"下海",也只是为了满足对财富的贪欲。

其六,其形象"高大全"特征的合理性不强。如果说,陆承伟的"高大全"是一种颠倒的"高大全",那么可以说,史天雄的"高大全"是一种虚假的"高大全"——尽管他父母是革命家,养父兼岳父也是革命家,也就是说,他先天具有革命家的"遗传基因",后天又受到革命家的熏陶,加上还有军旅和行政两种革命生活的陶冶,因而,其"高大全"特征的形成似乎既有前定性又有现实的合理性,但实则不然:首先,他在五岁多时几乎眼睁睁地看着父母自杀身亡,从他早慧的心灵和父母自杀之前的言谈举止来看,他肯定知道父母是为社会所逼死的,因而,他从小在心灵上产生的对社会的情感不可能是爱而只可能是恨。其次,他在父母死后寄居陆震天家,从养母苏园的自私和修养来看,他不可能不有意无意地受到冷落甚或歧视,因而,无论陆震天对他怎样无微不至,他都会有寄人篱下之感,而寄人篱下之感对其心性的健康肯定是大有负面影响的。再次,从他与陆小艺的婚姻来看,他的情感世界是残缺不全的。最后,从他转业到电子信息部后所经历的日下世风来看,他无法一尘不染;否则,他一天也混不下去……由此可见,其性格的形成看似既有前定性又有现实的合理性,但实际上是没有坚实的现实基础的。因此,在作品中,他虽然满嘴豪言壮语,满腔革命热情,满身神圣光彩……总之,形象"高大全",但"高大全"的特征实际上又并非完全是基于其思想感情和生活经历所形成的,而是作者基于一种理性化的期盼和对当下中国严峻的社会现实及充满危机的经济运行态势的焦灼而人为地赋予的。

不过,"史天雄"尽管是"虚假"的,但又是真实的——其思想观念、豪言壮语、大胆行为等实际上是共产党的宏伟理想、远大目标和作为一个组织的集体行为的真实显现。因此,这个形象又是具有深远意义和巨大价值的——它将成为后世人们正确认识历史的一份不可多得的材料。

四

在中国当代文学史上,"英雄"辈出。他们之中,既有正面"英雄",又有反面"英雄",还有"中间型""英雄"。正面"英雄"大致有两类:一类是具有"对敌人及一切落后现象决不妥协"、"对人民无限忠诚"[①]等优秀品质的,"他们在革命的斗争中、保卫世界和平的斗争中、国家建设的各条战线上奋斗着,发挥着共产主义高度的忘我精神、自我牺牲的革命英雄主义和爱国主义精神,同时也发挥着我国劳动人民勤劳坚韧的传统精神。在他们身上萃聚着工人阶级和劳动人民的创造智慧和一切新的、在生长着的崇高品质"[②]。如《政治委员》中的吴毅,《林海雪原》中的杨子荣、少剑波,《青春之歌》中的林道静,《红日》中的沈振新、梁波,《红旗谱》中的严运涛、严江涛,《红岩》中的江姐、许云峰,《桐柏英雄》中的赵永

---

① 周扬:《为创造更多的优秀的文学艺术作品而奋斗》,《人民文学》1953年第11期。
② 冯雪峰:《英雄和群众及其他》,《文艺报》1953年第24期。

生,《激战无名川》中的郭铁,《创业史》中的梁生宝,《艳阳天》中的萧长春,《金光大道》中的高大泉,《沸腾的群山》中的焦昆,《飞雪迎春》中的宋铁宝,等等,都属于这一类"英雄"。另一类是随着改革开放而出现的社会新兴阶层的优秀分子,多为从工人、农民、干部等原有的共产党所依靠的阶级基础转化发展而来的。他们用诚实、劳动、智慧和才干,努力创造财富,从无产者变成了有产阶级,实现自己的最大价值,同时也带领一大批人走向了富裕。如《天下财富》中的江海洋、《淘金岁月》中的李春林、《新富》中的程东、《人气》中的简业修、《商界》中的陈宇辉,等等,都属于这一类"英雄"。反面"英雄"也大致有两类:一类是社会固有的恶势力的代表,如《红日》中的何莽、张小甫、张灵甫,《青春之歌》中的余永泽,《红旗谱》中的冯兰池,《林海雪原》中的座山雕,《红岩》中的徐鹏飞,《三家巷》中的陈文雄,《上海的早晨》中的徐义德,等等。另一类是随着改革开放而出现的社会新兴阶层的败类,如《哦,我的可可西里》中的王永刚、《御制家谱》中的毕重光,等等。

"中间型""英雄"则类型复杂:有像《红日》中的石东根、《青春之歌》中的王晓燕这样一些身上虽有某些缺点,但却能在斗争的激流中大步前进的"英雄";有像《百合花》中的新媳妇那样一些有着美好精神世界和纯朴可爱性格的"英雄";有像《红旗谱》中的严志和、《创业史》中的梁三老汉、《山乡巨变》中的盛佑亭那样一些受着几千年传统观念束缚、背负着因袭重担,因而前进步履艰辛的"英雄";还有像《李双双小传》中的孙喜旺那样一些在新生活感召下迅速克服落后意识赶上时代潮流的"英雄"……

作为一个"英雄",史天雄显然既不属于反面"英雄",又不属于"中间型""英雄",而是属于正面"英雄"。作为一个正面"英雄",他则属于正面"英雄"中的第二类,即随着改革开放而出现的社会新兴阶层的优秀分子,但又是这类英雄中特定的"这个"——

第一,其身份不同一般。其父母为革命家,养父兼岳父也为革命家,因而,其身份的"胎记"就非同一般;他经历过"文革"但"一尘不染",参过军,为保卫国家领土完整打过仗负过伤并立过一等功,读过大学,当过副司长,因而,其身份形成的过程也非同一般;他身为副司长,但又不是一般的副司长,而是一个有曾当过政治局委员并虽已退休但声音仍然可以传到中南海的养父兼岳父做后台的副司长,是一个在五十岁之前可望坐上部长宝座的副司长,也就是说,是一个"蒸蒸日上"的副司长。一个有如此光明前途的人却自动放弃如此"光明前途"去办一个没有十足"光明前途"的超市,显然,比起一个一般干部的"下海",如《淘金岁月》中的村党支部书记李春林,辞去公职主动回村带领村民淘金致富,其意义和影响要大为不同——它实际上就是共产党一贯提倡的"深入群众",就是干部真正的"调研";它对改变共产党人的工作作风和形象无疑是起到了积极作用的,同时,对共产党干部体制的良性改变也起到了积极作用。

第二,其目的不同一般。他辞职"下海"的目的既不是为了聚敛财富,又不是为了带领一大批人走向富裕,而是为了探索巩固共产党政权的新途径,这就截然不同于绝大多数干部"下海"——他们"下海"的目的客观一点说,就是为了赚钱,拔高一点说,也只是为了带领一批人脱贫致富而已,如李春林等;而且比他们的目的也的确远大得多,有意义得多。如果确实能实践的话,对现政权的巩固、对社会的发展也肯定会有效有价值得多。

第三,其手段不同一般。他本有优越的背景,加上又有高尚的目的,因而,在经营"都得利"超市时,其手段也不同:他一方面通过集资筹资,另一方面又充分利用了自身优越的背景通过贷款筹资,而且在贷款受阻时直接找市长,获取市长的"市长基金"——这种"釜底抽薪"的方式是一般"下海"干部无法做到的,而且,后来在企业遇到麻烦时也采取了这种直接找市长帮忙的方式。此外,他还把一个现代企业家甚至是政治家具有的一些理念带进了这个私营企业,如制定近期和远景规划,制定严格的规章制度,刻意树立和维护企业形象——他曾以日本餐馆老板赔碗的事教育职工要刻意树立和维护企业形象……这些也是一般企业主不会予以重视的。

第四,其结果不同一般。他最终的结果一是战胜了陆承伟,二是战胜了王传志。战胜了陆承伟实际上就是战胜了一个共产党的财富掠夺者和共产党政权的腐蚀者,遏制了共产党的财富被巧取豪夺;战胜了王传志实际上就是战胜了共产党政权的"城狐社鼠"——一方面堵住了国有资产流失的一个途径;另一方面清除了共产党政权的异己分子,保持了共产党政权的纯洁性。这样的结果不仅达到了其最初的目的,而且比最初的目的要好得多——他最初的目的,一是不想让像陆承伟这样的人在私营经济领域恣意妄为,二是进驻红太阳集团或天宇集团。这样的结果是他的同类英雄——无论是简业修,还是江海洋或李春林,都无法达到的。因此,从"英雄"形象独特性的角度来看,"史天雄"在当代文学作品中无疑是具有唯一性的,它对丰富当代文学"英雄"人物画廊无疑也是起到了积极作用的。

原载《涪陵师范学院学报》2007年第1期

作品年表

柳建伟作品年表

小说

《煞庄亡灵》（中篇小说），《西南军事文学》1986 年第 6 期。
《天凉好个秋》（中篇小说），《西南军事文学》1988 年第 2 期。
《洁白的罪恶》（短篇小说），《西北军事文学》1988 年第 6 期。
《金铃铛》（与谭忠兴合写）（中篇小说），《昆仑》1988 年第 6 期。
《一个老兵的黄昏情绪》（短篇小说），《解放军文艺》1990 年第 3 期。
《王金栓上校的婚姻》（中篇小说），《昆仑》1993 年第 3 期。
《冬妹》（短篇小说），《北方文学》1993 年第 3 期。
《洞》（短篇小说），《当代小说》1993 年第 4 期。
《红绫子》（短篇小说），《当代小说》1993 年第 4 期。
《苍茫冬日》（中篇小说），《收获》1994 年第 2 期。
《夏日悠长》（中篇小说），《莽原》1995 年第 5 期。
《都市里的生产队》（中篇小说），《当代》1996 年第 1 期。
《北方城郭》（长篇小说），人民文学出版社，1997 年。
《突出重围》（长篇小说），人民文学出版社，1998 年。
《苍茫冬日》（中篇小说集），长征出版社，2000 年。
《英雄时代》（长篇小说），人民文学出版社，2001 年。
《惊涛骇浪》（长篇小说），人民文学出版社，2003 年。
《SARS 危机》（长篇小说），作家出版社，2003 年。
《秘密报国》（纪实小说），北方青年出版社，2004 年。
《石破天惊》（与杨海蒂合著）（长篇纪实小说），解放军文艺出版社，2006 年。
《上校的婚姻》（中篇小说集），中国社会出版社，2007 年。
《爱在战火纷飞时》（长篇小说），南海出版公司，2007 年。
《寂寞英雄》（长篇小说），河南文艺出版社，2009 年。
《一个老兵的黄昏情绪》（中篇小说集），江苏文艺出版社，2012 年。
《冰炉》（短篇小说），《鸭绿江》2013 年第 1 期。
《洁白的罪恶》（短篇小说集），湖南文艺出版社，2013 年。
《战争游戏或一种状态素描》（中篇小说集），湖南文艺出版社，2013 年。
《永远追随》（儿童文学），安徽少年儿童出版社，2017 年。

散文、诗歌

《红十字徽标下的坚守与承受》,《昆仑》1997 年第 1 期。
《永远的兄长:周大新》,《文学世界》1998 年第 5 期。
《为何最忆是杭州》,《青年作家》2005 年第 9 期。
《我眼中的上海》,《上海采风》2006 年第 1 期。
《挥之不去》,《文学界(原创版)》2007 年第 2 期。
《何为良师——我眼中的编辑家何启治先生》,《海燕》2008 年第 9 期。
《愧对东莞》,《飞天(上半月)》2016 年第 2 期。

报告文学

《血祭太阳旗》(采用笔名:柳风),中央编译出版社,1994 年。
《红太阳白太阳——第二次国共合作启示录》,解放军文艺出版社,1995 年。
《日出东方——红一方面军征战纪实》,解放军文艺出版社,1996 年。
《纵横天下——第四野战军征战纪实》,华夏出版社,2002 年。
《抗日——国共第二次合作秘闻录》,中国社会出版社,2005 年。
《烽火——中央红军苏区征战纪实》,中国社会出版社,2005 年。

评论

1986 年

《我的心哟,在高原——评〈四季无夏〉》,《西藏文学》1986 年第 12 期。

1989 年

《瞄准生死劫》,《昆仑》1989 年第 3 期。

1996 年

《文化背景·个性视角·时代精神:朱向前论》,《西南军事文学》1996 年第 6 期。
《剖析当代知识分子心灵》,《人民日报》1996 年 9 月 6 日。

1997 年

《关于〈马桥词典〉的若干词条》,《小说评论》1997 年第 1 期。

《孤独玄想创作道路的终结——重评朱苏进兼与朱向前商榷》,《当代作家评论》1997 年第 4 期。

1998 年

《五十年光荣与梦想——关于编辑、出版者与长篇小说创作关系的对话》(与何启治合作),《当代作家评论》1998 年第 1 期。

《立足本土的艰难远行——解读阎连科的创作道路》,《小说评论》1998 年第 2 期。

《一家权威文学出版社与一部潜文学史》(与何启治合写),《新华文摘》1998 年第 5 期。

《英雄主义应是我们永远高扬的主旋律》,《森林与人类》1998 年第 5 期。

2000 年

《奏响世纪末都市生活的正音——略论毋碧芳的新都市小说》,《小说评论》2000 年第 4 期。

2001 年

《我们应该怎样看待阿来现象——〈尘埃落定〉获茅盾文学奖之后》,《现当代文学文摘卡》2001 年第 1 期。

《永垂不朽的声音:我看莫言的过去、现在和未来》,《解放军艺术学院学报》2001 年第 3 期。

《认识和描绘我们伟大的时代》,《文汇报》2001 年 4 月 29 日。

《出版家应有的气度》,《人民日报(海外版)》2001 年 8 月 13 日。

2002 年

《一部诡异雄奇的民族生存秘史》,《文学报》2002 年 6 月 13 日。

《突破寄希望于革命历史题材》,《解放军文艺》2002 年第 8 期。

2003 年

《散文的黄钟大吕之音——关于李存葆散文特征的对谈》(与朱向前合写),《南方文坛》2003 年第 3 期。

2004 年

《响彻华夏大地的文学强音——西部长篇小说创作的简略回顾与前瞻》，《红岩》2004 年第 1 期。

《小说与连续剧同时推进》，《文艺报》2004 年 9 月 2 日。

2005 年

《言情小说　新开百合》，《中华读书报》2005 年 2 月 16 日。

《历史剧可以戏说吗》，《文艺报》2005 年 6 月 23 日。

《坚信爱能拯救世界——读〈天香百合〉》，《中国青年》2005 年第 7 期。

2006 年

《让现实题材创作成为文艺的主潮》，《文艺报》2006 年 7 月 20 日。

《伟大时代必有伟大文学艺术之创造》，《中国艺术报》2006 年 7 月 28 日。

《如何突破现实题材军事文学创作的瓶颈》，《中外军事影视》2006 年第 7 期。

2007 年

《我们依然需要虔诚地聆听〈讲话〉》，《文艺报》2007 年 5 月 22 日。

《军旅文学黄金时代的纪念碑》，《中华读书报》2007 年 7 月 18 日。

《柳建伟谈军旅文学五大危机》，《文学报》2007 年 8 月 30 日。

2008 年

《奇文一出动天下》，《光明日报》2008 年 4 月 18 日。

《〈浮沉〉：犀利与仁慈》，《河南日报》2008 年 11 月 18 日。

《军旅文学的黄金时代——评〈中国军旅文学五十年〉》，《文艺报》2008 年 12 月 20 日。

2009 年

《雪落花开都无声　你来我往了无痕——读王锦秋、刘慧长篇小说〈雪落花开〉》，《文艺报》2009 年 2 月 26 日。

《〈绝地逢生〉：讴歌科学发展创奇迹——兼及欧阳黔森的电视剧创作》，《文艺报》2009 年 3 月 12 日。

2010 年

《大片时代中国电影的重大缺失》,《艺术广角》2010 年第 3 期。

《自觉践行社会主义核心价值体系》,《文艺报》2010 年 10 月 18 日。

2012 年

《深刻领悟导向为魂内容为王　呼唤银幕积极正面人物形象》,《中国电影报》2012 年 3 月 8 日。

《为谁写作比天还大》,《解放军报》2012 年 5 月 31 日。

《〈焦裕禄〉:感天动地的生命交响曲》,《求是》2012 年第 19 期。

《感天动地的生命交响曲——读长篇小说〈焦裕禄〉有感》,《北京支部生活》2012 年第 21 期。

2013 年

《永垂不朽的声音》(评论集),湖南文艺出版社,2013 年。

《〈桐柏英雄〉:从小说到电视剧》,《文艺报》2013 年 4 月 24 日。

《军队作家要迎接时代挑战》,《人民日报》2013 年 6 月 28 日。

2014 年

《讲述多彩的中国好故事》,《光明日报》2014 年 5 月 5 日。

《为时代立言　为人民放歌》,《文艺报》2014 年 12 月 1 日。

《永不凋谢的主义之花——读〈向东找太阳寻访西路军最后的女战士〉》,《解放军报》2014 年 12 月 4 日。

2015 年

《军旅作家的历史担当》,《解放军报》2015 年 2 月 3 日。

《农家军歌的变奏——陶纯长篇小说〈一座营盘〉的一种解读》,《解放军报》2015 年 7 月 4 日。

《抗战文学创作亟需整装再出发》,《文艺报》2015 年 9 月 9 日。

《军事文学,蓄势待发的突破与振兴》,《解放军报》2015 年 11 月 27 日。

2016 年

《塑造丰满的人物形象——电视连续剧〈海棠依旧〉简析》,《解放军报》2016 年 7 月 22 日。

电影剧本

《惊涛骇浪》,人民文学出版社,2003年。
《惊天动地》,2009年。
《飞天》,2011年。
《守望天山》,2011年。
《千里渡江第一船》(别名《渡江！渡江！》),2011年。
《大爱无垠》,2011年。
《老兵》,2012年。
《天堂的桥》,湖南文艺出版社,2013年。
《七兄弟》(剧本作品集),湖南文艺出版社,2013年。
《兰辉》,2014年。
《天使:生命处方》,2015年。

电视剧剧本

《突出重围》,1999年。
《英雄时代》,2003年。
《爱在战火纷飞时》,2006年。
《石破天惊》,2006年。
《梨花似雪》,2010年。
《开国》,2011年。
《攻心》,2011年。
《桐柏英雄》,2012年。

学位论文

《长篇小说中的哲学观念与结构》,北京师范大学硕士学位论文(导师:程正民),1996年。

研究资料索引

柳建伟研究资料索引

朱向前,张志忠:《关于〈北方城郭〉的对话:兼谈长篇小说结构的处理问题》,《文学报》1997年1月23日。

朱向前,张志忠:《混沌感:长篇小说一种难得的美学风貌——关于柳建伟〈北方城郭〉的对话》,《中华读书报》1997年3月19日。

朱向前:《当下性与混沌感及其他——评介柳建伟长篇小说〈北方城郭〉》,《小说选刊》1997年第12期。

朱向前:《文学:在继承与借鉴中修炼正果——'97中国文坛回眸》,《创作评谭》1998年第1期。

朱向前:《描绘当下生活的大书》,《文学自由谈》1998年第3期。

杨浪:《"A师"》,《当代》1998年第4期。

红耘:《柳建伟和他的〈北方城郭〉》,《中国出版》1998年第10期。

汪守德:《多重意义的突围:读柳建伟的长篇小说〈突出重围〉》,《文艺报》1999年1月21日。

朱向前,张志忠:《一棵长疯了的大树——关于〈北方城郭〉的对话兼谈当前长篇小说创作若干问题》,《红岩》1999年第5期。

张志忠:《和平时期的"战争":读柳建伟长篇新作〈突出重围〉》,《文学报》1999年8月12日。

卜空:《〈突出重围〉陷入误区》,《中国文学研究》2000年第2期。

高建民:《〈突出重围〉的艺术魅力》,《中国电视》2000年第4期。

姚永华:《悲剧与崇高、残缺与完美——论柳建伟长篇小说〈突出重围〉的审美特征》,《上海青年管理干部学院学报》2001年第4期。

冯宪光:《寻找时代英雄——柳建伟《英雄时代》读后》,《文艺报》2001年6月12日。

蔡海泽,张忠诚:《柳建伟和〈时代三部曲〉》,《解放军报》2002年9月16日。

丁丽燕:《柳建伟长篇小说创作散论》,《温州职业技术学院学报》2003年第4期。

张志忠:《建设"充分的现实主义"——世纪之交的社会生活新变与作家的自我更新(上)》,《文艺评论》2003年第4期。

曾镇南:《描绘生活长河的宏伟画卷——第六届茅盾文学奖获奖作品巡

礼》,《当代文坛》2005年第4期。

娄吾村:《近年现实题材长篇小说创作论》,《理论与创作》2005年第6期。

毛克强:《茅盾文学奖,新世纪的文学坐标——第六届茅盾文学奖获奖作品述评》,《西南民族大学学报》2006年第2期。

刘复生,朱慧丽:《崛起的自信与"突出重围"的焦虑——近年来"主旋律"军旅小说对历史的想象》,《中文自学指导》2007年第1期。

廖四平:《陆承伟:撒旦式的"英雄"——柳建伟的〈英雄时代〉人物丛论之二》,《长江师范学院学报》2008年第1期。

廖四平:《陆小艺:一个另类的"女权主义者"——柳建伟的〈英雄时代〉人物丛论之三》,《长江师范学院学报》2008年第3期。

李尚财:《军事文学的"突破口"——以柳建伟和徐贵祥为参照》,《文艺报》2008年7月29日。

张怡:《柳建伟:做时代的"书记员"》,《中国电影报》2009年4月2日。

尹晓丽,甘文瑾:《促进影视与文学的共同繁荣——"影视与文学研讨会"综述》,《当代电影》2010年第9期。

宋扬:《文学在"文化强国"中的作用:对话文学精英柳建伟》,《半月选读》2012年第1期。

王童:《论21世纪军旅长篇小说的主题与叙事》,《新疆大学学报(哲学人文社会科学版)》2014年第6期。

傅逸尘:《不要人夸好颜色　只留清气满乾坤:新世纪十年军旅长篇小说研究(上篇)》,《解放军艺术学院学报》2015年第1期。

后　记

　　作为一位作家,柳建伟虽然因其人生经历而特别关注军旅及其与家国社会的多元关系和影响,但他的笔触并没有仅仅滞留于传统的"纯文学"领域,也不是仅仅局限在"审美无功利"的精英创作之上,而是早已有所超出:不仅涉猎边缘文学乃至跨文学样式,还在其他作家作品的品评以及文学创作论思考等层面有较高的理论建树。从这一点来讲,柳建伟是一个名副其实的"大作家"。

　　正是为了展现柳建伟"写作"的这种多维度和相关成果及其意义,本书在撰写过程中,一方面在整体上按照"中原作家群研究资料"的体例要求来组织行文,另一方面在细节上有所变化。换言之,在有关柳建伟先生的访谈或自述资料、作品年表以及研究资料索引的选择与整合上,除收录他的文学类创作成果及其研究文献之外,还对其非(狭义)文学文本以及相关研究资料予以侧重。同时,又对一些不"重要"的——某些类同于作品梗概、简介以及相对无干的报道性文字等等——材料予以剔除。在某种程度上可以说,这种变化也是本书结构所遵循的基本原则。

　　《柳建伟研究》一书的编撰与面世,主要得益于文学院领导、"协调创新中心"同人以及河南大学出版社编辑老师们的支持、关心与帮助。此外,文学院的研究生王莹丽也参与了本书相关材料的部分收集与整理。在此,一并致谢! 当然,如果书中尚存在什么遗漏或不足之处的话,则主要应归因于笔者自身的才疏学浅,敬请方家不吝批评指正!

王　丹
2016 年 4 月于谭山